セラピストは夢をどうとらえるか

五人の夢分析家による同一事例の解釈

川嵜克哲 編著
Yoshiaki Kawasaki

はじめに

川嵜克哲

本書は、筆者のきわめて「個人的」な欲望を発端に企画された。にもかかわらず、できあがった内容は、それが若干特異な形であるにせよ、「普遍的」な地平に抜け出たものになったと思われる。

この「個人的」な欲望は単純といえば単純な欲望である。それは、「私が心理臨床のなかで関わったクライエントの夢を、優れた夢分析家がどのようにそれをとらえるのか聞いてみたい」というものであった。具体的には、筆者に心理療法を受けることになったある女性が治療場面で語った数多くの夢のなかから十個の夢が取り上げられた。そして、クライエントの性別、年齢、主訴などに関しては、最小限の情報だけを提示するにとどめ、その十個の夢を順にそれぞれの夢分析家の方々に提示し、彼らがそれらの夢をどのように「とらえる」かということをインタビューするという企画である。

夢以外の情報が最小限にしか与えられないのは、まず第一に、「夢をどのように考え、どのようにとらえるか」ということに関しては、その当の夢が提示されるだけで必要十分だと考えるからである。この見解に関しては、今回、インタビューをお願いした夢分析家の方々の間でも意見が分かれるかもしれない。

しかし、そのような考え方が可能であり、また臨床的に意味をもつものであることは、インタビューされた彼らのコメントが如実に示していると思われる。もちろん、夢に対するそのような見解は、実際の心理療法において、夢「以外」の治療プロセスや現実を軽視するものではまったくない。しかし、それは、夢も現実も同じように目配りする姿勢を取るということよりは、そもそも、夢と現実との区別をいわゆる常識的に言われるような意味のようには区別していないことに依っている。そこでは、むしろ、夢から現実をみているような視点の持ち方になるだろう。今回の企画で、外的な「現実」の情報を最小限に絞った以上、各分析家の夢に対する「読み」はそのような視点の持ち方にならざるを得ないわけだが、これは本来、夢分析というものが本質的に要請する視点なのだと思われる。

実際、第3章から第7章にかけて記載されている、夢へのコメントを読まれれば、彼らの夢に対する「読み」が、ときに巷で揶揄されるように、「外的」な現実の情報を知ったうえで、それを夢に恣意的に当てはめ、つじつまが合うように解釈していくなどというようなものではなく、逆に、一つの夢そのものにクライエントの「現実」を照らすことで、治療プロセスをいかに的確にとらえ、それを展開させていく動因になっているかを了解されるだろう。これが、夢以外の情報は最小限にしか与えられないという条件設定の二番目の理由である。

一方、冒頭に述べた、若干特異な形の「普遍的」地平というのは、私を含めて五人の分析家の夢へのコメントがそれぞれの強い個性を反映しているがゆえにまったく違う視点や角度から夢へと切り込まれており、ときには、相互に完全に矛盾するような見解が述べられているにもかかわらず、そこにある「普遍性」がみられるということを指している。それぞれのコメントを通して読まれると理解されるだろうが、ここでいう「普遍性」は単に複数の分析家による夢解釈のなかに「共通分母」として取り出せる要素がある、ということにとどまらない。

ましてや、個々の解釈を合計して「平均値」的なものを算出し、それをもって、その夢の「正しい」解釈とするといったものでは全然ない。そうではなくて、互いの解釈のなかに「共約数」が見出せないにもかかわらず、それらが多視点的という形をもって、ある一つの「まとまり」を形成していること、また、一つの夢がそのような複数の解釈を許容するような多元的な構成をなしていること、そのような意味での「普遍性」をここでは言っている。

このような姿勢で夢およびその解釈をとらえることは、リニアで因果論的な思考だけが唯一の「普遍性」をもったものだと考える人の眼にとっては、きわめて不愉快なものとして映るかもしれない。* しかし、実際の心理臨床に真摯に日々取り組み、そのプロセスを誠実に丹念に追うことで、心理療法の過程がそれほど単純なリニアな形で因果律的に展開していくものではないということを理解している人にとっては、本書は非常におもしろく、また、有益なものとして読まれることになるだろうと思われる。

さて、本書の第1章には、夢の意味・意義に関する「総論」を角野善宏氏に書いていただいた。当初は、編者という立場上、筆者が担当しようと考えていたが、インタビューを行なった際の氏の夢に対する視点が、非常に包括的かつ明晰であり、わかりやすく、筆者にとって得るところが大きかったので、氏に執筆をお願いすることとした。事実、完成した論稿は夢に関心をもつ初心者にとっても年季の入った分析家にとっても有益なものになっていると思われる。執筆の労をとられた角野先生には感謝を申し上げたい。

代わりに、筆者は総括的な意味合いで最後の第8章を担当した。そこでは、第3章から第7章にわたり、各分析家が述べている複数のコメントの共存を許容するような夢の性質をどのように考えたらよいかという点に関しての考察がなされている。個々の分析家が述べたそれぞれのコメント全体を新たな産出された夢に関する「テクスト」ととらえて、それらに共通する構造および矛盾する差異のあり方を綿密に洗い出していき、その多元的・多視点的な構造の在り方を具体的に検討していくことは、とても魅力的な探求になると思われたが、許された紙幅の都合もあり、この方向での検討はなされていない。第8章でなされているのは、多元的な性質をもつと思われる夢に関して、その原理的な側面についての考察である。当然、それは素描のまた素描程度の展開にとどまっている。これらに関してはまた機会を改めて論じてみたいと思っている。

＊　心理療法という文脈のなかで、因果律というものをどのようにとらえておくか、また、特にそれが揺らぐことの意義に関しては、拙論「心理療法において因果律が揺らぐことの意義とその諸形態について」（河合隼雄編、講座心理療法　第七巻『心理療法と因果的思考』岩波書店、二〇〇一年、二三 - 七一頁）を参照されたい。

末尾となったが、本書はさまざまな人の温かい協力によって出来上がった。まず、誰よりも先に、今回の企画でご自分の夢を提供し、出版することを許可してくださったAさんに感謝を申し上げたい。彼女は、拙書『夢の分析』（講談社）に引き続いて自分の夢を使用することを許可された。心よりお礼を申し上げます。

今回の企画に応じていただいた、大山泰宏氏、皆藤章氏、角野善宏氏、河合俊雄氏にもお礼を申し上げます。筆者がかねてから畏敬している、これら諸氏の方々に夢の解釈を長時間に渡ってじっくりと話をうかがう時間をもてたのは、とても有意義で幸せであった。それぞれの方の夢に対するその切り込み方の角度の尖鋭さに驚くこともさることながら、諸氏がそれぞれ異口同音に「公の出版ということで、夢を提供された方（Aさん）も自分のコメントをまた読まれるのだろうから、そのことをも配慮して真摯に夢に取り組まないと彼女と夢に申し訳ない」と述べられ、その言葉を実践されたことが、襟を正すような思いと重なって筆者の印象に残っている。Aさんの心理療法過程に同行してきた者としても、深く感謝の意を申し述べたい。

また、長時間に渡るインタビュー（それぞれの分析家へのインタビューは概ね八時間を超えている）の録音テープを起こし、それをワープロでまとめるという作業をしていただいたのは、当時、大学院生であった粟田菜穂子さん、平野多希子さん、柳梨香さんだった。とても根気のいる作業をこころよくこなしていただいた彼女たちにも心からお礼を申し上げます。

最後になったが、誠信書房編集部の松山由理子氏には本当にお世話になった。筆者にとっては、氏には以前、風景構成法に関する書籍を皆藤氏と共編著で出版したときにもお世話いただいている。その際も同様だったが、面倒な注文ばかり多くて、その割には具体的な作業のはかどらない筆者に対して、とても誠実に対応していただき、また本当に辛抱強く全体の進行を見守っていただいた。深く感謝の意を申し上げます。

二〇〇七年八月

目次：セラピストは夢をどうとらえるか

——五人の夢分析家による同一事例の解釈

序章

検討される十個の夢

第4章から第7章においてそれぞれの分析家に提示された夢をあらかじめ、ここに記しておく。以下に記載されている、クライエントに関する最小限の情報および十個の夢は、分析家たちに当日手渡されたレジメそのままの内容である。インタビューにあたっては、インタビューアーによってそれぞれの夢は一つずつ音読され、それに対するコメントが述べられてから、次の夢の検討に入るという形をとった。

1　クライエントに関する情報

[クライエント]　Aさん。来談時四十一歳。短大卒の専業主婦。
[主　訴]　不安発作。偏頭痛、耳鳴り。夫（強迫的行動あり）に対する訳のわからない恐怖。
[家　族]　夫（四十四歳）は大卒の会社員で、同じ会社員であったAさんと恋愛結婚。強迫的な行動が目立つ。長男（十五歳）高校一年。「ずぼら」で中学時は荒れ気味、弟をかなりいじめていたとのこと。次男（十一歳）、中学一年。「努力家」。
[面接形態]　外来のみの精神・神経内科クリニックにて週一回の面接。並行して医師による投薬（生理痛の

薬のみ)。有料。初回面接時はX年四月。

2　クライエントの夢

《夢1》(X年六月)

海。私はいかだの上にいる。海の周囲には山々があり、水は非常に澄んでいてきれい。これなら自分が落ちて沈んでも見えるなとヘンなことを考えている。ふと上を見上げると、太陽がさんさんと照っていて、ぽかぽか暖かい。いい気持ちになってごろりと横になる。
▼連想　夢が変わったので驚いた。結婚してから、週に一度くらいの頻度で次のような夢を繰り返し見ていた。「広い海。私は(いかだに乗っていたりしていつも)独りでいる。水はきれいなのだが、さびしく怖い感じ」。いつもは海が果てしなく続き、さびしく寒い感じなのに、今回は山々があり、景色が違った。上など見たことがなかったが、見ると暖かい太陽があった。不思議。(反復夢として、これ以外に「主人と籍が入っていない。ずっと暮らしてきているのになぜ?」と不安になる夢を結婚以来繰り返し見ている)。

《夢2》(X+一年一月)

長男は実はエイリアンであり、私は知っていて育てている。攻撃性が強く、言うことを聞かないし、すぐに歯をむき出しにして噛みついてくる。こんな子だけれど育てていかなければならない。しかし、なにをしでかすかわからない子なので私はいつも恐怖を感じている。ある日、外の売店で彼が勝手なことをするのでたしなめると、歯をむいて噛みついてきて（深い傷を負い、血が出る）頭を殴られる。私は気が遠くなり倒れながら、「皆は私がこんなつらい思いをしてエイリアンの子どもを育てているなんて知らないだろうな」と思う。子どもは殴った後、私から逃げていく。

《夢3》

（X＋一年五月）

私と次男が中年男性の運転するヨットに乗っていたのだが、大きな波がきて岩にぶつかる。次男は後頭部を打ち、海に放り出される。私は引っ張り上げ、救急車を呼ぼうとトンネルの中へ入っていく。電話をした後、トンネルの向こうから夫が探している。そこへ行くと次男は心臓が止まりかけており、マッサージをするがついに脈が止まる。私は夫にもたれかかって泣いている。夫も同じ想い。

▼連想　次男は長男にいじめられていた頃、頭を強打することが多く、縫うくらいの怪我をすることも何度かあった。私自身頭を打った思い出（滑り台から落ちて）がある。夢では感情を素直に出せていて、その分つらいというのは少なかった。次男は最近、武道の師にほれこんでT県に行くと言う。親離れで少し寂しいがそういうのも関係してるかも。

《夢4》

（X＋二年七月）

私と次男はどこか知らない島にいる。その島は、宇宙からの侵略者に統治されている。私はトイレに行きたくなり行くが、そこはとてもひどいトイレで隣との仕切りもない。私はそのトイレを出て、その近くのとてもきれいな立派なトイレに行くが、そこにいる人に、あなたの入るトイレは、いまさっきの汚いトイレだと言われる。階級で入るトイレが違うらしい。しかたなく、家に帰ると次男と同じ年頃の子は学校に行っているのに、次男は学校に行っていない。私は隣の人に聞くと、私たち二人は侵略者に逆らっているので評価が悪く、それで次男が学校に行けないのだと言う。私はくやしい思いをするが、それでもいいかと思う。次男も「僕は学校へ行かなくてもいい」ときっぱりと私に言う。

▼連想　小さい頃、滑り台から落ちたのがなにか私の原点という感じ。覚えていないのだが、そのときの痛みが蘇ってきてる感覚がして（一か月位前から偏頭痛がぶり返してひどくなってきてる）。そしたら、夫が電車のラッシュに押されて頭を壁にぶつけて怪我（何針か縫う）。首も鞭打ちになって歪んで、それが滑り台から落ちた私の体感とそっくり。それで整体みたいなのを夫にして、頭のケアもしたのだが、なんだか小さい頃の自分の手当をしてるような感覚だった。

《夢5》（X＋二年十月）

私は川をはさんで向こうにある雪山を見ている。所々溶けかかっている。雪遊びしている人もいる。私は足元を見ると、雪があり、かなり積もっているところもある。私はそこにわざとずぼっとはまってみる。衣服が汚れるが楽しい。

家に帰ろうとするが、上空には黒い雲がある。その下を通ると雨や雷に会い、私はそこを早く通り抜けようと急ぎ、青空の下へ行く。するとまた黒い雲の下になる。私は空を見ると青空の下に黒い雲が流れているのに気づく。

《夢6》

（X＋四年九月）

どこか知らない場所の川沿いの家に来ている。その家の家族が外に出て、建築士のような人のアドヴァイスを聞いている。ここを軽くしなさいとか言われるとそこの重いものをどけている。建築士らしき人は今度は家のなかに入り、一番下の部屋に下りていく（この家は道の方から見ると一階建てだが、川の方から見ると地下が川の中まで入っており、三階建て）。その部屋は川の中に造られており、片面はガラス張りになっていて川の中の生き物が観賞できるようになっていて、赤い鯉のような美しい魚がいっぱい見える。建築士はこれは危ないですよと上を指す。するとそこからは川の水の重みで天井が少しへこんで水が漏れてきてる。その家の人は、この部屋だけは家族の楽しみなのでアドヴァイスを聞くことはできないと言う。おばあさんが川の中に入り、その魚に餌をやり始める。どうやら魚を餌付けしてガラス張りのところへ魚を集めているらしい。部屋の中から見る魚の群れは美しく、じめじめした空気と危険な部屋にいることを一瞬忘れさせてくれるが、私はすぐに我に帰り、危ない危ないと思う。

《夢7》

（X＋四年十二月）

私は両親のいるところで、両親が何か心に刺さる言葉を私に言ったのがきっかけで怒りを爆発させる。私は友人との交際もままならず制約の多かった生活がどんなに苦しかったかを彼らにぶつける。特に母に対して、心配を越えた干渉がどんなに多かったかを言うが……。周囲で聞いていた女の人三人があなたのわがままだ、あの頃の親はそういう人が多かったと両親の味方をしだし、私はなんで話をややこしくすると、むかっとしてその女性三人に「あなたたち三人が私と同じように家の手伝いもし、アルバイトもし、成績もよかったなら私を批判しなさいよ。そうじゃなかったら黙りなさいよ」と言う。彼女たちは急にしぼんで黙ってしまう。邪魔な三人は黙ったけれど、両親には私の悲しみや思いは通じない。

そのとき、両親に味方する若い男性が現われる。その男性は手に剃刀を持っている。私は危険を感じるが、私の周囲にはいないと思っていた川嵜先生がその男の前に現われて、私の助っ人になってくれる。先生はその男と同じ剃刀を持っている。若い男は不敵な笑いを浮かべて剃刀で川嵜先生の首を真横に切ろうとする。私は危ないと思うが、先生は自分の首を相手に切ってくれと言わんばかりに無抵抗で差し出す。男は変な笑いを浮かべて先生の首を浅く剃刀で横にすっと切る。私はその若い男性の異常さにぞっとする。でも、次は男が先生に首を切らせる。どちらも真剣で、周囲はシーンとして動こうともしない。でも、順番に首を切っていくようだが命がけでやっているみたいで、だんだん深い傷をつけていこうとするのが目にみえている。私はやっとのことで二人に近づき、間に割って入ろうとするが、自分の命が大事になり一瞬引いてしまう。

そのとき、川嵜先生が与えた傷が深かったのか、若い男性は倒れる。先生も相当首に怪我をしている。私は救急車を呼び、先生と一緒に男を運ぶ。私が頭側を持ち、先生は足を持っている。その若い男は青白い顔で気を失っているが出血していない。私がその若い男の傷を不思議そうに見ていると、先生が私に「いったん、その傷から出血してしまえば、この男の血はきれいになり元気になるから心配しないでもこの男は助かるから」と言う。私はこの若い男が助かってほしいと思いながら救急車まで運ぶ。

《夢8》

（X＋五年六月）

母熊と仔熊が家に侵入してくる。母熊はどこかへ行ってしまい、仔熊だけが家に残される。小さくて見掛けはかわいいが足の爪は長く鋭く伸びて危険。その仔熊は二階へ上がろうと家の階段を昇り始める。私は仔熊の後をそっとつける。五、六段目に仔熊が登ったときに突然背中からばたっという感じで下に落ちる。大きな音がしてその仔熊はひどく左後頭部を打つ。私は仔熊を家のソファーに運ぶ。突然、その仔熊は女の子になる。左後頭部は腫れて意識はなく、私はその女の子の後頭部に手を当てて治療をする。少しはよくなったみたいだが、私はこの女の子の様子をみて死ぬかもしれないなと思う。

《夢9》

（X＋五年八月）

私は中学時代の友人だった人と旅行に行っている。高い山に登るはずなのに、海か湖かわからないがボートに乗ることに。突然、私だけが吊り上げられて海か湖に落とされる。私は落とされた勢いで深い底まで沈む。底にしゃがんだ形で足も手もつき、私は水面まで早く上がらないという気持ちで思いっきり足で底を蹴る。上がる方向がずれたのか、はじめに落ちた場所よりも離れた所に顔を出す（なぜか、これは誰かに試されている修行のようなもので最初に落とされた場所に戻らなければいけないことを知る）。

すると、すっと私の手を下からすくうように持ってくれる女の人が私の両脇に来る。女の人は白装束を着けている。私は体が楽になり、その女の人の導いてくれるままに身をまかす。その女の人二人は泳いで私を元の落ちた場所に連れて行ってくれる。私は元の場所に来れたのと、聖なる感じのする女の人二人に助けてもらった感動で胸が一杯になる。海面に顔を上げたとき、もうそこまで泳ぐ元気はとてもなかったので、とても不思議な体験をして助けられたこのことは強く心にも体にも刻まれた。

《夢10》

（X十六年十一月）

主人とどこかの行場みたいなところにいる。修行している人もいる。行者が来て、「誰か夢を見た人」と訊く。私は夢を見たので、行者に合図を送る。実はそれは夢ではなく、超能力で見えるものとわかり、私はどぎまぎする。行者は私の前方の空中を指し、何が見えるかを訊く。私はこうなったら仕方ないと、空中を落ち着いた気分で見てみる。すると何か動くものが見え、はっきりしてきて巨大な竜の映像になり、巨大な竜が空中の低いところを大きくうねり、うごめいている。黄色と黒の模様の巨大な竜が動いています、と行者に伝える。私はあまりに巨大なので目を逸らそうとすると、行者は、目を逸らしてはいけない、しっかり見なさいと言う。私はしっかり、目を逸らさずにそのものを見ることにする。

低空で巨大な波のようにうごめいているその竜は、けっして上に昇ることもなく、地面に着くこともなく、低空のところで同じようにうごめいている。私は、その竜がそうしていることが苦しそうにも見えてきた。

場面が変わり、洞窟の中。上から水が滝のように落ちてきている。水量もすごい。私は行者と洞窟の中で滝行をしている。上からの水の勢いに負けそうだが、私はその水を受け止める（入れる？）ために姿勢を正す。

第1章 総論――夢分析における夢の意味・意義

角野善宏

1 はじめに

筆者はユング派精神分析の訓練を受けたため、そこではまず何をおいても自分の夢の分析が中心であった。そして心理臨床実践の場で、立場は代わってもやはり夢を活かす治療が中心となっている。そのため、心理療法の経験を積めば積むほど、臨床における夢の意義は計り知れないものであることを実感している。自分自身が分析家の存在のもと、自分の夢を深く見つめ、それについて感じ、連想し、そしてイメージを高めていく。このような経験が、患者やクライエントの夢を通しての治療に随分役立っている。夢を通しての教育分析が、治療場面での夢分析の基礎となっている。そもそも自分が体験した形態で、それを治療に活かすのであるから、ある意味安心でもあり、ある程度慣れていることもあり、筆者にとって夢を通しての治療は非常にやりやすいのである。一般の臨床の場面で、このことは筆者がそのように言うほど簡単ではない。やはり、夢を使っての分析経験と厳格な訓練が必要であることは言うまでもない。しかし、夢を活かす臨床がもっと広くもっと深く実践されていくことができればよいのにと、常に思っている。

2 臨床における夢の位置づけ

臨床場面での面接では、主に言語的なやりとりが中心になる。それは、治療者と患者やクライエントの間でのそれぞれ自我を介してのやりとりである。しかし、実際、心理面接を行なっていると、お互いの自我を通して関わっているだけでは治療上の限界を感じることが多いのである。たしかに、言語による面接だけでも治療上問題なく回復過程を経ることはある。しかしそれだけでは、限界もあることは確かなのである。無意識を通しての治療が、実際おおいに役立つことは、夢を活かしながら治療の実践を行なっている心理療法家であれば、周知の事実である。フロイトによる「夢は無意識への王道」と言われる通り、夢がもっとも無意識へのアプローチを促進してくれるものである。筆者は、神経症圏の患者にはかならずといっていいほど夢を聞く。またそのような患者やクライエントで、夢を連続してもってくることが可能な場合、夢の分析を中心に治療を行なうようにしている。そして精神病圏の患者においても、夢を覚えていてそれを記録できる患者で、現実生活に大きな影響を夢により受けない自我を何とかもっている場合には、夢を活かしての治療を行なっている。よって筆者にとって、臨床場面での夢を活かしての治療は、ほぼ中心的な役割を担ったものであることがおわかりであろう。治療において、患者やクライエントの無意識に少しでも近づくことが、治療者にとってどれほど役立つかは実践経験のある心理療法家なら理解してもらえると思う。そして、その一番有効な方法の一つとして、夢が存在しているとさえ治療者の側からは言えるのである。

3　心理療法からみた夢の意義

以上述べたように、夢は心理療法においてなくてはならないものである。治療上、夢はどのように働いているのであろうか。夢はそもそも無意識からのメッセージである。しかし、夢の内容は無意識そのものを表現しているものではないことは、明らかである。夢はあくまで、その人の意識と無意識が織りなす産物である。意識すなわちその中心機能である自我が、無意識からの内容を受け取らなければ、夢は記憶されることはない。だから、夢というものは、無意識の表現というよりも、夢見者の意識と無意識の関わり方、意識と無意識の折り合いといったものである。そして、意識と無意識との関わりのなかで、治療上重要な過程が進んでいるのである。それは、無意識から意識へともたらされ、それぞれの結びつきから人間のこころの癒やしが行なわれている過程である。意識と無意識とが織りなす夢というものは、本来的に人間に備わる「癒やし」「自己治癒力」が表現されたものであろう。そして、そのなかでも、人間は癒やしの夢にて癒やされ、回復していったのであろう。そこに、心理療法のなかでの夢の意義が大きい位置を占めている理由である。

ところで今まで心理療法における夢分析の有意義な面を強調していたが、ここで少し注意しておくことは、現実との接触の大切さである。夢を使って心理療法を行なっている場合、夢との関わりから内面の世界とのコミットが深まっていく。そして当然、現実との関わりが少なくなる。夢にコミットしている心理療法の過程では、多少とも現実との関わりが少なくなることは、致し方ないことであろう。それを知り、クライエントを支え守ってあげて、現実との接点に関しても配慮していくのが、また治療者の仕事でもある。だから、夢分析の最中に、つねに現実でのクライエントの生活はどうなのかを尋ねることにしている。夢だけを観てそれにより判断することは、ときにクライエントの生活にとって危険なこともある。また治療中、夢の分析に文字通り夢中になり集中しすぎて、分析のみにこころを奪われる状態になれば、治療から離れていく危険もある。往々にして夢分析が治療者によってうまくなされ、それによりクライエントが良い方向へと一時的に動いているときは、逆に充分な注意を必要とする場合がある。うまく夢分析ができている、整った夢分析ができている、美しく見えるぐらいの夢分析ができている場合、現実の生活や真の回復に繋がっているのかどうか、注意を要する。夢分析は完全なほど成功していた、しかし治療はうまくいかなかったという場合もある。

以上少し注意を要する点を述べたが、夢により表現された世界は、内面においてすでに治癒への可能性を充分もっていてまたそれが現実にも可能性があるかもしれない内容を示している。よって比較的安全で確実性もある内容なので、夢の内容に乗っていっても安全な場合は多い。しかし、その場合でも夢そのものを見て、解釈・分析はなるべく完璧にしない方がよいように思われる。筆者は、夢の内容が、現実に可能性をもって本人に備わっていく力より、少し早めに出されてくるように感じるのである。だから、それを完全に読み取ろうとすると、現実に身についていく力を反対に抑制しないか心配になるのである。したがって、治療途中での、またその最中での夢分析は、ほどほどのところに留めておく方がよいように思われる。夢により新しい芽の可能性を読み取って、それが現実の力になる前にそっと見守っていくという意味において、夢の分析に慎重であることも必要である。もちろん、終結したケースで、それを吟味するため研究するための夢分析は、おおいに議論をしてみることは必要かもしれない。しかし、夢により治療過程が全部わかるということはない。それは描画療法やいろいろな心理療法における技法と同じである、あくまでも無意識に繋がる一つの窓にすぎない。しかし、心理療法において非常に有効な窓であることは、確かである。

4　夢分析の実践

まず夢そのものを見ていくが、実際の臨床場面で夢を使うときは、それをもってきた夢見者の個人的な情報が必要である。男性か女性かはもちろんのこと、来談理由、面接動機、主訴を知っておくことは、重要である。その人の生育歴、現状、家族との関係など現実面での情報を、夢を分析する前にあらかじめある程度知っておくことにしている。そして、夢を語ったときに、その夢からの連想もあればかならず尋ねることにしている。夢を扱う場合、どうしても現実と少し離れた領域での内的な仕事となる。そのため、できるかぎり現実との接点を失わないようにしておきたい。夢に集中した面接時間内にも、日常生活にすぐ戻れるように、夢の世界から現実の世界へ戻ることができるように、心がけている。夢からの連想を聞くことが、現実との何らかの関わりを聞いているところもあるので、そのことが夢と現実との接点を結びつけてくれる働きをしているところもある。しかし、夢によっては連想がなかったり、現実との接点がほとんどない夢もある。そのときは、夢そのもののもつ内容に集中していかなければならない。そのような夢に関われば関わるほど、内面深くイメージの世界へと広がっていくが、面接時間内で再び現実に戻る準備を絶えずしておくことが大切である。たとえば日常的な話をして面接を終えたり、現実に戻ることに強くこちらが意識しながら夢に関する話を終了したりしている、ということである。

夢の見方として、一つにその夢が何を表現しようとしているのかを考えてみることから、筆者は始めることが多い。夢が何かをこちらへ伝えようとしている、夢見者本人へそして治療中ならば治療者へも何かを伝えようとしている。しかし、夢が伝えようとしていることを、なかなか理解することが困難な場合がある。また夢の内容を文字通りそのまま理解しようとすると、それは不可能に近いことでもある。夢が伝えようとしていることに少しでも近づくために、夢の内容をどう読み取るかが大切である。夢はその内容を文字通り伝えようとはしない、象徴を含んだいろいろな細工をしている。特に、夢の内容には、メタファー（比喩や隠喩）を使った表現が多数存在している。よって、夢で表現されているそのメタファーを読むことができれば、その夢の内容を理解できる範囲で読み取ることができるように思えるのである。夢が客観性をもって現実に即したそのままの内容で伝えてくることは、少ない。むしろ、間接的にメタファーを使って表現してくる場合が多いように感じる。その方が、伝えたい夢の内容においては現実を越えたもっと意味深い、象徴のもつエネルギーに満ちた内容となる。ときには、個人的な内容ではなく、普遍的レベルの、神話的な内容までも含んだものになることもある。メタファーを活かした夢の方が、無意識が伝えたい内容においては、もっと迫力をもち、逆にもっと直接的で、より説得力をもっているように感じるのである。夢はそのような効果を逆にもたせるためにメタファーを使っているように思われる。メタファーを通すことによって、直接的、客観的な内容よりも、安易に理解することが難しい分、夢はそのように強く私たちに迫り伝えようとする力があるように感じる。夢の見方に公式は存在しないように思われる。このように、まずは筆者の考えを少し述べてみた。

さてこれから、この企画で示されている一連の夢を一部使って、筆者なりの夢分析の実践を説明してみる。なお本企画の一連の夢は、本書の冒頭、および、後の章の「事例報告」ですべて呈示されているが、あらかじめここで一部をピックアップして、その夢を用いて論じてみたい。

A　イニシャル・ドリーム（初回夢）の扱い

《夢1》――反復夢・いかだの夢に関して

海。私はいかだの上にいる。海の周囲には山々があり、水は非常に澄んでいてきれい。これなら自分が落ちて沈んでも見えるなとヘンなことを考えている。ふと上を見上げると太陽がさんさんと照っていて、ぽかぽか暖かい。いい気持ちになってごろりと横になる。
▼連想　夢が変わったので驚いた〈結婚以来の反復夢〉広い海の上に〈いかだに乗っていたりしていつも〉独りでいる。水はきれいなのだが、さびしく怖い感じ〉。いつもは海が果てしなく続き、さびしく寒い感じなのに、今回は山々があり、景色が違った。上など見たことなかったが、見ると暖かい太陽があった。不思議。〈反復夢として、これ以外に「主人と籍が入っていない。ずっと暮らしてきているのになぜ?」と不安になる夢を結婚以来繰り返し見ている〉。

ユング派の分析家なら誰もが注目する初回夢である。この面接の将来を占う、そして経過を反映する大切な夢である。やはりそのような思いで、この夢に注目する。まず夢の状況を見る。そこは「海」となっている。そして、二番目に夢が描くその状況の構造を見る。三番目に夢で描かれている内容そのものを見る。四番目に夢の展開、つまり物語・ドラマの進行を見るのである。起承転結のある夢もあれば、これからの方向性だけを示し途中で終わる夢もある。それはさまざまである。この夢では、置かれている状況が「海」となっていることから、すぐにもうこのクライエントは無意識に向いていることが理解できる。この夢から、無意識との接触は充分に準備されていることがわかる。この夢のもつ構造上の特徴は、海という平面に山々という高さをもった立体構造であり、しかももっと上には太陽が暖かくさんさんと輝いているのである。この夢の連想で、クライエントは山々もあっていつもの夢の景色が変わっていること、そして上など見たこともなかったと答えている。つまり、上への方向性をもった構造の夢であり、クライエントは夢のなかで「自分が落ちて沈んでも……」と言っていることから下への方向性もうかがわれる。つまり、上下という方向性を獲得している夢であり、その立体構造的なところから、初回夢でありながら内面の大きな展開が充分に期待できる夢であるといえる。

次に夢に描かれている内容そのものにおいては、どのようなアイテムが出ているかに注目するということである。それは、夢には象徴的な内容が豊富に現われるため、夢のなかの各アイテムがどのような象徴性をもっているかを知るためである。「海」については先ほど述べたように、無意識の象徴をよく表わしていると思われる。その上に「いかだ」でいるというのもこの人の状況をよく表わしている。何とも心細い翻弄されそうな人生を思わせる。しかし、人は多かれ少なかれこのような一人「いかだ」に乗った人生なのかもしれない。それは自分自身を入れ、乗せておく自我の座でもある。またこの夢ではそこに山々が存在している。これは、今までの果てしない海と違って、一つの目標となる大きな存在を獲得していることを表現している。山々が示す象徴性として、このクライエントと進める心理療法やセラピスト像を考えてみることもできるのではないか。「太陽」もセラピスト像として、象徴化されたものかもしれない。またこのクライエントをこれから終始温かく見守ってくれて、エネルギーを与えてくれる彼女自身のスピリチュアリティかもしれない。

この夢の展開は、今までと違って厳しく怖い感じではなく、ぽかぽか暖かい良い気持ちで横になり終わっている。これからの内面の旅に、どこか楽観できそうな感じを与えてくれるが、逆にこんなにのんびりする状況にはならないのではないかという不安も、駆り立ててしまうところがある。つまり、いつ何時でも「海」の状況が変わり、嵐になって、自分の立場が危険に至る可能性も考えられる。だから、これから始まる心理療法という旅に、油断はできないと感じてしまう。そのような連想を、この夢を活かしてクライエントと共に交わしていきたいと筆者なら思ってしまう。逆に心を引き締めたくなる夢である。この夢にある展開だけでなく、その先の展開も予想してみることも可能である。そのとき、筆者はできるだけ楽観的な予想にできるだけ重心を移すように心がけているし、また本能的にそうしていると思う。これは、心理療法をする者にとって非常に大切な心性であるように思うのであるが。

B　メタファーを生かした夢

《夢2》――長男がエイリアンの夢に関して

長男は実はエイリアンであり、私は知っていて育てている。攻撃性が強く、言うことを聞かないし、すぐに歯をむき出しにして噛みついてくる。こんな子だけれど育てていかなければならない。しかし、なにをしでかすかわからない子なので私はいつも恐怖を感じている。ある日、外の売店で彼が勝手なことをするのでたしなめると、歯をむいて噛みついてきて（深い傷を負い、血が出る）頭を殴られる。私は気が遠くなり倒れながら、「皆は私がこんなつらい思いをしてエイリアンの子どもを育てているなんて知らないだろうな」と思う。子どもは殴った後、私から逃げていく。

家族歴からわかるように、このクライエントの長男は以前からかなり精神的に荒れていて、弟をいじめたり、クライエントを強く悩ます存在であった。しかしそのようなことをクライエント本人に直接語ってもらったとしても、もう一つ実感として治療者に伝わらないこともある。それどころか、ときによればクライエント本人にもこのような大変さが実感できていないこともある。つまり充分に意識化できていないということである。そのために、内面での苦悩がいっそう強くなるということもある。この場合、夢でその長男はエイリアンである、と語られている。これは、こちらに強いインパクトをもって何かを示してくれる。つまり、内面のリアリティをもって、長男はまさにこのクライエントにとってエイリアンとして迫ってきている、ということである。この夢にあるように、そのことは、どれほど怖く脅かされていたかを充分にこちらへ伝えてくれる。言うことはもちろん聞かない、攻撃性が強く、歯をむき出し噛みつく、そしてとうとうクライエントは頭を殴られ深手を負って出血し、倒れてしまう。まさに、長男は彼女にとってエイリアンそのものであったのだろう。その内面の事実（リアリティ）――自分はエイリアンを生み、育てている――を、みんなもそしてこのクライエントすら自覚していたかどうかは、この夢を見るまではわからなかったのではと思われた。たぶん、これほどまでも長男に関して苦労していたとは、クライエント自身にとっても自覚できていなかったはずである。それならなおさら、治療者にとっても理解することは難しかったはずである。ところが、この夢をクライエントと治療者が同じ空間で同時に味わうこと、そしてこの内面のリアリティに治療者がビビッドに反応し、それをクライエントに返すことで、いっそうの彼女の苦しさに共感できる。この夢をもってきた瞬間に、クライエントも治療者も内面のリアリティに目を見開かされ、彼女の本当の苦しさに届いた感触をもつはずである。そのことが、長男に関するイメージについて、夢分析によってもたらされるクライエント‐治療者の間の火花となり、クライエントにとって一つの癒やしとなる。このような、夢による体験の積み重ねが癒やしへと繫がっていく。
最後、「子どもは殴った後、私から逃げていく」という展開になるが、一見悲劇的に見え、長男を哀れにさえ思えてくる。しかし、エイリアンであることの長男の哀れさ、不憫さ、苦しさを、充分に伝えてくれる展開であり、筆者はクライエントがただ被害者であるという思いから大きく転換してくれる機会になると思うのである。そのことに気づいてくれるだけでも、相当インパクトのある夢である。彼女の大きな苦しさの一つが、解放される瞬間になるかもしれないのである。またそのきっかけになるかもしれないのである。長男についての本当の苦しさとそれを克服する可能性が、この夢のメタファー的な働きで発揮されることを期待できるのではないか。そういう意味でも、この夢にはエイリアンのもつ象徴性だけでなくメタファーとしての働きが出ているように思うのである。

《夢8》――熊の母子の夢に関して

母熊と仔熊が家に侵入してくる。母熊はどこかへ行ってしまい、仔熊だけが家に残される。小さくて見かけはかわいいが、足の爪は長く鋭く伸びて危険。その仔熊は二階へ上がろうと家の階段を昇り始める。私は仔熊の後をそっとつける。五、六段目に仔熊が登ったときに突然背中からばたっという感じで下に落ちる。大きな音がしてその仔熊はひどく左後頭部を打つ。私は仔熊を家のソファーに運ぶ。突然、その仔熊は女の子になる。左後頭部は腫れて意識はなく、私はその女の子の後頭部に手を当てて治療をする。少しは良くなったみたいだが、私はこの女の子の様子をみて死ぬかもしれないなと思う。

この夢もメタファーを活かしたものであると思われる。特に母熊はクライエントの母性を象徴するために、熊という形で表現されているが、メタファーの機能を活かして彼女の母親像を示しているともいえる。すると仔熊はクライエント自身を表現していることになる。夢のなかで、仔熊は「小さくて見かけはかわいいが足の爪は長く鋭く伸びて危険」と表現されていて、自分自身のことについてもこのクライエントは慎重に対応していることが、窺われる。そしてそれから、その仔熊が後頭部を打つことになる。後頭部を打つということは、彼女自身の生育歴において非常に大きな影響を与えた経験である。彼女は、偏頭痛や耳鳴りは頭を打ったせいではないかとまで言っている。その経験は、長く彼女を苦しめる心的外傷のように残り続けていた。そして、その経験はけっして癒やされていない。この夢で、初めて自分が自分自身の傷を手当し治療している。もうこの時点で、仔熊は女の子に変わり、クライエント自身の子ども像になっていると思われる。メタファーにより、はじめは仔熊として自分自身を表現している。そして仔熊は母親と離れてしまう。たぶん、クライエントは早くから母親とは内的に離れてしまっていたのであろう。そのため、母親像との関係も希薄であったであろう。内的に守りのない、安全を保障されることのない生育歴を送っていたことは想像に難くない。そして、そのためにこころに大きな傷をいくたびも負ったのかもしれない。それらが、一つの象徴として「後頭部を打つ」という経験へと収束していったのかもしれない。

この夢で、クライエントは初めて自分の傷をいたわっているということで、画期的なことである。そして、その傷は本当に深刻であって、「死ぬかもしれない」ほどのものであったのである。内的なリアリティにより、それを自覚できたことは大きな進歩であった。敢えてこの夢でメタファーを生かして、こと（傷を負う）の重要性が理解され対処されたことが、示されたと思われる。

C　大きな展開を示す夢

《夢9》――白装束の人の夢

私は中学時代の友人だった人と旅行に行っている。高い山に登るはずなのに、海か湖かわからないがボートに乗ることに。突然、私だけが吊り上げられて海か湖に落とされる。私は落とされた勢いで深い底まで沈む。底にしゃがんだ形で足も手もつき、私は水面まで早く上がらないという気持ちで思いっきり足で底を蹴る。上がる方向がずれたのか、はじめに落ちた場所よりも離れた所に顔を出す（なぜか、これは誰かに試されている修行のようなもので最初に落とされた場所に戻らなければいけないことを知る）。

するとすっと私の手を下から救うように持ってくれる女の人が私の両脇に来る。女の人は白装束を着けている。私は体が楽になり、その女の人の導いてくれるままに身をまかす。その女の人二人は泳いで私を元の落ちた場所に連れて行ってくれる。私は元の場所に来れたのと、聖なる感じのする女の人二人に助けてもらった感動で胸が一杯になる。海面に顔を上げたとき、もうそこまで泳ぐ元気はとてもなかったので、とても不思議な体験をして助けられたこのことは、強く心にも体にも刻まれた。

《夢9》は《夢1》の続きのような展開をしている。《夢9》は、《夢1》のように「いかだ」の上には乗っていないが、ボートに乗り「海」か「湖」にいる。そして《夢1》では「海」に落ちることはなかったが、《夢9》

では勢いよく「深い底まで」沈み込んでいる。《夢1》と《夢9》は、状況においてはほぼ同じである。そして夢が描くその状況の構造に関しては、《夢9》も立体構造をもっているが、《夢1》に比較してクライエント自身が下へと沈むさらなるダイナミックな縦の動きを示している。また《夢9》では「水面まで早く上がる」という上の動きを引き続き示している。以上、《夢9》が示す構造は、《夢1》の構造をさらに進めた上下の動きを強めている。ただ《夢9》で語られているように「上がる方向がずれた」ため、垂直の動きとはなっていないので、そこを修正する必要はあった。そのことに関しては、夢のなかで「聖なる感じのする女の人二人」がちゃんとクライエントを「元の落ちた場所」に戻してくれる。これで、この夢の構造に関しては、垂直の方向が完成されたことになる。《夢9》は、しっかりしたダイナミックな立体構造をもち、そのことによってこの夢を見たクライエントの内面の構造に力強いしなやかさを与えたことであろう。たぶん、クライエントは《夢1》のときに比べて、ずいぶん内面においてしっかりしてきていたのではないであろうか。《夢9》のもつ構造から、現実に生きる力がついてきているように感じた。

また夢で描かれている内容に関してもっとも注目したのは、「聖なる感じのする女の人二人」である。このクライエントにとって、これらの女性はまさにたましいの救済者であろう。セルフ像に近い人物である。《夢9》では、クライエントをしっかり支え助けてくれるたましいとの関わりを体験している。このことは、クライエントにとって大きな救済となったであろう。そういう意味で、《夢9》は心理療法において大きな展開を示した貴重な夢である。

D　治療者が夢に出ている場合

《夢7》――両親への怒り・剃刀《かみそり》の夢に関して

夢に直接治療者が出てきたときに、その人物をどのように解釈するかは常に問われる問題である。つまり夢見者の主体水準で解釈して、あくまでも本人の内面の治療者像の現われであると解釈する視点。そして客体水準で解釈して、実際の治療者のことを示していると解釈する視点。実際は、完全に主体水準と客体水準とを明確に分けて解釈するのではなく、お互いをいくぶんか取り入れた折衷的な方法で解釈しているように思われる。だから、どちらか一方だけに偏って、解釈することは少ないように感じられる。しかし、夢によっては、治療者が明らかに夢見者の内面の治療者像であると判断でき、主体水準での視点で理解できる場合もある。夢の中で出てきた治療者が、まったく現実の治療者を表わしていることは、思いのほか少ないように感じるのである。しかし、現実の治療者と違う人物が夢に現われている場合に、その人物が現実の治療者のことを示している場合もある。なかなか一筋縄では理解しがたいのである。ここで《夢7》を使って、この点に関して考察してみる。

《夢7》

私は両親のいるところで、両親が何か心に刺さる言葉を私に言ったのがきっかけで怒りを爆発させる。私は友人との交際もままならず制約の多かった生活がどんなに苦しかったかを彼らにぶつける。特に母に対して心配を越えた干渉がどんなに多かったかを言うが……。周囲で聞いていた女の人三人があなたのわがままだ、あの頃の親はそういう人が多かったと両親の見方をしだし、私はなんで話をややこしくすると、むかっとしてその女性三人に「あなたたち三人が私と同じように家の手伝いもし、アルバイトもし、成績もよかったなら私を批判しなさいよ。そうじゃなかったら黙りなさいよ」と言う。彼女たちは急にしぼんで黙ってしまう。邪魔な三人は黙ったけれど、両親には私の悲しみや思いは通じない。
そのとき、両親に味方する若い男性が現われる。その男性は手に剃刀を持っている。私は危険を感じるが、私の周囲にはいないと思っていた川嵜先生がその男の前に現われて、私の助っ人になってくれる。先生はその男と同じ剃刀を持っている。若い男は不敵な笑いを浮かべて剃刀で川嵜先生の首を真横に切ろうとする。私は危ないと思うが、先生は自分の首を相手に切ってくれと言わんばかりに無抵抗で差し出す。男は変な笑いを浮かべて先生の首を浅く剃刀で横にすっと切る。私はその若い男性の異常さにぞっとする。でも、次は男が先生に首を切らせる。どちらも真剣で、周囲はシーンとして動こうともしない。でも、順番に首を切っていくようだが命がけでやっているみたいで、だんだん深い傷をつけていこうとするのが目にみえている。私はやっとのことで二人に近づき、間に割って入ろうとするが、自分の命が大事になり一瞬引いてしまう。そのとき、川嵜先生が与えた傷が深かったのか、若い男性は倒れる。先生も相当首に怪我をしている。私は救急車を呼び、先生と一緒に男を運ぶ。私が頭側を持ち、先生は足を持っている。その若い男は青白い顔で気を失っているが出血していない。私がその若い男の傷を不思議そうに見ていると、先生が私に「いったん、その傷から出血してしまえば、この男の血はきれいになり元気になるから心配しないでもこの男は助かるから」と言う。私はこの若い男が助かってほしいと思いながら救急車まで運ぶ。

《夢7》のなかでも、後半に出てくる治療者像に注目してみる。「若い男性」と「川嵜先生」とのやりとりは圧巻で、凄みさえ感じさせる。両者ともこのクライエントの内面の男性像であるが、「若い男性」は彼女の否定的・破壊的男性像で、「川嵜先生」は肯定的・救済者的男性像であろう。そして「川嵜先生」像は、まさに現実にも内的にも治療者像としての働きを充分に発揮している。ここでの治療者像はクライエントの内面からの独自のイメージだけで現われたのではなく、現実の治療者である川嵜先生の存在が大きく影響していると思われる。《夢7》の治療者像に関しては、客体水準での側面を多くもったものと考えられる。この夢で、「お互いの首を順番にだんだん深く切らせていくが、けっして相手に致命傷を与えない」展開は、実際の面接場面で治療者の態度・言葉・雰囲気などがクライエントに肯定的に働いて、結果としてそれが内面へ充分な治療的効果を発揮していることを、教えてくれている。そして夢の中で、治療者はけっして倒れることなく、相手にも致命傷を与えることなく、そしてクライエントに「いったん、その傷から出血してしまえば、この男の血はきれいになり元気になるから……この男は助かるから」と言うのである。もう充分に治療者像としての働きが、このクライエントの内面に生かされている。つまり、現実の面接場面で、川嵜先生はこのクライエントに治療者としての働きを充分に行なっていて、同時に川嵜先生は彼女の内面においても治療者像のイメージを担って、夢にほぼ客体水準で現われるようになり、その後、彼女独自の内面の治療者像が育って、主体水準で「川嵜先生」が治療者像として選ばれ現われるようになっていくのだと思われる。
内面での治療者像が育ちにくいクライエントにとっては、現実の治療者としての力量が重要になる。そのような場合、治療者が夢に出てきたとき、客体水準で考えた方が理解しやすいときもある。ただ内面で否定的な治療者像が強い場合、それがなかなか現実での治療に反映してくれなくて、夢で否定的な治療者像だけが出てしまっている場合もある。このときには、夢に現われた治療者像を主体水準で理解した方が妥当であると思われる。つまり、現実の治療者がクライエントの内的な治療者像に影響できる力をもつほど、クライエントの内面は充分に育っていなくて、クライエントの反治療的・否定的な力がまだ根強いことを示している。その反治療的・否定的な治療者像が、夢に主体水準で現われているのである。しかし《夢7》の場合にも適応できるが、夢の治療者像は主体水準と客体水準の両者の視点を合わせて理解していくことが、今後の治療者の夢に対する姿勢としてよいのではないかと考える。《夢7》は、このクライエントの主体水準での治療者像が、現実の治療者との心理療法により確実に育ってきていることを示してくれている。そして、それが回復への力となっていることを確信させてくれる。

《夢12》

私はビルの壁をロープなしで自分の身体ひとつで登っている人を見る。それを見ていると怖いけれど登ってみたくなる。上を見上げて登りたそうにしていると，横にいる人がここを登っていったらいいとルートを教えてくれる。私は勇気を出して登り始める。下を見ないでひたすら登ることを考える。おもしろいようにしっかりと登ることができ，屋上にたどり着く。屋上には近所のOさんと次男がいる。私は挨拶する。

私はまだ上へ登る螺旋状になった階段を見つける。Oさんたちは息切れ状態で私はOさんたちを追い越して螺旋状の階段をゆっくり登り始める。

場面が変わって，ビルの一室。川嵜先生のカウンセリングルームの前のフロアである。椅子が五つくらい置いてあって，私はドアに一番近いところに座る。横には小さなサイドテーブルが置いてあって一冊の心理学の本が載っている（川嵜先生の本ではなく，なんかハウツー本のよう）。私は手にとって見るが，一瞬興味は引かれるが読む気になれない。横に座っている女性がその本を私の手から取り，「私，この本，読もう」と言っている。その横の女性たち三人もその人のところに寄って来てわいわいと言って本のことで盛り上がっている。そのとき，ドアが開いて川嵜先生が出てくる。その姿を見ると下は黒の細身のズボン，上は白のレースで肌が見えるすけすけの服を着て，おまけにその服の下にはどう見てもサイズの合わない小さなブラジャーをしている。横の女性たちはその姿を見て，「先生，よく似合う」ととても喜んでいる。私は一人座ってそれを見ている。女性の一人がそのブラジャーを手に取り，ゴムの部分を手で引っ張って伸ばして，川嵜先生に合うようにしている。私は（それに参加できて楽しめたらいいなという気持ちと醒めている気持ちがあり）まるで感情がないかのようにそれを見ている。

もともとこの《夢12》は，最初のインタビューのときに取り上げられて解説・討論されたものであるが，紙幅の関係もあり最終的に削除された。しかし，筆者はここでこの夢を取り上げてみたい。

この夢での治療者像に関しても，注目したい。夢の後半から治療者である「川嵜先生」が出ているが，その治療者像がまた非常に興味深い。まず「川嵜先生」の姿であるが、それは「下は黒の細身のズボン、上は白のレースで肌が見えるすけすけの服を着て、おまけにその服の下にはどう見てもサイズの合わない小さなブラジャーをしている」というものである。この姿は、明らかに女性に近いものである。しかし中身は、男性の「川嵜先生」のようである。たしかに、治療者像の一つとして、男女混合した両性具有性が考えられる。しかし、クライエントはこの治療者像に違和感をもって見ている。どこか「醒めている気持ち」をもって、しかし「川嵜先生」に関われたらいいのにという気持ちももっている。この態度は、内面の治療者像に対するものより、現実の治療者に対するアンビバレントなもののように感じられる。つまり、この治療者像は、また主体水準よりも客体水準での視点による方がより理解しやすいように思うのである。つまり、現実にこのクライエントは治療者・川嵜先生への信頼があまりにも強くなり、それを引き戻し、バランスをとろうとした感じがある。補償作用が夢のなかで働いた可能性がある。だから、治療者像をこのように違和感のある像へと仕立てたように思われる。しかも、このクライエントは、絶対者的な人物や霊性が強いシャーマン的な人物への警戒心やそのような人物に専心することへの抵抗をもともともっている人物のようである。そういう意味でも、あまりに現実の川嵜先生、つまり治療者へ専心することへの警戒や引き戻し・補償が働いたと考えられる。そのために、この夢のような違和感のある少し滑稽な治療者像が、もたらされたように思うのである。

この夢では、「川嵜先生」が客体水準で働き、このクライエントにそのようなことを伝え、警告しているのではないか。もしそうならば、クライエントがこのことを意識において強く自覚し、客体水準なら客体水準で川嵜先生をよく観察し、よく理解し、等身大の現実の川嵜先生を知ることが、まず大切である。そして、ニュートラルな川嵜先生像を現実面で受け入れることによって、内面の「川嵜先生」像がさらに発展し、このクライエントにとって真の治療者像へと育っていくものと思われるのである。それは、主体水準での「川嵜先生」像につながり、彼女を後々まで支えてくれる治療者像になるであろう。そういう意味でも、客体水準から主体水準へと「川嵜先生」像が、移行していく視点で夢を観察していっても面白いのではないか。クライエントは、夢のなかで治療者を主体水準・客体水準とうまく使い分けをしながら、また同時に生かしながら、最終的に自分独自の治療者像を育てていくのではないかと考えられる。やはり、心理療法において目の前に存在する治療者は、途轍もなく重要な人物となっていることが、よくわかる。もちろん、治療者がいないと心理療法は進まないし、心理療法自体が存在すらしないのだから。そしてさらに、クライエントにとって、どんな治療者であるかということも心理療法において大切である。

5　縦断的観察による夢分析

ケースのなかで夢を使いながら治療を行なう際、当然夢の流れを観察していく。夢が治療への動きと治癒へと進む過程を示すのを、クライエントと治療者は共に観察し、コミットしていくのである。よって、一連の夢を縦断的に観察しコミットしていくことが、一般的な夢分析である。しかし、一つの夢やいくつかの夢をピックアップして、徹底的に集中して解釈したり、考察したりすることで、クライエントの内面に迫っていくということも行なう。それは、やはり治療を進めていくことに役立つのである。ここでは、出された一連の夢を縦断的に観察したときに、治療過程をどう考察したらよいかを示してみる。なお、一連の今回提示されているすべての夢は、この後の章で述べられているので、それを参照していただきたい。

《夢1》はイニシャル・ドリームとして、まずこの心理療法が始まることを意味している。連想で述べられているごとく、心理療法が始まる前と比べて《夢1》が変わっている。この心理療法により、何かの変化（治療が行なわれるという）が予期され、期待されている。《夢2》～《夢4》へと、クライエントの苦悩が充分に表現されている。《夢5》《夢6》と従来と異なった展開の夢が出てきている。何らかの治癒過程が準備されている期間であったかもしれない。《夢7》で、クライエントが治療者との信頼関係をぐっと深め、治療者の力量を認め、それにより治療を進めることができていることを、示していると思われる。《夢8》では、メタファーを活かしながらも、クライエント自身の直接の傷に触れることができ、それに対して治療的な働きかけができている。そして《夢7》で、大きな展開が示されて、彼女自身の治癒力が内面で発揮されつつあることがわかる。この時点で、クライエントが訴えていた症状である不安発作、偏頭痛、耳鳴りは現実に随分和らいでいたのではないだろうか。

それ以後の一連の夢を観察してみると、症状からの回復という目的を越えて、クライエント自身の内面をさらに進め、自分自身の道を進める求道者的な動きへと変化していっているように感じられる。《夢12》のように、治療者像を盲目的に信じることに疑問をもち、さらに自らの治療者像を求めて、内面を進めていくのであろうか。今後の夢の展開が楽しみである。現実的治療の見解から、もうしばらくして心理療法を終えるのか。それとも、あくまで納得するまで、内面での何らかの仕事を終えるまで続けていくのか、興味のあるところである。それは今後の夢の展開で明らかになっていくであろう。

6　おわりに

私なりに、夢の視点について述べてみた。正直なかなか難しい主題であり、これほど筆が進まなかったことも珍しいぐらいである。たぶん、今の私ではまだ夢についてまとめて述べることは、少し重荷であり充分な考えがまとまっていないからであろう。つまり、夢を生かしながらの臨床を日々、苦労し、試行錯誤し、必死になってクライエントに付いて行っているのが実情であるから、なかなか余裕をもって夢に関して語ることができないのである。しかし、これまでの経験から、治療に関して夢からどれだけ助けてもらったかわからないほどの恩恵を受けている。正直言って、クライエント本人よりも彼ら彼女らからの夢に、より強くコミットしていることが多かった。つまり夢の内容の方が、ずっとこちらのこころにどっしりと伝わってくることが多かったからであった。もちろん、本当に真っ直ぐこちらへ伝わってくる夢もあれば、なかには頭を傾げたくなるまやかしのような夢もあった。それでも夢を活かす臨床に多く深く関わり、魅了されてきた。今後もその臨床姿勢は変わらないであろう。しかし、心理療法において夢への視点を語ることは、筆者にとって非常に困難なことであり、まだまだ早いと感じられた。そういうなかで、今回このような企画の仲間入りをさせていただき、また筆者を勇気づけてくれた川嵜先生には、感謝します。川嵜先生が提示された一連の夢の導きで、少しは筆も進み、夢について新たに考える機会をいただきました。

第2章 夢分析の事例——不安発作・偏頭痛・耳鳴りと夫の強迫行動を主訴とする女性の事例

川嵜 克哲

筆者の事例を以下に簡略にまとめて記す。この事例のなかで報告された夢の中から選ばれた十個の夢が次章において、それぞれの夢分析者へ提示されることになる。「はじめに」で述べたように、彼らには十個の夢以外には、クライエントの性別と年齢、家族構成と主訴という最小限の情報だけが提示されることになるわけだが、本章では、ある程度、語られた夢を含めて全体の流れを記述しておきたい。これは、一つには、夢そのものに対してなじみが薄いかもしれない読者への便宜をはかるためと、もう一つは、読者が次章以降の各々の夢分析者のコメントを読んだ後に、もう一度、この章の事例に戻られることで、夢をどのようにとらえるかということがいかに事例全体の流れを基底から把握する視点となり、治療的な展開に直結するものであるかということを理解されることを期待するためである。

夢はけっしてクライエントの生育歴や家庭環境、さらには面接内での語りという「外部」に還元したり、それらを夢に当てはめたりするべきものではなく、逆に夢を起点とし、そこから全体を眺めることで、そういったクライエントを取り巻くコンステレーションやその語りに適切な治療的意味を見出しうるものとなる。また、そのような姿勢をもって夢にコミットすることで、クライエントが訴える症状や問題といった「現実」もまた変化していく。これらのことは、第3章以降の各分析家のコメント、および第8章を読まれることで了解されよう。

個々の夢に対する筆者の見解は次章で詳述するので、ここでは事例の流れのなかでクライエントが語られたことを中心に記述するだけにとどめたい。


クライエントは、四十代初めの専業主婦（以下、Aさんとする）であり、不安発作や偏頭痛、耳鳴りを主訴として心療内科クリニックにて筆者と治療分析をすることになった。彼女は筆者に会う二年前位からこのクリニックにひどい生理痛を主訴として通院しておられたが、大規模な震災に遭った直後から、突然、彼女の夫に対する恐怖が出現し、主治医にそれを訴え、筆者との面接が開始されることになる（仮にX年四月とする）。なお、医師による投薬は生理痛に関する薬のみが処方されている。

初回の面接では、開口一番、Aさんは「夫がなにかへんで」と語る。それは「あるボールペンを気に入ると、同じ種類のそれを何十本も買い溜めたり、電化製品を選ぶときはすべてのカタログを集めて、平均値を出して自分で表を作ったり」するような種類の「へん」さであった。この他にも語られる夫の特徴はかなりの程度の強迫性を示していた。たとえば、どうみても空席がない電車の先頭から末尾まで空席がないか確認して歩いたり、子どもの成績の悪さを叱るときに丹念に平均値などの数値を出してグラフ化して叱ったり、などなど。不思議なのは（Aさん本人もそう言うのだが）、震災に出会う以前には夫のこのような行動が彼女の意識には「へん」だと映らなかったことである。「地震のとき、すごく怖かったんですが、この「怖さ」が何かに似ていると感じて、はっと思ったのが〈夫に殺されるのではないか〉という怖さだった。それで今までのことが腑に落ちた感じ。夫がへんで怖かったのだ、と」。

夫とは会社の元同僚で二十年前に恋愛結婚。子どもは長男と次男がいる（それぞれ、初回時、十五歳と十一歳）。

子どもたちは夫のことを「人の気持ちがわからないやつ」と言い、その関係は悪い。

Aさんは結婚以来、ずっと不眠が続いている。また、「特に風邪をひいたときにひどいのだが、パニックのような、なんとも言えぬすごい不安に襲われる」と訴える。さらに子どものころより、偏頭痛と耳鳴り（耳のなかで油が煮えたぎるような音がする）があったのだが、結婚してからそれらはひどくなってきている。これらの話が語られた後、諸症状の緩和の期待、および、そういう「へん」な夫との結婚の意味を考えていくことを中心として筆者との心理療法面接を継続していくことになった。

第二回目以降では、長男出産時に夫が仕事のために付き添ってくれずに心細い思いをしたことが語られる。その心細さを実母に電話して伝えると、「お母さんになったのに、なに言ってるの」と怒られた、と。子どものころから、Aさんが病気になると母親は怒った、という。実母は不安に対する耐性が低い人のようで、娘が病気になると不安でパニックになり、それで病気になった娘を叱っていたようだ。母親は父親との仲が悪く（父親はよく酒を飲み、飲んでは暴れていた）、「そういう両親のもめごとを母は私をゴミ箱のような聞き役にしてかぶしてきた」。

この間、子どもの進学祝いにケーキを皆で食べようとしているときに、夫が「いつものボールペンがない」と強迫的に探し出し、楽しい雰囲気が台無しになったとAさんは寂しそうに語られた後、結婚以来、毎週のように同じ夢を見ると、次のような内容を語った。

《反復夢》

広い海。私は（いかだに乗っていたりしていつも）独りでいる。水はきれいなのだが、さびしく怖い感じ。

Aさんは語る。「独り」という想いはたしかにある。家ではどんどん大工道具とかねじ回しなどが増えていく（ほとんど使わないのに夫が強迫的にそれらを買い込んでストックしていくため）。地震で家がかなり壊れたときにもそれらは使われず，なんのために買っているのか夫のことが理解できずに気持ちが塞いだ。
この反復夢が報告された一か月後に次のような夢が報告される。

《夢1》（X年六月）

海。私はいかだの上にいる。海の周囲には山々があり，水は非常に澄んでいてきれい。これなら自分が落ちて沈んでも見えるなとヘンなことを考えている。ふと上を見上げると太陽がさんさんと照っていて，ぽかぽか暖かい。いい気持ちになってごろりと横になる。

この夢に関する連想をAさんは以下のように語られた。「夢が変わったので驚いた。結婚以来繰り返し見ていた夢では，いつも果てしなく広がる海の上にいかだに乗っていつも独りで，さびしく寒い感じだったが，今回は山々があり景色が違った。今まで反復夢のなかで上など見たことなかったが，今回は見ると暖かい太陽があった。不思議だ」。
また，《夢1》が報告された少し後の回で，次のような母親との思い出が語られる。「幼稚園のときに滑り台から落ちて頭を打った。すぐに家に帰されたが，母はなにもしてくれなかった。幼心に母の無知，冷たさを感じた。頭を打ったら検査しないと怖いのにと思っていた。高校以来耳鳴りが出て，結婚してからひどくなったが，それはこの事件のせいではと母を恨んでいる」。
Aさんは，小さいころから両親の間で気を使わざるをえず，反抗期もなかった，というか，できなかったと言われる。酒飲みの父が酒を飲んだり，ちょっとした怪我をすると母はパニックになり，腰が抜けたりしていた。

姉にとってもそのような状況は大変だったのだろう、彼女はその場からうまく逃げていたので、結局、Aさんが母親の面倒をみることが多かったようだ。「子ども」として過ごした感じがないと彼女は言う。「だから、私は結婚するとき、ほっとできるような家庭、誰かに頼れるような家庭にしたかったのだが」。

「結婚してから風邪をひくとすごい不安が襲ってくる。母に何か関係してるのかもしれない。夫もかまってくれないし。これが一番嫌なこと。私は母に対しても夫に対しても頑張りすぎで過剰適応かもしれない。自分がない感じだった。損だなと思う」。

小学低学年時の思い出。Aさんは、母の日にカーネーションを一本持って帰ったのだが、途中でその茎が折れてしまう。母に渡すと「不吉だ」と言われてとてもショックを受ける。その直後に父親が高いところから仕事中に落ちて頭部と首を大怪我したという連絡が入る。それを聞いたとき、父の事故と折れたカーネーションが結びついて、父の怪我は自分のせいではないかと罪悪感をAさんは感じたらしい。

面接が二十数回目を越えるくらいの時期になると、Aさんの夫も彼女が腹痛を起こしたときに「救急車を呼ぼうか」と今までにないような雰囲気で心配したり、腰痛を訴える息子の腰を揉んであげたりと変化をみせるようになる。それでも、（当然のことだが）夫の「強迫的」なところがやはりよく理解できないというAさんに対して、筆者は「強迫」の背後にある不安を少し説明したりしている。このような心理療法の過程のなかで、三十回目のセッションあたりでは、夫が食事のときAさんが噛んだものを口移しでくれと言うようになってくる。Aさんが言うには、「思い出せば新婚のときに同じことを言っていた。そのときは気持ち悪くて断った。でも今はなんかわかる感じもあり、それほど嫌ではないが迷っている」と。筆者はあまり無理をして応じなくてもよいと思うが、そのような夫の行動の意味を一緒に考えていくことを彼女に促す。

彼女の夫は寝るときにクーラーの運転表示ランプの明かりが灯るのが気になり、Aさんに何度もガムテープなどでそれを塞ぐように命じる人であったが、このころには「まあ、もうええわ」と諦められるようになったとのこと。「夫も変わったなーと思った」としみじみした調子で語るAさんだったが、彼女の夫への怖さも「以前が十とするなら今は二か三くらい」になったと言う。「以前はなにが怖いのかもわからない、殺されるような気がする怖さだった」。

さて、このころAさんがためらいながら語ったところによれば、彼女の父方の家系は代々、古神道に属する神主を職としており、霊祓いや病弱の子に仮親となって名を付けたりすることなどがAさんの周りでは日常であった。彼女にとってそれはおどろおどろしい雰囲気を感じさせるものだったらしく、また、「運命が決まってるようで嫌だった」と言われる。叔父や叔母のなかには職能的霊能者（いわゆる拝み屋さん）もおられ、幼少時によく彼らや母から「悪いことしたり、思ったりすると巡ってきて自分にふりかかるよ」と言われて怖かった。Aさんは超能力やらオカルトやらを否定する本をよく読んでいたが、「そういう家庭の雰囲気を否定したかったのかもしれない」と。一方で、「けっこう叔母、叔父のお告げが当たったりするので否定しきれない感じもあった」。また、自分自身、直観みたいなのがあるように思う。たとえば、地震が来る前に予感がして枕元に非常用リュックを用意しておいたり、仲のよかった友人が病気で死ぬ前日にその人が空中に飛んで空に花が舞っていた夢を見たりして不吉な予感がしたりとか、そういうことが多いと言われる。このような自分の「直観」を自身嫌うAさんであったが、それを夫に告げると彼は「それは何パーセント当たるのか」と返答したとのことで、なるほどそんな考え方もあるのかという気持ちとわかってくれないという気持ちの両方をAさんは夫に感じたと言う。
Aさんが語るには、このような彼女の「家系」に関して治療者は「そういったシャーマン的な環境は一つの〈文化〉だと思う」と述べたらしく（筆者の記憶は曖昧）、その「文化」という言葉が新鮮だったと言われる。「自分や家族は異常ではないかと思ってずっと不安だった。だからこういうことは今まで誰にも言っていない。でも、霊を見る人とかが必ずしも異常ではなく、それが異常ではない文化もある。霊的なものに価値を置く文化もあれば、科学に価値を置く文化もある。それは文化の違い、という先生のことばになんかほっとしたものを感じた」と。

次の二つの夢は面接開始後一年目くらいに報告されたものである。


《夢2》（X＋一年一月）

長男は実はエイリアンであり、私は知っていて育てている。攻撃性が強く、言うことを聞かないし、すぐに歯をむき出しにして噛みついてくる。こんな子だけれど育てていかなければならない。しかし、なにをしでかすか分からない子なので私はいつも恐怖を感じている。ある日、外の売店で彼が勝手なことをするので、たしなめると、歯をむいて噛みついてきて（深い傷を負い、血が出る）頭を殴られる。私は気が遠くなり倒れながら、「皆は私がこんなつらい思いをしてエイリアンの子どもを育てているなんて知らないだろうな」と思う。子どもは殴った後、私から逃げていく。


《夢3》（X＋一年五月）

私と次男が中年男性の運転するヨットに乗っていたのだが、大きな波がきて岩にぶつかる。次男は後頭部を打ち、海に放り出される。私は引っ張りあげ、救急車を呼ぼうとトンネルの中へ入っていく。電話をした後、トンネルの向こうから夫が探している。そこへ行くと次男は心臓が止まりかけており、マッサージをするがついに脈が止まる。私は夫にもたれかかって泣いている。夫も同じ想い。

《夢3》に関する連想から、次男は小学生のころ、ずっと長男にいじめられていて、年に数回の頻度で頭を強打し縫ったりしていたと語られる。Ａさん自身、滑り台から転落して頭を打っており、また父親も昔高いところから転落して頭部を大怪我したことなどが思い出され、なぜか家族は頭をよく打つことが彼女の意識に上がる。

面接が五十回目を超えるころ、以下のような母親のエピソードが語られた。Ａさんの母親は結婚前に大規模な地震に遭っており、また結婚直後には勢力の非常に強い台風の直撃を受けている。また戦時中に外地から引き上げるときに、いなくなった子どもを探して半狂乱になっている女性の姿を見てすごく不安になったとのこと。これらのためか、台風などが来ると今でもすごいパニックになるし、Ａさんが子どものときから、彼女がどこにどういう状態でいるのかを（筆者の印象ではかなり強迫的に）把握しておかないと不安になるらしく、とても規制が厳しかったらしい。Ａさんが成人して会社勤めをしていたときも、母親は帰宅時間になると必ずバス停でずっとＡさんを待っていたという。そういう母に対してかわいそうという気持ちと腹立ちの気持ちの両方があるとＡさんは語られた。

これ以降、しばらく、Ａさんは自発的に「私をめぐる家族の歴史」という自分史を克明に紙に書いてくるようになる。以下はその抜粋である。

零歳　Ａさんの出産時、母は多量の出血をする。それがいかに血みどろでひどかったかをＡさんは何度も母親から聞かされ、恐怖を植えつけられる。
一歳　父はよく泥酔して帰宅（これはＡさんが中学三年生くらいまで続いた）。母はそんな父に対していつもパニックに。「もう許して」という母の叫び声が記憶に残っている。
三歳　姉が結核になる。これ以降、母は子どもが少し汗をかいたり、微熱を出すと極度に不安になり異常な反応をする。
四歳　男の子に「おしっこ出るところを見せろ」と脅されてそうしたのが母に発覚し、すごく怒られる。羞恥心を感じた。市場で母に手を強く引っ張られて右ひじを脱臼するも、「おまえが悪い」と慌てふためく母に言われる。病気・怪我で慰められた思い出なし。浮浪者風の人が数人（たぶん父の仕事仲間）、家に上がり込み酒を飲んでいる記憶。
五歳　滑り台から転落事件。青い太陽の絵を幼稚園で描いたら、先生が「この絵は家に問題があることを示している」と言われ、母がAさんをひどく叱る。
六歳　小学校でよろけてバケツにはまって濡れたので先生にパンツを着替えさせてもらって帰宅。家で母にひどく怒られた。ストーブの暖かさや先生のやさしさと鬼みたいな母との差が悲しかった。
七歳　作文に「父は大酒飲みです」と書いて母に叱られる。母の日のカーネーションを持って帰る途中にそれが折れた直後、父の転落事故（長期入院）が起こり罪悪感を感じる。嫌なことを言う女児の頭を軽く叩いたら、その子の母親が怒鳴り込んできた。母に無理矢理謝らされた悔しさ。この後その女児に頼まれた男児十人に下校時待ち伏せされ石を投げられ恐怖を味わう。自分の将来は明るくないんだろうなと思い、なにもやる気がせず、学校のテストも提出せず机のなかに隠しているのが同級生にばれてお金を強請される。その後、母にもばれてひどく怒られる。
八歳　胸がふくらみはじめる。母は異常ではないかと不安になり、医者に連れて行かれる。「こんなに早くふくらむなんて」と母親は怒っていた。脚気になる。母の料理は非常に貧しく、栄養バランスを欠くものだった。
九歳　学校で描いた絵の色（黒とオレンジ）をみて母が「盗癖の絵だ」と非難。初潮。母は「早くて恥ずかしいから人には言うな」と眉をしかめた。初潮後、一年くらい生理がなく、母は妊娠したのではと不安がっていた。友達は初潮のお祝いをしたと聞いてその落差にショック。
十歳　肺炎になるも母はおろおろしてパニックになるので、Aさんは苦しいのに母に「大丈夫だよ。しんどくない」と言うしかなかった。
十二歳　料理の不満を言うも通じず。母は食中毒とか異常に怖がるので食材をやたら消毒したり煮込みきる。栄養バランスが目茶苦茶なのにたくさん食べないと怒った。
十三歳　家に帰りたくないので部活動に励み、帰宅時間をできるだけ遅くする。
次の夢は面接開始後、二年三か月後のものである。

《夢4》（X＋二年七月）

私と次男はどこか知らない島にいる。その島は、宇宙からの侵略者に統治されている。私はトイレに行きたくなり行くが、そこはとてもひどいトイレで隣との仕切りもない。私はそのトイレを出て、その近くのとてもきれいな立派なトイレに行くが、そこにいる人に、あなたの入るトイレは、いまさっきの汚いトイレだと言われる。階級で入るトイレが違うらしい。しかたなく、家に帰ると次男と同じ年頃の子は学校に行っているのに、次男は学校に行っていない。私は隣の人に聞くと、私たち二人は侵略者に逆らっているので評価が悪く、それで次男が学校に行けないのだと言う。私はくやしい思いをするが、それでもいいかと思う。次男も「僕は学校へ行かなくてもいい」ときっぱりと私に言う。

この前、夫がお箸の片方が少し短いことにこだわった。Aさんが「それって新しいの買えってこと？　わがままー」と冗談ぽく言うと、きょとんとして「これってわがままなのか」と。「そうよ」と答えると、「そうなのかー」と妙に真剣な顔で考え込んでいた。

このころになると、「偏頭痛はまったくなくなった」とAさんは語る。耳鳴りも随分とましになってきたとのこと。しかし、一方では、夫の方が会社での人間関係やうまく会議で発言できないことを悩みだし、「死にたい」と言い出したりするようになる。こういう言葉を夫から聞いたことがなかったAさんは、とても意外に思い驚きつつ、そういった夫の変化を肯定的に捉えた。

「小さいころ、滑り台から落ちたのがなにか私の原点という感じがする」とAさんは語る。この時期、そのときの痛みが蘇ってきてる感覚がして、長らくなかった偏頭痛が一か月位前からぶり返してひどくなっていた。同じ時期に夫が電車の通勤ラッシュ時に押されて頭を壁に強くぶつけて何針か縫う怪我をする。首も鞭打ちになって歪んでおり、この夫の状態がなぜか自分に転移したような感じでAさんはその痛みを体感するのだが、それは滑り台から落ちたときの痛みとそっくりだとのこと。整体を夫にしてあげて、彼の頭のケアもしたのだが、なんだか小さいころの自分の手当をしてるような感覚だった、と言われる。


《夢5》（X十二年十月）

私は川をはさんで向こうにある雪山をみている。所々溶けかかっている。雪遊びしている人もいる。私は足元をみると、雪があり、かなり積もっているところもある。私はそこにわざとずぼっとはまってみる。衣服が汚れるが楽しい。

家に帰ろうとするが、上空には黒い雲がある。その下を通ると雨や雷に会い、私はそこを早く通り抜けようと急ぎ、青空の下へ行く。するとまた黒い雲の下になる。私は空をみると青空の下に黒い雲が流れているのに気づく。


このころ（面接開始後二年と半年位）になると、Aさんの当初の主訴であった、偏頭痛や不安発作、夫との不和は解消され、耳鳴りの程度も相当に改善されており、面接のなかでの話し合いは、彼女の内なる「シャーマン的な資質」と「平凡な主婦として生きたい」という想いとの折り合い、関係をどのように考えていくかが中心となっていた。たとえば、彼女は普通の友人関係として人とつき合いたいと思うのだが、しばしば知り合った相手の人が自分の悩みや秘密に関する話をし始めることが多く、また、Aさんも自分の意思を超えてそのときに「お告げ」的なニュアンスの事柄が口から出てしまうのであった。その言葉は当事者にとって問題の核心を突くような作用を起こすらしく、彼らの問題は良くも悪くも「動き出す」。しかし、そうなるともはや彼らとAさんの関係は「友人関係」の地平を越えてしまっている感じがあり、彼らから感謝され、あるいは恨まれることになるAさんはそういう関係になってしまうことをとても嫌っていた。

《夢６》（X＋四年九月）

どこか知らない場所の川沿いの家に来ている。その家の家族が外に出て、建築士のような人のアドヴァイスを聞いている。ここを軽くしなさいとか言われるとそこの重いものをどけている。建築士らしき人は今度は家の中に入り、一番下の部屋に下りていく（この家は道の方から見ると一階建てだが、川の方から見ると地下が川の中まで入っており、三階建て）。その部屋は川の中に造られており、片面はガラス張りになっていて川の中の生き物が観賞できるようになっていて、赤い鯉のような美しい魚がいっぱい見える。建築士はこれは危ないですよと上を指す。するとそこからは川の水の重みで天井が少しへこんで水が漏れてきている。その家の人は、この部屋だけは家族の楽しみなのでアドヴァイスを聞くことはできないと言う。おばあさんが川の中に入り、その魚に餌をやり始める。どうやら魚を餌付けしてガラス張りのところへ魚を集めているらしい。部屋の中から見る魚の群れは美しく、じめじめした空気と危険な部屋にいることを一瞬忘れさせてくれるが、私はすぐに我に帰り、危ない危ないと思う。

面接開始後、三年目に入ると今まで模範生だった次男がスーパーで万引きをしたり、夫が鬱的な状態になって会社を休みがちになったりなど、家族力動に大きな変化がみられるようになる。興味深いのは、誰もが意外に思い驚いた次男の万引き事件だったが、スーパーの警備室から引き取られた次男が家に帰ってきたときに、「やっぱりやったわね」という冷静な口調でのあらかじめ予想していたかのような言葉がAさんの口から出てきたことである。対して次男は「そういうお母さんの〈やっぱり〉というのが嫌なんだ。わかっていたなら初めから止めろよ。風邪をひいたときも自分がまだわからない段階のときから、お母さんは〈風邪をひいてるから気をつけなさい〉と言う。後で実際に風邪をひいているのが自分でもわかるんだけど、なんか風邪をひいたのがお母さんのせいに思えるんだよ！」と怒ったという。筆者の印象では、これは事後的に予知めいたことを告げて息子をコントロールしようとするような神経症的な言動ではなく、通常の親子関係を超えたような箇所からことばがAさんの口を通じて出てくる印象があった。実際、彼女も少し後に、「あのときは、息子がなにか悪いことをしでかすかもしれないとわかっているのに、それをさせてあげなければ良いほうにいかないという不思議な感覚、止めようとするのに、体がかたまってしまう感覚、一瞬時が止まってしまうような感覚が忘れられず、結果なにもできず万引きというショックな結果になってしまった」と語られている。逆に言えば、そのような「超越」的なものをAさんを成員とする家族関係のなかにどのように位置づけるかを模索して息子が行動化したともいえよう。その意味では苦悩の過程にあるにせよ、Aさんはそのような課題に関してもはや「孤独」ではないとも筆者には思われた。

《夢7》（X＋四年十二月）

私は両親のいるところで、両親が何か心に刺さる言葉を私に言ったのがきっかけで怒りを爆発させる。私は友人との交際もままならず制約の多かった生活がどんなに苦しかったかを彼らにぶつける。特に母に対して心配を越えた干渉がどんなに多かったかを言うが……。周囲で聞いていた女の人三人があなたのわがままだ、あの頃の親はそういう人が多かったと両親の味方をしだし、私はなんで話をややこしくすると、むかっとしてその女性三人に「あなたたち三人が私と同じように家の手伝いもし、アルバイトもし、成績もよかったなら私を批判しなさいよ。そうじゃなかったら黙りなさいよ」と言う。彼女たちは急にしぼんで黙ってしまう。邪魔な三人は黙ったけれど、両親には私の悲しみや思いは通じない。

そのとき、両親に味方する若い男性が現われる。その男性は手に剃刀を持っている。私は危険を感じるが、私の周囲にはいないと思っていた川嵜先生がその男の前に現われて、私の助っ人になってくれる。先生はその男と同じ剃刀を持っている。若い男は不適な笑いを浮かべて剃刀で川嵜先生の首を真横に切ろうとする。私は危ないと思うが、先生は自分の首を相手に切ってくれと言わんばかりに無抵抗で差し出す。男は変な笑いを浮かべて先生の首を浅く剃刀で横にすっと切る。私はその若い男性の異常さにぞっとする。でも、次は男が先生に首を切らせる。どちらも真剣で、周囲はシーンとして動こうともしない。でも、順番に首を切っていくようだが命がけでやっているみたいで、だんだん深い傷をつけていこうとするのが目にみえている。私はやっとのことで二人に近づき、間に割って入ろうとするが、自分の命が大事になり一瞬引いてしまう。

そのとき、川嵜先生が与えた傷が深かったのか、若い男性は倒れる。先生も相当首に怪我をしている。私は救急車を呼び、先生と一緒に男を運ぶ。私が頭側を持ち、先生は足を持っている。その若い男は青白い顔で気を失っているが出血していない。私がその若い男の傷を不思議そうに見ていると、先生が私に「いったん、その傷から出血してしまえば、この男の血はきれいになり元気になるから心配しないでもこの男は助かるから」と言う。私はこの若い男が助かってほしいと思いながら救急車まで運ぶ。

この時期、現実的にもAさん宅は改築をしているのだが、この件で相当にいろいろとがんばっていた彼女に対して夫が理不尽で追い詰めるような雰囲気で迫ってくることがよくあった。そのときに、突然、彼女は自分が分離するような感じになって宙に浮かんだ別の少し冷静な視点の自分が「どうして自分はこんなに苦しんでいるのだろう。……これは夫の苦しみではないか。夫は幼少のころからやたら〈勉強しろ〉と親から言われてがんばったが、いくらがんばっても親は認めてくれず、親を恨んで苦しい思いをしたと言っていた。そういう夫の苦しみを今自分が受けているのではないか」と急に感じたという。するとそれ以降、夫の追い詰めるような言動がなくなり、夫婦関係の質が変わって安定したとのこと。関係性に対するこのような視点の持ち方や関わり方に関して、われわれ心理療法家は「転移・逆転移」といった有益な概念を有しているが、このような視点・関わり方が「現実」の夫婦関係のなかに入ってくるとなると、それはそれでまたなかなか難しい状態も生まれてくるだろうなと筆者は感じていた。しかし、一方では、この難しい状態はまた「結婚」という容器のなかで展開されているAさんの自身の課題への取り組み方であることも。
Aさんが言うような「相手の苦しみを受ける」ようなあり方や、受難にさいなまれている自身を中空からの冷静に見つめる視点の持ち方は、やはりシャーマン類似のものと言えるし、実際、知人との交際においてもこの時期以降、Aさんは「相手のなにか黒くて嫌なものを受けてしまう」「普通に友達として接したいのに悩み相談みたいにすごい話が相手から噴出するように出てくる」ことが多くなっていく。

《夢8》（X＋五年六月）

母熊と仔熊が家に侵入してくる。母熊はどこかへ行ってしまい、仔熊だけが家に残される。小さくて見かけはかわいいが足の爪は長く鋭く伸びて危険。その仔熊は二階へ上がろうと家の階段を昇り始める。私は仔熊の後をそっとつける。五、六段目に仔熊が登ったときに突然背中からばたっという感じで下に落ちる。大きな音がしてその仔熊はひどく左後頭部を打つ。私は仔熊を家のソファーに運ぶ。突然、その仔熊は女の子になる。左後頭部は腫れて意識はなく、私はその女の子の後頭部に手を当てて治療をする。少しはよくなったみたいだが、私はこの女の子の様子をみて死ぬかもしれないなと思う。

この時期、面接のなかで筆者は、夢においても現実でも「落ちる」ことが彼女の身辺でよく生じることを話し合い、〈シャーマン的な家系にとって「落ちる」ことはイニシエーションの意味があるのではないか。そういったシャーマン性を引き受けて生きていくのか、別の道を生きていくのか、あるいはこの二つをどのように折り合わせていくのか。そういう課題がAさんにはあるのではないか〉といった内容のことを伝えた。彼女の返答も「それはよくわかります。以前ならわからなかったと思うが、今はそれが自分の課題だと思う。だんだんと自分のなかにそういうものがあるのがわかってきたのでそれをどうしていくのか考えたい」というものであった。
以後、以下のような一連の夢を検討するなかでこのような課題が話し合われていくことになる。

《夢9》

（X＋五年八月）

私は中学時代の友人だった人と旅行に行っている。高い山に登るはずなのに、海か湖かわからないがボートに乗ることに。突然、私だけが吊り上げられて海か湖に落とされる。私は落とされた勢いで深い底まで沈む。底にしゃがんだ形で足も手もつき、私は水面まで早く上がらないという気持ちで思いっきり足で底を蹴る。上がる方向がずれたのか、はじめに落ちた場所よりも離れた所に顔を出す（なぜか、これは誰かに試されている修行のようなもので最初に落とされた場所に戻らなければいけないことを知る）。

すると、すっと私の手を下からすくうように持ってくれる女の人が私の両脇に来る。女の人は白装束を着けている。私は体が楽になり、その女の人の導いてくれるままに身をまかす。その女の人二人は泳いで私を元の落ちた場所に連れて行ってくれる。私は元の場所に来れたのと、聖なる感じのする女の人二人に助けてもらった感動で胸が一杯になる。海面に顔を上げたとき、もうそこまで泳ぐ元気はとてもなかったので、とても不思議な体験をして助けられたこのことは強く心にも体にも刻まれた。

《夢10》

（X＋六年十一月）

主人とどこかの行場みたいなところにいる。修行している人もいる。行者が来て、「誰か夢を見た人」と訊く。私は夢を見たので、行者に合図を送る。実はそれは夢ではなく、超能力で見えるものとわかり、私はどぎまぎする。行者は私の前方の空中を指し、何が見えるかを訊く。私はこうなったら仕方ないと、空中を落ち着いた気分で見てみる。すると何か動くものが見え、はっきりしてきて巨大な竜の映像になり、巨大な竜が空中の低いところを大きくうねり、うごめいている。黄色と黒の模様の巨大な竜が動いています、と行者に伝える。私はあまりに巨大なので目を逸らそうとすると、行者は、目を逸らしてはいけない、しっかり見なさいと言う。私はしっかり、目を逸らさずにそのものを見ることにする。

低空で巨大な波のようにうごめいているその竜は、決して上に昇ることもなく、地面に着くこともなく、低空のところで同じようにうごめいている。私は、その竜がそうしていることが苦しそうにも見えてきた。

場面が変わり、洞窟の中。上から水が滝のように落ちてきている。水量もすごい。私は行者と洞窟の中で滝行をしている。上からの水の勢いに負けそうだが、私はその水を受け止める（入れる？）ために姿勢を正す。

第3章 川嵜克哲による夢の解釈：コメント

第2章で提示された事例のなかの十個の夢に関して、この第3章から第7章にかけては各分析家によるコメントがなされる。筆者以外の分析家には、筆者がインタビューアーとして、それぞれの分析家にインタビューを行なった。具体的な手続きと、来談者に関する最小限の情報、および彼女の十個の夢は冒頭に挙げているので参照されたい（一～八頁）。

「はじめに」で述べたように、本書の企画の目的の一つは、それぞれの分析家の夢に対する「主観的」な解釈がいかにその個性を反映しつつ、またときに相互に矛盾を示しつつも、多視点の共存というある特異な「普遍性」をもち、それが治療的に意味をもつものであることを示そうというものである。当然、ここで言う「普遍性」は、科学的に厳密な統制条件を設定して、事例担当者であるがゆえにその事例にまつわる「現実」の情報を知る立場にある筆者が握っている「正解」に誰が一番近づけるか、などという質のものではまったくない。第8章でも述べるが、そもそも、夢と現実の関係はそのようなものではないし、なにより、夢の「解釈」に「正解」というようなものはない（不思議なことに「不正解」というものはありうる）と筆者は考えている。それゆえ、インタビューという「対話」においては、インタビューアーとしての筆者もかなり自由に発言しているし、対話の流れによっては、ある分析家には語られたクライエントの現実的な情報が別の分析家には語られていないというような事態も生じている。しかし、そのような「統制条件」の不統一は本書の意図するところにはまったく影響を与えていない。そもそも、そういった「関係性」のなかで動く不統一な「主観」的視点がいかに心理臨床的に意味があり、別種の「普遍性」を形成するのかをみてみたいというところから本書の企画がはじまっているからである。

なお、以下のなかで事例担当者としての筆者のコメントのみは、「対話」からはずれたモノローグであるため、他の分析家のインタビューに比べて若干文体が硬いものとなっていることをお断りしておく。

1　川嵜克哲によるコメント

《夢1》——反復夢・いかだの夢（二頁参照）

この《夢1》がAさんの長年の反復夢と関連していることはすぐ了解できよう。それゆえ、ここではこの二つの夢を関係づけながらコメントしてみたい。

まず、夢の記述が「海」（反復夢では「広い海」）から始まることが一つの特徴であろう。一般的に多くの夢では、「部屋のなかに私はいる」とか「私はどこかに出かけている」など、〈私〉がまず最初に定位され、〈私〉の視点を中心に自分が置かれている状態が語られると思われる。つまり、はじめに〈私〉在りきであり、そこからパースペクティブが展開していく。しかし、この夢では〈私〉が定位される以前にすでに「海」が置かれている印象を与える。これは、夢の中で、まず海の広がりがあり、そこには〈私〉という意識がはっきりとは現われていないことが暗示されている。すなわち、〈私〉よりも「海」の強度が大きい。これは、近代自我的な〈私〉がまずあり、次いでそれを中心としたパースペクティブが形成され、その枠組みに従って対象が遠近法的な空間のなかに位置づけられるような世界の把握の仕方とは異なっている。

つまり、それは、むしろ、トーテムや祖霊、神などがまず中心としてあり、各々の人間はそれらに照らされてはじめて存在するような古代的な主体の在り方に類似している。ときに、精神病圏の人の夢もこのような記述の特徴をもつことがあり、よく、それは彼らの「自我の脆弱さ」ゆえだというような説明がなされるが、しかし、自我ではなく対象の方に主体の中心があるような在り方がいつも病的な意味での自我の脆弱さを示すわけではないのは、古代の人びとやプリミティブな部族が必ずしも精神病を患っていたわけでないことを想い起こせばすぐ了解できるだろう。

さて、反復夢ではその海は「(果てしなく)広がる海」であった。果てしなさというのは恐ろしい。そこには境界を区切り、限定するものがなにもない。「海」と呼ばれてはいるが、たぶん、ここでは「海」そのものを区切る境界もきわめて希薄であり、要するに世界が世界として明確には立ち現われていないような状態といえよう。この無限定な世界というニュアンスが先に置かれ、その後で「私はいかだの上にいる」という具合に、〈私〉および〈私〉が置かれた状況が記述される(つまり、意識される)。これは、とても孤独な状況だと思われる。近代において、通常、〈私〉はパースペクティブの中心として現われる。一方、Aさんの主体の在り方は、いささか、対象の方が中心になっているような(近代以前的な)主体の在り方をしている可能性が先に示唆された。しかし、その際に中心となっているはずの対象は、トーテムとか祖霊のように具体的に立ち現われてはおらず、無限定な「海以前の海」としてしか現われてこない。つまりは中心になっているべきはずの対象が立ち現われてこないのである。これは、いわば、昔話の主人公、たとえば、桃太郎が周囲を見渡してもただ白い靄だけが広がる世界のなかにいるようなものだ。行けども行けども、サルもキジも鬼ヶ島も出てこない。

Aさんは「さびしく寒い感じ」「独り」という言葉で反復夢の印象を語られたが、反復夢における彼女の「孤独」さは、海上に遭難した〈私〉が漂流していて不安、孤独に陥っているといったものではないはずだ。そのような孤独さ、不安さは、中心である〈私〉がすでに定位されており、それゆえ、対象としての海も存在し、そのような海の中で中心であるがゆえに大事な〈私〉がこの先どうなるのかという状況においてはじめて現われてくる感情だからだ。それは、近代的な主体に特徴的な「不安」である（たとえば、夢の冒頭が「私は船に乗って旅をしている。海がとても荒れ出してきて私は不安を感じている」であった場合を想像されたい）。しかし、反復夢では、海が海として、つまりは世界が世界として未だ立ち現われてきていない。〈私〉ではなくその「対象」が世界の中心となって、それに照らされてはじめて自分の主体が成立するような主体の在り方を夢見者はしているにもかかわらず、である。このような状況に置かれた主体の「孤独」さは、中心となる対象も自身の主体性も明確な輪郭をもたないまま漂っているような「孤独」だと思われる。それは、白濁の世界のなかにある桃太郎の孤独であり、世界が喪失しているなかの孤独である。いかだという乗り物も、オリエンテーションがない乗り物であり、この「世界の喪失」にふさわしいイメージといえよう。

しかし、反復夢で描かれていたこのような状況が、《夢1》では一変する。「海の周囲に山々があり」とあるように、「海」を「海」とする分節がここでは生じる。白濁の靄のなかにいた桃太郎の前に鬼ヶ島やサルが分節化されて姿を現わしはじめたように。この分節化をもってはじめて、彼は自分の使命をまっとうすべく鬼ヶ島を目指すことができるようになる。つまり、世界のなかにオリエンテーションが現われるのである。では、夢見者が目指すところはどこなのか。

興味深いのは、いかだで漂流している状況のなかで山々を発見したにもかかわらず、Aさんはその山々を目指さないことだ。ふつう、漂流者であるならば助かりたい一心で見つけた島などを目指して必死でいかだを漕ぐかと思うのだが、そのような水平移動は夢見者の意識には上がらない。むしろ、彼女は垂直方向の下方を志向する。「水は非常に澄んでいてきれい。これなら自分が落ちて沈んでも見えるなとヘンなことを考えている」。この「水は非常に澄んでいてきれい」という部分は反復夢にも現われており、すでに垂直方向を暗示していたと思われるが、そこではそれが展開しきれておらず、それゆえに夢はむなしく「反復」を続けていたともいえよう。

《夢1》では、Aさんは海の下に沈んでいく自分をいわば見ている。次いで、彼女は上を見上げて太陽を見出す。ここにおいて、フラットだった彼女の世界のなかに上下軸が成立する。

水平方向の広がりしかなかった（しかも、それは無限定な）夢見者の世界に垂直軸がつけ加えられる。この垂直軸抜きでは、彼女の世界が分節化されず、無限定な海がただただ水平方向に広がるばかりであることが反復夢から《夢1》への変化から了解される。ラフスケッチ的にいえば、水平方向はこの世的で人間社会的なニュアンスを、垂直方向はあの世的で超越的なニュアンスを示すことが多いと思われるが、その意味でいえば、超越的な軸が抜け落ちている場合、Aさんにとっては人間関係的な世界も輪郭がはっきりしないものとなり、自分がそこでどのように生きるのかもわからず、「孤独」な状態になるだろうことが夢から了解される。

もちろん、川の向こう岸に異界があったり、山の彼方にあの世があったりなど水平方向にも超越性があることはいうまでもない。だが、少なくとも上下の軸に質的な差異を見て、そこに意味を見出すのは古代に特徴的な世界観であり、そこではその軸は超越性に通じていることは明言できよう。(1) 逆に近代的世界観では、もはや上下の軸は意味をもたない。（丸い！）地球の「裏側」にいる人は、絶対的な意味でわれわれの「下」にいるわけではないし、「下」にいる彼らがどこかに落ちてしまうのでもない。ある意味、われわれも彼らの「下」にいるとも言える。ここでは、上下軸は相対化され、絶対的な意味は無化される。この意味からいえば、Aさんの世界が活性化されるためには、垂直軸が意味をもつような古代的な世界観が導入される必要があったことがこの《夢1》では示されていると思われる。

「これなら自分が落ちて沈んでも見えるなとヘンなことを考えている」。われわれは通常、大地の上に立って自分の意志をもって多くの場合、水平方向に移動する。しかし、そのような水平面上でときに生じる、「落ちる」という体験は主体的な制御がまったく効かない、引力のなすがままになるという特殊な経験だといえる。これは、上下軸の質的差異を体感的に意識に呼び戻す特殊な体験にほかならない。「落ちる」ことによって、垂直的な方向性がその世界のなかに開かれる。

さて、ここで興味深いのは、落ちる際の夢見者の存在の二重化である。すなわち、水中に落ちゆく私とそれを見ている私との分離が生じていることだ。もちろん、ここでは「落ちて沈んで（も）」とあるように落ちゆく私は仮定的にほのめかされているだけで直接的に実現はしていない。しかし、潜在的にこのような二重化の構造がAさんのなかにあることがそこに暗示されている。あるいは次のように言ってもよいだろう。夢やイメージ、言語といった領域においては、想像したこと（たとえばそれが否定であっても——たとえば「戦争など起こりえない」など）は、たとえ、それがネガティブな形ででも想像するということにおいて心理学的には実現している、と。

この二重化は、身体と意識の分離を指し示している。身体が海中に沈んでいく（これは、象徴的には「死」ぬということ）にもかかわらず、意識は分離されて残り、死につつある身体を視ている。身体は下に、意識は上に、と位置取りはここでも垂直軸を形づくる。ちなみに詳しく述べる紙幅がないが、このような意識の在り方はシャーマンのイニシエーションの際の在り方と構造的にぴったり相似形をなしている[2]。シャーマンのイニシエーションに関する多くの報告が示すように、シャーマン候補生はそのイニシエーションの際に、自分の身体が悪霊などによってばらばらに引き裂かれる一方で、上方に浮かぶ自分の意識（象徴的には「切り離された自分の頭部」）はそれをじっと視ている。このような、身体という具象的・現実的な要素を供犠的に死にいたらしめ、そこから分離した意識を精神的・超越的世界に所属させるような方向性が、Aさんの内にもあり、それが動き出していることが夢からうかがえる。

また、このようなシャーマンのイニシエーションは概ね、大きな身体的苦痛を伴うものであるが、それに対してかわいそうだからやめておいてあげようといった人間的で、ヒューマニスティックな共感とは関係なく儀式は遂行される。またシャーマン候補生もそれに従い身を委ねる（本来、儀式とはそういったもので、人間的な地平を超え出たものである）。《夢1》における夢見者がこのような苦痛を感じていないところは、それらと異なる点である。しかし、上方に輝く太陽に照らされて暖かくなり、ごろりと横になる彼女の在り方はやはり超越的なものに身を委ねているといえよう。海の真中に一人だけいるという人間関係的には孤独な状況にもかかわらず、Aさんは人の温かさではなく、太陽の暖かさに充足する。ここでも、夢は人間関係という水平軸よりも太陽の暖かさという垂直軸を強調し、彼女もそれに呼応する。

《夢2》——長男がエイリアンの夢（二一頁参照）

「長男は実はエイリアンであり、私は知っていて育てている」。冒頭のこの一文は、母-息子という本来きわめて「親和」的なものであり、息子にとっては後の人間関係の基盤になるはずの関係において、Aさんは「異質」（エイリアン）なものを抱えていることを夢は告げている。同じ血が流れているのに異質なもの。人間的な情緒の関係を同じ地平に立つ者同士の共感という意味で水平的な関係というならば、ここでの「エイリアン」という表現はそういった地平を超え出たところから立ち現われる異質さを示唆している。そのことばの響きはそれが宇宙（垂直的な方向）からやってきたものという印象を与える。しかも、特異なのは、彼女が「知っていて育てている」ことだ。ふつう、自分と親和的なものは意識せずとも関係を結べる（いや、むしろ「親和的」とは意識しないという意味に近いかもしれない。水中の魚が水を意識しないように）。逆に、異質なものであれば、その定義からいっても、それらは敵対したり排除されたりするのが一般的だろう。しかし、ここでは、異質だということを意識していながら、それを抱え、育んでいる点が夢見者の一つの特徴を示している。
冒頭のこの一文が示唆するこの構図は、《夢1》の「水中に落ちていく自分を見ている」というシャーマン類似の意識の在り方と相似形をなしている。自らの身体が切り刻まれるという〈私〉にとって違和的な状況が生じているにもかかわらず、それに抗うことなく視るという意識的な形でそれを受け入れるシャーマンとある意味同じように、Ａさんは自分の子どもがエイリアンだという尋常ではない事態を意識しつつ、しかし、その子を捨ててしまおうというような抗いを示さず、それを引き受けている。ここからも、《夢２》は《夢１》が含む課題の流れを汲んでおり、シャーマン的意識の在り方をめぐるテーマを扱っていることが了解される。

端的にいえば、そのようなシャーマン的な資質が表象されたものが長男だともいえよう。彼は「言うことを聞かないし、すぐに歯をむき出しにして噛みついてくる」。Ａさん自身が産み落とし、同じ血が流れているはずなのに、彼（シャーマン的資質）は彼女の意識にとっては「異質」なものと映る。そのような長男に対して、Ａさんは言葉の次元で関わり、それをコントロールしようとする。その具体的なイメージの展開が次の場面である。「ある日、外の売店で彼が勝手なことをするのでたしなめると、歯をむいて噛みついてきて（深い傷を負い、血が出る）頭を殴られる」。売店と結びついている社会的なルールに長男は従わないので、それをＡさんはたしなめる。社会的なコントロール、ことばによるしつけといったものをＡさんは長男（異質なもの）にもたらそうとする。しかし、長男はそれに乗らない。彼はまったくことばの次元では応じない。彼の反応は「噛みつく」というプリミティブな行動で示される。しかし、これこそが夢見者への彼の「返答」であると思われる。この返答は、まっすぐにＡさんの「肉」を目指す。ここでは、明示されてはおらず、「噛みつく」ということばのなかにほのめかされているだけだが、この超越的で異質なもの（エイリアン）が行なう「噛みつき」は、Ａさんの身体から「肉」を剝ぎ取り、「骨」という永続するエッセンスだけを残そうとする方向性を示している印象を与える。骨、とくに頭蓋骨は精神性の表象の一つである。実際、多くのシャーマンのイニシエーションにおいて、彼ら身体の肉は悪霊に貪り喰われ、頭部の骨（意識）だけが残り、それが上方から自分のばらばらになった身体を視ているという構図が報告されていることは《夢１》へのコメントのなかですでに述べた。肉と骨の分離。身体を引きちぎって無化し、意識だけを残そうとする。これが長男の「返答」である。ユング的なタームを使うならば、これがＡさんに向けられた「魂の要請」（soul need）であるといえよう。

ただ、この肉を剝ぎ取り意識だけを残そうとする過酷な遂行を試みているのが、Aさんの場合、悪霊や祖霊といった種類のものではなく、息子であるところが特徴的である。これは、超越的な存在（この存在は、Aさんをシャーマン類似のベクトルの方向へイニシエートしようとする）がAさんにとって親和的で血がつながっているものともいえるし、その一方で、それほど身近にあるものなのにそれは違和的（エイリアン）になっているというアンヴィバレンツさがうかがわれる。

超越的な存在は、文字通り人間社会を超越しているため、人の情緒や社会的な制約などに関わりをもたない。それゆえ、普通の人として生きようと意識的には願うAさんの眼にとっては、超越性は異質なものに見え、それが近づいてくることは「攻撃的」と映る。しかし、その一方で、その超越性と彼女は「血がつながって」いるため関係を切ることはできない。だから、彼女はなんとかこの超越性をヒューマナイズして人間的な関係性のなかへ統合しようとあがく。夢見者は意識的な態度としては人間的な関係のなかにとどまりたいと願うのである。だが、超越性はそれを許さない。このせめぎあいは、次の長男がAさんの頭を殴る流れにおいても見受けられる。

長男がAさんの頭を殴るというのは、シャーマンのイニシエーションの図式からすれば少々不思議な事柄に思える。通常、そこではあくまで「肉」が剝ぎ落とされ、その頭蓋骨（あたま＝たま＝たましい）は全体を観照する意識として残されるはずだからである。なのに、なぜ、頭に打撃が加えられるのか。これは今まで考察してきた文脈からすると、夢見者の意識水準を変えるための一撃だと思われる。Aさんは、長男という異質な超越的存在を人間的な平面、すなわち日常的な意識の次元に還元しようとする。しかし、超越性は逆に彼女の頭部（魂の台座）に打撃を加え、その意識を日常的な意識から離脱させ、変性させようとする。実際、殴られて夢見者は「気が遠くなり倒れ」ていく。柔道系の格闘技において、締め技などで気を失うことを「落ちる」と称するが、その意味で、《夢1》で水中に落ちて沈んでいくのと同様、Aさんはここで落ちていく。超越性は日常的な意識空間に「落とす」という切り込みを入れ、垂直性をここでも開こうとする。

夢見者は「落ち」ながらも、「皆は私がこんなつらい思いをしてエイリアンの子どもを育てているなんて知らないだろうな」と思う。落ちながらもこのような自分の状態を意識するような在り方は、やはり《夢１》での落ちていく自分を上から眺めている意識の在り方と同型であり、彼女のシャーマン的な側面を感じさせる。また、その一方で、「誰も私のことをわかってくれない」孤独さ、淋しさは人間的な情緒を示しており、ここにおいても超越的な方向性と人間的な方向性がせめぎあっていることがうかがわれる。この二つの方向性がどのような形でどこに着地していくのかが、Ａさんの課題であるように思われる。

《夢３》――次男の事故の夢（三頁参照）

この《夢３》は、子どもを失った悲しみ、その悲しみを夫婦間で共有してしみじみと嘆くといった、とても人間的な情緒が全体的に大きなトーンを占めている。その点で、人間的な情緒を超越した過酷な攻撃（要請）を子どもから向けられている《夢２》と対照的である。

ここで現実のＡさんの息子の特徴に少しだけ触れておくと、次男はとてもシャーマン的な素養のある人物らしく、葬儀をしている家の前をたまたま通っただけでも「何かを受けて」しまって体調が悪くなって二、三日寝込んだり、ときどきＡさんに「お告げ」のように問題の核心を突くことばを投げかけたりするらしい。逆に長男はとても気性がまっすぐで、いささか荒っぽいところはあるが現実的でいわゆるシャーマン的な印象はあまりない人物だというＡさんの話であった。

とすれば、シャーマンのイニシエーションを構造的に思い描かせる《夢２》に現実的な長男が現われて、逆に人間的な情緒が表立って現われている《夢３》にシャーマン的な次男が登場していることになるわけで、これは興味深い。シャーマン的な軸と人間的な軸とがそれぞれの夢でクロスしている部分があるわけだ。つまり、夢からうかがわれるＡさんの世界は、単純に超越的な存在が彼女をシャーマン的世界にイニシエートし、彼女もまたそれに素直に身を委ねていくというのでもなければ、また逆に人間関係的な悩み（たとえば、私の息子は隣の息子と比べて成績が悪いけれど、これでは将来が心配だ、などという）をもった現実的な人間関係のなかだけにどっぷりと漬かっているのでもないことがわかる。この二つの世界がクロスせざるを得ないところが夢見者の抱える苦悩であり、課題なのだとやはり思われる。

さて、《夢3》の冒頭、「私と次男が中年男性の運転するヨットに乗っていたのだが、大きな波がきて岩にぶつかる」。ここでは、《夢2》と異なり、Aさんは自分の息子と敵対しておらず（つまり彼は「エイリアン」ではなく）、同じ乗り物に乗り、同じ方向に進んでいる者として描かれる。ヨットという乗り物は、自然界の風の力をうまく利用して動力としている。それはモーターボートなどのパワフルな強引さとは異なり、自然に逆らわず、しかしまったくの手放しではなくそれを制御もし、目的地に移動していく優雅さを感じさせる。ここには、「自然」を生かしつつ、それに対する「制御」が調和的な円環を形成している。この円環には、シャーマンのように人間世界を超越した「自然」の要請をそのまま受け入れるのでもなければ、近代工業社会のような強引な「制御」を自然に対して押しつけるのでもない、「自然」と「制御」とのエレガントな調和がある。

しかし、突然の大波がこの調和的な円環を崩壊させる。ヨットが岩にぶつかり、次男は後頭部を打って海に「落ちる」のである。エレガントな「制御」を押し崩して荒々しい「自然」の力が次男に襲いかかる。ヨットでの移動はもちろん水平面上でなされるが、この力はそこに垂直方向（「落ちる」）を導入する。先に述べたような現実の情報から、この次男をAさんの内なる「シャーマン性」の表象と仮に考えるならば、彼が「頭を打ち」、海の中へと垂直方向に「落ちて」沈んでいくことは、そのシャーマン性の表象としてはふさわしい。

実際、《夢1》においては、Aさん自身が海の底に沈んでいくヴィジョンが生じていた。その際、彼女はなんの不安も感じずにただ冷静に（ヴィジョンとして）生じている事柄を視ていたが、この《夢3》ではその落ちる主体が次男として表象されており（つまり夢自我とは分離された異なる者として表象されている）、それゆえであろう、Ａさんは強烈な不安を感じて落ちた次男を「引っぱり上げ」ようとあがく。親としての、人間としての情緒の発露が次男（＝Ａさん自身の内なるシャーマン性）の「落ちる」ことに抵抗を示す。

救急車を呼ぶというのもとても人間的な行為だ。なんとか命を助けたいという願い、懸命な救命努力、にもかかわらず脈が止まってしまったことへの嘆き、喪失感からの夫へのもたれかかり、夫との悲しみの共有。これらはすべて、人としての情緒の糸で編み出された人間関係的な世界である。逆にいえば、Ａさんのなかでこのような人間らしい世界や、夫との情緒的な結びつきが形づくられるのは、「次男の死」をきっかけとしてなされているということができる。彼を「シャーマン性」と考えるならば、Ａさんのシャーマン性が「死ぬ」ことが夫婦を情緒的に結びつけ、彼女を人間的な世界に位置づける。《夢１》では自身が「落ちる」ことを一片の情緒もまじえず冷徹にみていたＡさんであったが、この夢のなかでのＡさんの眼には、超越性（次男）が「落ち」ていくことが、人間的な情緒の意味合いで「死にゆく」ことに映り、それに伴ってセンチメンタルな感情が生じている。つまり、この夢は、Ａさんが自身のシャーマン的資質や超越性をヒューマナイズしようとする試みを（そして、この試みをすることがどのような結末となるかを）示している。

このヒューマナイズしようという方向性そのものが、次男というシャーマン性の表象を殺すのか、あるいは次男が死ぬからヒューマナイズされた人としての情緒が発露されるのかという問いには、たぶん、それは同時成立的なのだと答えておきたい。夢におけるイメージの生じ方というのはそういう特徴をもっていると思われるからである。この《夢３》において、Ａさんの意識は、超越性と人間性とを両皿とする天秤を前にして、後者の皿に分銅をのせる。それによって生じてくる人間的でセンチメンタルな雰囲気は《夢２》で示された冷徹な過酷さときわめて対照的である。

しかし、《夢３》を考える際に一筋縄でいかないのは（これは多義的で多層的な構造をもつ夢の常でもあるが）、次男の死によって展開されるそのイメージの質感である。次男がシャーマン的な資質をもっているらしいという現実からの情報を差し引いても、彼が「大きな波」という荒々しい、人間世界を超えた自然の力によって「頭を打ち」「水中に落ちていく」という《夢1》におけるAさん類似の垂直的な軌跡を描くことや、また、落ちた彼を海から引き上げた後にAさんが「トンネル」のなかに入っていく展開などは、次男が「落ち」て「死ぬ」ことによって立ち現われてくる世界の質感がやはりシャーマン的世界のものに近いことを示唆していると感じられる。

トンネルとはある地点と別のある地点を結ぶ、過度的な境界領域の表象にほかならない。そう考えれば、臨死体験を報告する人の多くにこのようなトンネルのヴィジョンが現われることも納得がいく。[3] この夢において、Aさんはたしかに次男の臨死および死をセンチメンタルな人間的情緒で色づけようとするのだが、それらが生じている舞台そのものが次男の臨死に誘われてトンネルの中に移される。つまり、息子の死を看取っているAさんの足場自体がすでに死という「あちら側」に近接するトンネルという領域に移行しており、「こちら側」の生の領域から死につつある者を見送るという構図からすでに逸脱しているのである。これは、霊柩車で火葬場（「あちら」）に運ばれていく死者を家（「こちら」）から見送るイメージなどと比較するとよくわかるだろう。夢見者はトンネルという「あちら」と「こちら」の境界領域のなかで次男の死を看取るのである。

要約的に述べれば、《夢3》においては、Aさん自身のシャーマン性（次男）をいわば殺すことで、センチメンタルな悲しみ、嘆きという人間的な世界と関係を結ぼうとする側面が展開されている。にもかかわらず、死んだ次男を「あの世」に見送り、Aさん自身はその悲しみを「この世」という人間世界において引き受けるという構図にはならない（この構図は日常性を生きるわれわれ一般人の構図である）。次男の死に誘われてAさん自身も「あの世」と「この世」の狭間（トンネル）に入っていってしまうニュアンスがこの夢にはある。そのような領域への移行はもちろんシャーマン的世界の色合いを感じさせる。

《夢2》《夢3》とAさんの夢は、超越性と人間性との間で、そのどちらかに比重を置くと次の夢では振り子が逆に振れるようにもう一つの側に今度は比重が置かれるような動きを示す。これは超越性と人間性の間にある種の緊張関係があることを示唆していると思われる。

《夢4》――島・トイレの夢（三頁参照）

夢は「私と次男はどこか知らない島にいる」という記述からはじまる。島という地形はより大きな陸地から切り離された小さな「部分」であり、その意味でマージナルな領域ということができる。ここの冒頭部分において、すでに夢見者とその息子はマージナルな場所に夢によって立たされている。さて、島はそのようなマージナルさをもつがゆえに、ときにそれは日常とは切れた別世界の表象となる。鬼ヶ島しかり。さらに、この島は「宇宙からの侵略者に統治されている」。ここではっきりとこの島が異界であることが提示され、しかも「宇宙からの」ということばから、島という水平方向におけるある境界を越えた地点にある異界だけではなく、垂直方向的な意味での異界イメージがそこにつけ加えられる。つまり、夢は、Aさんを次男とともに、超越的な存在によって支配されているマージナルな領域に立せるところから何かを語り始めようとしている。

ところで、「どこか知らない」という表現には、突如その場に放り込まれたような若干の違和感の表明が感じられる。観光旅行（これは近代においてはじめて出現した）ではもちろん、見知らぬ土地に出かけることもあるが、その際にこのような語りは生じないだろう。既製のパンフレットのなかから行く先を選ぶような「観光旅行」においては、原理的に「既知」としか出会えないからである。逆にまた、聖地参り（たとえば、近代以前のお伊勢さん詣で）であれば、当然そこは聖なる非日常空間という意味で未知の場所ではあろうが、参拝者は宗教的にその場にコミットするため、やはり「どこか知らない」といった戸惑いを含む表現を発しないはずである。《夢4》のこの表現はそのどちらでもない。夢見者は観光旅行のように完全にコントロールされた旅程のなかで（実は既知の）未知を楽しむのでもなければ、宗教的参拝者のように聖なる未知に身を委ねるのでもない。そこには、島に投げ込まれた夢見者が全面的にはそれを受け入れられないある種の緊張感があるように思われる。

ここで、Aさんはトイレに行きたくなる。身体的で本能的な欲求が彼女を駆り立てる。当然、彼女はトイレを探す。しかし、今、当然と言ったが、可能性としてはトイレなどに行かずに、平気でそこらへんで排泄するという展開もあり得たはずである。だが、夢見者はそうはしない。彼女は底の方から突き上がってくる抗いがたい欲求を社会的な文脈のなかでなんとかうまく処理しようとするのである。

ここで興味深いのは、夢がトイレを二つ提示することである。一つ目のトイレは「とてもひどいトイレで隣との仕切りもない」。もう一つのは「とてもきれいな立派なトイレ」。尿意や便意を催してトイレに行くが、そこが汚かったり、壁がなかったりで、排泄することができないという夢を見る人は多い。しかし、そのほとんどの場合、現われるトイレは一つだけであり、そこで排泄することができずに焦りながら立ち往生してしまうというような展開が多いように経験上思われる。このような、自分の欲望を充足する地点が、ある意味、境界の向こうにあるのに決してそこに至ることができないという「ズレ」、つまり、なにかが「欠落」している「こちら側」と、その欠落が充足している「あちら側」との間の「ズレ」は心理学的にとても重要な視点になると思われる。この「ズレ」が人間を人間たらしめているともいえ（《夢8》のコメント参照）、また、この「ズレ」の在り方を巡って古代人と近代人、ひいてはポスト近代人との意識構造の差異を考察していくことが可能となると思われる。[4]この意味でも、《夢4》で二つのトイレが提示されているのは近代的な意識としては少し特異であり、夢見者の世界の特徴を示していると考えられる。では、それはどのような特徴なのか。

二つのトイレが提示されると、そこに差異化が生じる。尿意を催した際に、トイレが一つしかなければ、それが汚くても（他の選択肢というもの自体が意識に上がらないのであるから）しかたなく、我慢してそこで排泄するか、あるいは、どうしてもそこではできずに、しかし尿意は高まってきて立ち往生するかになろう。そこでは、自分の欲望とそれを受ける受け皿との関係が主題となっている。しかし、別のトイレが示され、そして、それがきれいなトイレで皆がそれを使っているにもかかわらず、夢見者だけがそれを使用することを禁止されるならば、そこでの主題は共同体とそこからの疎外となるだろう。事実、この後すぐに、Aさんは「あなたの入るトイレは、今さっきの汚いトイレだ」とはっきりと告げられる。つまり、夢は、Aさんの欲望に対する受け皿は、他の人びとが使っているような受け皿ではないことを表明している。この時点で彼女はすでに自分の尿意を気にしていないことも、この解釈の妥当性の傍証となろう。つまり、この夢は、近代人がよく見る、排泄したいのにできないというテーマではなく、皆が使っているきれいなトイレではなく、私は汚い方を使わなければならないという、共同体のなかでの差異化、貶めのテーマへその焦点を合わせている。社会的な文脈ではあるが、Aさんはここでも超越的存在から「落とし」められるのである。

次男の状況もAさんとそっくり同じ構造をなぞる。彼だけが同世代の共同体からはずれ、孤立する。その理由は二人が「侵略者に逆らっている」からである。Aさんは超越的な存在（侵略者）と違和的な関係にある。これは《夢2》の構図とシンクロしている（超越的存在としての長男との対立と違和）。《夢2》での長男が過酷にAさんにアプローチしてくるのと同様、《夢4》でも侵略者はAさんにはっきりと彼女が使うべきトイレは汚い方だと命じ、また次男には学校に行って他のみんなと交わることを禁じる。この要請こそが、今まで使ってきたことばを繰り返すならば、この夢における「魂の要請」（soul need）にほかならない。それは、夢見者を共同体の底辺に身を置かせ、プライバシーを守るべきトイレの壁も彼女から剝ぎ取り、他の人びとが集う日常空間から疎外されることを命じる。つまりは、彼女は「マージナル」な者になることを要請されるわけである。昔話やお伽噺でヒーローやヒロインが最初、誰もが嫌がる汚い仕事に従事することを命じられることは多い。また、後にシャーマンになる人物が幼少のころは奇異な子どもと皆から見られ、共同体から排除されたりすることはよくみられる。夢はこのような位置にAさんと次男を置こうとする。

そして、最後には、彼らもまたこの魂からの要請をある意味受け入れる。その際、昔話の主人公のようにただ従順にその要請を受け入れるのではなく、そこに自らが「選び取る」という近代的な主体性や反省意識が絡んでいるところが特徴的ではあるけれども。単に超越的存在からの要請に素直に従うのではなく、結果的に従うにせよ、そこに近代的意識が介在しているわけである。このような二重性が《夢3》でも述べた「クロス」している面と関連しており、夢見者の特徴、および課題になっていると思われる。たとえば、先の「汚く、隣との仕切りもないトイレ」は「個」としての閉じられた領域を崩すことであり、すなわち近代自我を否定する要請といえるのだが、超越性はそれを要請し、しかし、Aさんの意識はそれに抗う。これもその「クロス」を示す一例であると思われる。

《夢5》——雪山・黒い雲の夢（四頁参照）

「私は川をはさんで向こうにある雪山をみている」。川という境界を越えて、すなわち「彼岸」に雪を抱いた山がそびえている。今までの夢の流れから考えても、この山は霊山、超越的な山という印象を与える。雪がもつ、無垢、純白さ。実際、白という色は（および黒も）色であって色ではない。すべての色を重ね合わせると白（あるいは）黒になることからもわかるように、白および黒は色のスペクトルの極限値であり、通常の色のスペクトルの範疇を超え出たものである。たとえば、地球の自転によって地表のあらゆる地点が回転しているにもかかわらず、地軸の両極点は不動であるように。極値はその両極値によって挟まれて形成される色が織り成すグラデュエーションとは次元を異にする。逆にその両極の間に挟まれた色々、つまり通常の色から連想を広げれば、「色即是空」ということばが示唆するように、俗世は雑多な色に染まって営まれているともいえよう。しかし、白はそのような日常を超えた意味合いを帯びている。
そのような白い雪がこの夢では「所々溶けかかっている」。季節の変わり目が示唆される。素直に考えれば、春の雪解けであろうか。Aさんの世界が変わり目の時期に入っていることを夢は冒頭で告げる。凍てつくような冬の厳しさ、人を寄せつけない山々の氷雪。そのような人間世界から屹立する雪山の雪が今溶けかけている。超越性の落剝。実際、夢はこのすぐ後に、「雪遊びしている人もいる」というイメージをつけ加える。楽しげに雪で遊ぶ人たち。ここには人を寄せつけない雪の厳しさはすでにない。《夢3》同様、超越性がここではヒューマナイズされていることがうかがわれよう。それが《夢3》のようなセンチメンタルな雰囲気ではなく、ここではむしろプレイフルな雰囲気であるにせよ。

次の「私は足元をみると、雪があり」も同じく超越性がヒューマナイズされる方向性を示していると思われる。川の向こうにあった雪山と同じ雪が川のこちら側にいる夢見者の足元に現われる。これを境界を超えて夢見者が彼岸にある超越性にコミットしていったとみるか、逆に向こうにあった超越性が此岸にやってきて世俗化したとみるか。この両方のベクトルの可能性が考えられるが、先の雪で遊ぶ人びとや、次の「私はそこにわざとずぼっとはまってみる。衣服が汚れるが楽しい」という記述をみると、後者のトーンがこの夢では強いと思われる。「わざと」という自我の能動性を示すニュアンスもこの印象を後押しする。さらに、「衣服が汚れる」とあるが、この汚れは、「祓わなければ」という不安をかき立てることで、逆説的に「穢」と「清」との境界をますます強化する質のもの（それは強迫心性に代表してみられる）ではなく、やはりここでもプレイフルに「楽しい」という響きがあり、むしろ、あちらとこちらの境界の無化に連なる質合いの汚れだと思われる。

すなわち、《夢5》の前半部は、超越性と日常性との明確な区別を代表とするような、質的な差を作る境界（差異）が無化され、超越性がヒューマナイズされ、空間が均質化されつつある動きが、夢見者のなかで生じていることが示唆されている。

さて、次の段落では一見場面ががらりと変わる。後段でもっとも特徴的なのは、黒い雲とその上に広がる青空という二層が示されることであろう。素直に読み進んでいくならば、そこには二つの可能性が考えうると思われる。

一つは、何らの翳りもない青空を超越性の表象としてみる見方である。この見方をとるならば、青空は《夢1》のさんさんと照る太陽のイメージの流れを直接的に汲んでいるものとなる。直接的というのは、同じ流れを汲むにせよ、意識のもち方によってそれがネガティブな表象になる場合もあるからだ。《夢2》の長男（エイリアン）や《夢4》の宇宙からの侵略者などはその例である。一方、黒い雲はそのような超越性（青空）への視界を夢見者から奪うものの表象として現われる。この黒雲が現われることにより、もはや真っ直ぐに突き抜けるような超越性へのアクセスは困難な状況となる。青空に染みが付着してしまったかのように、夢見者が振り払おうとしてもそれはしつこくつきまとう。一点の曇りもなかった超越性が汚穢に染まる。これは前段落において、純白で無垢な雪が溶けはじめ、落剝しつつある状況に対応していよう。

夢見者は黒雲の下から抜け出して青空の下に出ようとあがく。しかし、いったん溶けた雪が元には戻らないように、ふり切ろうとしてもしつこく黒雲は彼女をとらえて離さない。超越性の「下落」は不可逆的な現象であると言わんばかりに。しかし、ここで、夢見者の意識の在り方が特異なのは、そのように超越性が落剝した世界に自分が生きざるをえない状況になったにせよ、その上（黒雲の上）には青空があることを知っているところであろう。若干ニュアンスは異なるのだが、この青空と黒雲の二重性を知っている意識の在り方は、《夢4》のきれいなトイレと汚いトイレの二つを知っている在り方と相同的である。近代人の場合、汚れたトイレだけが夢に登場することが多いとその際に述べたように、通常は、もはや黒雲の上にある青空（超越性）は意識にのぼらず、それゆえ、黒雲の下を黒雲の下だとは意識せずに、それが全世界であると思い込んでその世界内に生きているのが普通だと思われる。さらにいえば、そのような世界にあって近代人が無意識に「青空」を求める姿が（より正確にいえば、ネガティブな形で「青空」を創り出そうという試みが）、神経症という症状として顕れるという見方ができるが、ここではそれには立ち入らないでおこう。

さて、青空‐黒雲の二層性に関してはもう一つの見方ができると先に記した。それは、こうである。夢の前半部では超越性（雪）はヒューマナイズされ，夢見者はプレイフルにそれらと戯れる。後半部はこのような世界の在り方に対して，振り子を逆向きに振るように夢は超越性のシリアスさを彼女に強調する。その表象が雨や雷を落とす黒雲である。古来，雨は天から与えられる恵みであり，雷は天界の神が告げることばであった。この，垂直軸の上方から下方に向かって投げかけられるものには，プレイフルな趣はなく，シリアスな響きだけがある。実際，神話的な思考において，雷に打たれることは神を知ることにほかならない。それは知的で対象との間に距離を置く観察者的な知り方ではなく，知ったときには己の存在が根本から変えられてしまうような知り方である。夢の前半部では，超越性と人間性の間の境界が無化され，白雪はヒューマナイズされて人の世界のなかでの戯れの対象となる。しかし，今述べている見方からすれば，後半部は超越性が境界（この境界はまったく無化されていない。それが保たれたまま）を踏み越えて，人の世界にある者を変容させようとしている。この超越性がもつベクトルは，前半部のヒューマナイズとはまったく逆向きである。《夢2》においては頭部を打たれたAさんは意識の在り方がいやおうなく変容した。《夢5》の黒雲はこの長男の血を引く眷族だといえよう。《夢2》の長男の噛みつきや頭部への攻撃もこれと同種のベクトルである。《夢5》の後半部では，プレイフルで人間的な情緒の世界を超えた過酷な超越性のニュアンスが少しまた盛り返していると思われる。

今述べた，後半部（の特に黒雲）に関する二つの解釈は，もちろん，これまで述べてきたようなAさんのなかでクロスする超越性と人間性に深く関わりをもっている。この二つは本来相容れずに鋭く対立するものだといえよう。ならば，《夢5》の解釈として二つのうちのどちらを採ればいいのかという疑問もでてくるが，夢が本来，多義，多層的でまた多元的なものであるとすれば，解釈を一義的に定める必要はないと思われる。もちろん，これは夢の読みはなんでもいいということを意味していない。あくまで，夢の内容を忠実に追っていくなかでその内容から多義性が現われ出てくることが多いということだ。「解釈」というものは，原理的に，リニアで一義的な意味を要請されがちなものだと思われるが，できうるかぎり，夢の多義性を殺さない解釈というものが望ましいように思う。もちろん、これは難しいことではあるけれど。また、この二つ（超越性と人間性）が簡単に一つに定まらず、両者間の緊張関係を保ちながら、揺れ、一箇所に定まらないところがAさんの世界の特徴の一つだともいえよう。この意味では、事物の意味を一義的に限定せずに多義的に開かれるような側面をもった世界に彼女が生きているともいえるだろう。これは世界をメタフォリカルにみることと同義である。たとえば、カーネーションの首が折れたことと父親が事故で頭を打ったことを意味ある出来事として結びつけるようなAさんの視点はこの一例である。もちろん、このような視点が「正しい」とか「良い」などと主張しているのでないことは、このような視点が（特に近代的な世界のなかにおいては）Aさんが訴えていたようにそれなりの苦悩を伴うことを考えてみればすぐわかる。しかし、また逆に、意味が一義的に定まっている（ようにみえる）世界に生きている多くの近代人においても、そこに付随する苦悩は当然ある。神経症とはそのような苦悩の一種でありつつ、その近代的な一義性を揺らがせる意味をもっていると思われる。

ところで、今述べたように黒雲をシリアスな超越性が夢見者に追い迫ってくるものとみなした場合、その上に広がる青空をどのように考えればよいだろうか。夢見者は雷雨を投げかける黒雲の下から逃れ出ようとする。しかし、彼女はどこかの家の軒下を目指すのでもなければ、誰かに救けを求めるのでもない。夢見者はそういった水平方向での避難場所や人間関係のなかでの守りを求めない。たしかに水平方向に移動はしているのではあるが、彼女が見ているのは垂直軸上方の青空である。この動き方は興味深い。つまり、水平性という人間社会に深く関係する方向を夢見者は保ってはいるのだが、彼女が真に注目しているのは垂直性（超越性）であるからだ。このように考えるならば、この青空は、シリアスで過酷な超越性の緊迫（黒雲）のさらに上にある次元のように思われる。つまりそれは、超越性／人間性という二項対立的な地平を抜け出るような方向性の一つの表象ということである。シャーマンのように人間関係を切り捨てて超越性に生きるのでもなければ、超越性を完全にヒューマナイズして人間社会のなかだけに安住するのでもない。困難なことであろうけれど、そういった二者選択を超える地平というものが可能性としてあるのかもしれないと筆者は《夢5》を聞いて励まされた思いがした。

《夢6》——川の中の家の夢（五頁参照）

《夢6》は夢見者が「どこか知らない場所の川沿いの家に来ている」ところから始まる。ここには、定住し、住み慣れた街のなかでご近所とのつき合いに悩む主婦という雰囲気はまったくない。夢見者は旅人として在る（たぶん、この旅人というマージナルなポジションは彼女を特徴づけるものであろう）。川はそれによって水平面に境界を刻み、二つの領域を区切るものでもあり、また一方では水面と水中という垂直方向の境界にも関わっている（たとえば、河童に水中に引きずり込まれてしまう話など）。夢見者は、このような意味で境界に関わる川と、一方では家という人が定住する場所とが接しているような場所に立っている。ここにすでに、境界を超え出ていこうとする方向性と一つの地点に定住しようとする方向性がクロスしている場所に夢が夢見者を立たしていることがうかがわれる。

そこでは建築士が家人にアドヴァイスをしている。建築士というのは専門家だ。通常の日常生活のなかでわれわれはたとえばテレビの仕組みを知らなくてもスイッチを入れれば、それを観ることができる。しかし、それが故障したりすると素人はもうお手上げである。専門家の出番はそういうときである。彼は一般人がもたない知識をもっている人物の表象であり、概ね、日常がスムーズに動いているときはあまり人びとの意識には上がらないが、なにかを新たに造るときや危機的な状況のときにはその深い知識、技能が必要とされる。

特に建築家は引力を相手にしつつ、建物を構築していく職種であり、引力に受動的に従う「落ちる」という行為とは対極的な立場をとる人物である。彼は引力によって建築物が崩壊しないように緻密に計算してそれを構築していく。この夢のなかでの彼の「ここを軽くしなさい」という家人へのアドヴァイスは対引力対策、すなわち、落下や崩壊との戦いにほかならない。

それにしてもこの家は、「道の方から見ると一階建てだが、川の方から見ると地下が川の中まで入っており、三階建て」という特殊な建造物である。つまり、見る視点によってこの家はその姿を変える二つの側面をもっている。その一つはふつうに大地の上に建っている一階建ての家であり、もう一つは水中に浸っている部分をもつ家である。筆者は最初にAさんから夢のこの部分の記述を聞いたときに感慨を覚えた。今まで述べてきたような超越性と人間性という向きの異なる二つのベクトルの関係が彼女の課題の一つだと感じていたので、ここに至ってこの家は見事にその二つの側面を包括しながらも、地に立つ一つの建築物として成立しているように思えたからである。また、現実においてもこの頃は、Aさんは友人関係において友人たちから深い悩みを打ち明けられることが多くなり、またそれに対してシャーマン的な「お告げ」のようなことばが自分の意志を超えて口から出て事態は良くも悪くも深い水準で動き出し、そうなるとその友人との関係はもはや友人関係ではなくなってしまうようになることを悩んでいた。だから、筆者にとってこの建築物のイメージは深みをもちつつ、外見は普通の家にみえるというところが、彼女が現実を生きる上で少し楽になる気配を感じて、いいなぁと思ったのであった。

さらに、下方が水中に没しているこの家の構成は、《夢1》や《夢3》で頭から水中に落ちるAさんやその次男の姿とも重なる。この構図は、引力（超越性）にとらえられて垂直方向に従いつつ（すなわち、水中に没している）、人間社会に住まう（地に立つ家という構築物）という二つの在り方をうまく統合しているように感じられる。ただ、道からみて一階建てで川からみると三階建てということは水中に没しているのが二階部分があるはずで、単純に比率的に考えれば、一対二で水中へ沈む方が大きいのだなということが、《夢6》のこの箇所を聞いたときに、筆者が若干、気になったことではあった。

筆者がかすかに抱いたこの引っかかりは、以下の建築士の「これは危ないですよ」という指摘に関連していよう。川の中に造られている部屋はガラス張りで水中の美しい魚がよく見える。これは魅惑的な異界イメージだが、部屋自体は水の重さに耐えかねて天井が軋み、水が漏れてきている。つまり、この夢における魂の関心は家という構築物を破壊し、すべてを水中に誘うことにあるといえる。この関心の方向性は、《夢3》でヨットを襲う荒波や《夢5》の雷雨と同類である。ヨットは自然の力と人為という二面が調和的に働いて移動する乗り物だと指摘したが、《夢3》の荒波はそのような調和さえ崩して、さらなる深みへ夢見者を引きずり込もうとする。《夢5》の雷雨も同類であろう。雷に打たれること、地上的な形あるものが押しつぶされて水中に没すること。それらは神話的な意味での天界や水界との真の交わりにほかならない。先の二側面を統合した家はとてもうまくできた構築物だと筆者は感心したのだが、にも関わらず、夢見者の深みからの要請はそれを凌駕しようとする。

夢が提示するこのイメージから改めて考えてみれば、たしかに水中にある片面ガラス張りの部屋は、家の中に住まいながら美しい川中を眺めることができるという点でうまくできていると思われるが、こころの深みからの要請からみれば、所詮、それはある種のトリックにすぎないのかもしれない。少なくとも、Aさんはこのような形では安住することが許されないような要請を深みから受けている人だとはいえよう。《夢4》での「宇宙からの支配者」が夢見者に閉じられた空間としてのトイレを使うことを禁じ、仕切りのないトイレが夢見者のトイレだと要請したように、ここでは、夢は水中の部屋の壁を無化しようとする。

この夢の中における魂の関心が、家を水圧で押しつぶし、直接的に水の世界に浸そうとすることにあるのに対して、建築家の関心はそのような圧力の影響をいかに受けずに家を保護し、堅固な構造を構築していくかにある。それは、まさしく西欧近代自我的な意味合いでの「建築への意志」（柄谷行人）だといえよう。この二つの関心がもつベクトルのせめぎ合いは、今までの夢を検討してきた際に述べた、超越性と人間性という二つの方向性のせめぎ合いの流れを汲んでいる。

建築士のアドヴァイスを、家人たちは「この部屋だけは家族の楽しみなのでアドヴァイスを聞くことはできない」と突っぱねる。彼らは川中という異界に魅惑され、それに囚われている。その意味で彼らの意識はすでに「あちら側」に行ってしまっているともいえる。しかし、彼らの具体的なその身体はガラス板を隔てて「こちら側」にあることはまちがいなく、平気で水中を泳ぎ廻り、魚と接触しているおばあさんとはまた異界への関わりの次元が違う人たちである。家人たちは、もしガラス板が水圧で砕け散るときには供犠となるような存在だと思われる。彼らの意識は水中の世界に抗っていないからである。もし、抗っている建築士が水中に没したならば、それは供犠ではなく事故と呼ぶのがふさわしいだろう。しかし、これと異なり、家人たちの場合は供犠である。供犠とは、供犠を執行する者が供犠されるものに同一化することで、心理的・宗教的には己自身を殺し、超越的存在への捧げものとしつつ、一方で「この世」への足場を巧妙な形で残すような一つの文化的装置にほかならない。いや、より正確にいえば、むしろ話は逆であって、供犠を行なうことによってはじめて「この世」が間主観的に、その共同体において毎回新たに創出されるのである。

ここで、《夢6》に登場する人物を夢見者の内界にある位相、要素と考えるならば、Aさんのこころの世界には、魂の要請に抗って地上に住むための堅固な建築物を構築しようとしている建築士、「この世」のぎりぎりの淵に立ちつつ「あの世」に魅惑されている供犠候補者としての家人たち、さらには、魂の要請にためらいなく従い、平気で異界を自由に泳ぐシャーマニスティックなおばあさんなどが存在し、それぞれ互いに関係をもちつつ動いているのがわかる。これらをAさんの心的な力動の表象といってもよい。

これら諸人物の動きを夢の最後では、夢見者は自分のこととして引き受ける。つまり、「部屋の中から見る魚の群れは美しく、じめじめした空気と危険な部屋にいることを一瞬忘れさせてくれるが、私はすぐに我に返り、危ない危ないと思う」の部分のことであるが、部屋が崩壊する危険を忘れて魚の群れの美しさに魅惑されている時点では、夢見者の意識はすでに「あちら側」に入っており、家人たちと同じ立場をとっている。しかし、我に返って（とは「こちら側」、いわゆる現実に戻るということ）、部屋の崩壊の危険さを配慮し、身を守ろうとしているときには建築士と同じ足場に立っている。ここでも、夢見者はいったん「あちら側」に入るのだが（先に「一対二の割合」と記したが、少しあちらに入りすぎたのであろうか）、振り子が揺れるように「こちら側」に戻ってくる。

《夢7》――親への怒り・剃刀の夢（五頁参照）

この夢の前半部は、夢見者と彼女の両親との関係が問題になっている。両親のことばによって夢見者は「怒りを爆発させる」。これは、両親のことばが夢見者のコンプレックスに触れたことを示している。神経症的な反応であり、精神分析的にいえば両親への固着が示唆されている。なにが神経症的なのか。それは、夢見者が両親のことばの内実に入らずに、彼らのその批判的な（と夢見者には映る）態度に反応しているところである。さらには、その反応が「怒りの爆発」という情動的な反応であるところもである。内実に入らないというのは、両親がどのようなことを言って夢見者を批判したのかということがまったく具体的には現われてこないことからもわかる。これは、たとえば、団地などの集合住宅でよくみられる光景だと思われる次のような例と似た構造である。ある妻が「ここの団地のほとんどの人たち、今度の連休にはみんな海外旅行に行くみたいよ」と言う。それに応じて、夫は「そうか。じゃあ、俺たちも海外行こうか。俺たちのとこだけが連休中日本にいるのもかっこ悪いものな」などと答える。これは、つまり、海外に自分が行きたいから行くというふうに「海外旅行」という「内実」が問題なのではなく、お隣さんやお向かいさんが行くらしいからわれわれも行かなくてはという具合に人との「関係」によって動かされているわけで、神経症的ということばはこのような言動を指す。もう少し、図式的に述べれば、神経症とはその（自分の真の欲望という）「内実」に至らずに、そこから逸れつづけていく様式にほかならない。だから、右の例でいえば、「海外旅行」が「大型液晶テレビ」に置き換わってもパターンは変わらない。つまり、内実に関係しないのである。ことばを換えれば、神経症者は「境界」の向こうにある自分の真の欲望に決して達しない。《夢４》で指摘したように、境界の両側の「ズレ」（差異）が埋まらないのである。そこでも述べたように、多くの近代人（とは神経症的な人びとということなのであるが）がトイレが汚かったりしてそこで排泄できない夢をよく見るのもこの構図に含まれる。彼らは決して「排泄したい」という自分の欲望を満たす地点にたどりつかない。この葛藤的な状況。

夢見者は両親に対して憤り、彼らがなしてきた制約や干渉に対して不満を言う。これは、自分の欲望とそれを制限するものとの間に葛藤があることの（感情的な）表明である。このような言動もまた神経症的（葛藤）だといえる。さて次に、夢見者に対して「あなたのわがままだ。あの頃の親はそういう人が多かった」と両親の味方をする女性たちが現われる。これは夢見者の神経症的な在り方に対して夢が「制限をはずして欲望を満たしたいというのはわがままだ。親というのは制限する存在であり、一般的な人は皆そのように制限を受け入れて生活している」と修正を迫っているといえよう。しかし、これに対しても夢見者は、女性たちが述べている「内実」に入ってそれを吟味していくことができない。やはり感情が爆発し、家事もバイトもきちんとこなし、学業もよかったと自身の正当性を主張することだけにとどまってしまう。夢見者は、相手の見解と自分の見解を照らし合わせ、すり合わせることができない状況にある。このようなコンプレックスの情動的な反応は、自身と見解を異にする異質なものとのこういった交流を妨げる。異質なものとの交流がなければ自身も変化することは難しい。

さて、誤解がないように直ちにつけ加えておくが、ここで述べている「神経症（的）」ということばはなんら貶めるような、ネガティヴな意味合いをもっていない。それは単に、一つの心理的な在り方を指しているにすぎない（「内実」（自身の真の欲望）に直接的にたどり着けず、迂回しつづけるのはその特徴の一つである）。さらにいえば、それは近代における多くの人の特徴であり、先に述べた団地の夫婦のように他人の目を気にして動いていくような在り方は多くの人が通常示しているだろう。それは、近代における、きわめて「人間的」な在り方とさえいえよう。その意味では、「超越的」な方向性と「人間的」な方向性の二つの関係の在り方が課題だったAさんであるが、この夢の前半部では「人間的」な世界の様相が（神経症的に）展開されているともいえよう。

前半部は夢見者が情動的に爆発し、両親や女性たちとの交流は遮断されて夢の展開は行き詰まる。しかし、その後、夢の雰囲気は変わり、後半部が展開していく。これは一つには、前半部最後で、「私の悲しみや思いは（両親に）通じない」と憤りから悲しみに夢見者の情動がシフトしたことも大きいと思われる。そこには「通じない」悲しみ、つまりはその裏側に「通じさせたい」思いが現われてきていることがわかる。この思いは、それ以前の「私はまちがっていない。私を批判することは許さない。あなたたちが間違っている！」といった一方的な通告のニュアンスと対比的なものである。

たぶん、この「通じさせたい」という思いが生じたことが、両親の側に立つ者としての男性と、夢見者の側に立つ者としての治療者というイメージを浮かび上がらせる。彼らは同じ剃刀を持っている。二人は同じ「切る道具」をもって対等な地平に立って相対する。興味深いのは、彼らのやりとりが自分の身を守りつつ相手を殺そうというような戦いではなく、互いに首を差し出して交互に相手に切らせる「交流」であることだ。夢の前半部では、夢見者が自分の立場を守ろうとして情動を爆発させることで、相手（両親）とのやりとりができなかったが、後半部はその点において異なる展開をみせる。男性と治療者は、自身を守ろうとはせず、むしろオープンに首を差し出し相手の刃物を自らの内に受け入れる。そして次には逆に相手の差し出す首に刃物を入れ込んでいく。しかも、徐々に深く深く。これは、前半部では不可能だった「交流」的なコミュニケーションがなされていることを示唆している。前半ではできなかった「内実」に入ることが、ここでは、互いの首に深く剃刀が浸透していくという形で可能になっている。

前半部では夢見者の情動が爆発するため、両親との会話は成立しなかった。しかし、後半部では、両者それぞれの代理人が現われることで、夢見者は自分のコンプレックスから少し距離を置ける。この距離感はよいと思う。それによって情動に巻き込まれずにコンプレックスの「内実」に触れることが可能になるからだ。つまり、男性と治療者の剃刀による切り合いは、両親として表象されているコンプレックスと夢見者の側に立つ者として表象されている（自我）コンプレックス間の冷静な、しかも深く浸透していく、感情的ではなく論理的な会話の表象だと思われる(だからこそ、その表象は男性像で示される)。しかし、この会話が夢見者の眼にはグロテスクな剃刀による切りつけ合いに映る。これは、夢見者が自身を守るため、自分を開いて相手の言動を受け入れることに怖れを抱いているからだと思われる。

しかし、筆者が少し不思議に思ったのは、今までの夢の流れから考えてもそうなのだが、Aさんは相当に「開く」ことができる人であり、神経症的な在り方はほとんど感じなかったことである。これは、たぶん、両親にまつわる事柄に関すると、そのようなAさんにおいても相当に神経症的な在り方が生じるのかもしれない。逆にいえば、このような両親に対するコンプレックスから生じる「憤り」が彼女を「この世」に繋ぎとめているとも考えられる。《夢3》において、次男の死に対する「悲しみ」がAさんと彼女の夫を結びつけていたように。つまり、「神経症的」とは近代においては「人間的」と同義であるともいえよう。逆に文化人類学の領域からの報告では、多くのシャーマンが親や配偶者との関係を切っていく。それは彼らが超越的な存在の「子」であり「妻」であるため、現実の親や夫との関係を維持していくのが難しくなっていくからだと思われる。Aさんの場合は、親や夫との関係に引っかかりがあるところが、つらくもあり、また逆に「この世」に結びついていられるところでもあるのかもしれない。

男性二人の戦い(会話)は「先生が与えた傷が深かったのか、若い男性は倒れる」という形で結末を迎える。これはすぐ後で治療者が「いったん、その傷から出血してしまえば、この男の血はきれいになり元気になるから心配しないでもこの男は助かるから」と言っているように、とことん互いに交流したことで(男性が味方する)両親に関するコンプレックスが変容したことを示唆していよう。また、「先生も相当首に怪我をしている」とあるように、その変容は相手だけにとどまらず、同時に自分自身(自我)もまた変容を被るような質のものであることがわかる。実際、あれだけ憤っていた対象である両親の味方をする男性であるにもかかわらず、最後には夢見者は「私はこの若い男が助かってほしいと思」う。ここには、両者が変容し、両者の間にポジティヴな関係がすでに成立していることが伺われる。《夢７》はこのような両親にまつわる個人的なコンプレックスがかなりの程度解消せしめる夢だといえよう。

《夢８》――熊の母子の夢（六頁参照）

この夢も《夢７》に引き続いて、夢見者の母親に対する個人的なコンプレックスに関する側面が含まれていると思われる。それは、この夢を一読してわかるように、また夢見者自身がこの夢に関してその連想で述べているように、彼女が繰り返し語る、幼少の頃に滑り台から落ちて頭を打ったのに母親がきちんとケアしてくれなかったというエピソードとこの夢が形態的に関連をもつようにみえるからである。

夢は「母熊と仔熊が家に侵入してくる」場面からイメージを始める。ここで特徴的なのは「侵入」という言葉にもかかわらず、ほとんど侵入に対する抵抗がみられないことである。これまでの夢では、いかだの上《夢１》や海上のヨットのなか《夢３》、見知らぬ島《夢４》、見知らぬ川沿いの家《夢６》などから夢が始まっていたが、《夢８》では夢見者が定住している印象を与える家の中から場面が始まる。しかし、自身のテリトリーである居住空間に何かが侵入してくるにもかかわらず、それに対する抵抗はほとんど表明されない。この「オープン」さは《夢７》の前半部の夢見者がかたくなに自分の立場を守ろうとする姿勢と対照的だ。これは、《夢７》において親に対するコンプレックスがすでにいくぶん変容しているため、この種のテーマが自分の領域に「侵入」してくることを割合にスムーズに受け入れられるようになっているということも考えられよう。

今、「このテーマ」と記したが、「侵入」してきた母熊と仔熊の表象は、まず素直に考えて、母子関係という主題をそこに含んでいると思われる。しかも、それは熊の親子である。人間とは異なり動物の親子関係は本能的な絆をもち、通常、人の親子のようなネグレクトや虐待、家庭内暴力などといったものはそこにはみられない。そこでは、子どもが成長する適切な時期までは母子間に緊密な関係が保たれるはずである。さらに、熊はさまざまな神話においても、とても親密で強い母娘関係を表象する動物として描かれることが多い。しかし、そのような緊密な母娘関係を暗示するにもかかわらず、家の中に仔熊を置き去りにして母熊はどこかへ去っていってしまう。母熊がどこかへ行ってしまう理由はなんら記述されていない。ただ、淡々と何かの大きな意志に従うように母熊はいなくなる。まずは、素直に考えていこう。夢はわざわざ、強い母子関係を匂わせる母熊と仔熊のペアを夢見者の家に放り込んだうえで、その母子間を「切る」。仔熊は母熊から切り離される。これは、先に述べた、Aさんが語る「現実」での滑り台からの墜落事故の際の「母からの見捨てられ」とも重なっているし、また、次の場面での仔熊が大地という母的な場所から離れて階段を上昇していくのとも相同である。夢はこのように、「母からの切断」という場面を導入する。ここにはある種の必然性が感じられる。母熊がいなくなることで夢が何を次に展開させるのかに注目しつつ、このことを考えてみよう。

今述べたように、母熊がいなくなった後、仔熊は階段を登り始める。夢見者は「仔熊の後をそっとつける」。この、後ろから安全をはかって見守る立場は子に対する母親の立場である。つまり、子（熊）-母（熊）の対だったものがここでは子（熊）-母（夢見者）になっている。このように考えるならば、母熊が去っていったのはその「母」の役割に夢見者が入れるようにスペースを空けるためだったようにも思われる。つまり、家という夢見者のテリトリーに母子軸という課題が入ってきたわけだが、夢は、夢見者自身を母の役割に入り込ませ、そのテーマにさらにコミットさせようとしている。では、Aさんを「母」の役割にコミットさせ、夢は彼女になにを告げようとしているのか。

Aさんは仔熊の背後に位置して見守っているにもかかわらず、仔熊は階段から落ちる。これは、母としての失敗だ。母性的な「抱く-抱かれる」という世界から仔熊は落下する。「仔熊」という表象で示されていることから了解できるように、ここでの母性的な「抱擁」の世界は世界の中に（「ことば」で介入すると生じるような）ズレがない、すべてが一義的に決まり整合している動物本能的な世界である。仔熊はそのような世界から転げ落ちる。落ちた後に傷ついた仔熊が人間となるのはその意味で納得がいく。人間とはそのような動物本能的な世界から乖離し疎外された存在だからである。あるいは、人間となった者の眼からみれば、元の世界はもはや帰還することのできなくなった「起源」であり、宗教的な彩りをもって圧倒的にそびえ立つ世界となろう（実際、古代のいくつかの文化においては動物の世界は神々の世界であった）。動物における精神の在り方は「水の中の水」（バタイユ）のようなものだと思われる。たとえば、海の中にあった水滴が何かの拍子に空中にはね飛ばされて一滴の水滴の形をとるとき、水滴ははじめて水滴という他から区切られた領域をもつものとしての意識をもつ。その意識から海をみれば、それはかつて自分が属していた起源でありやがてはそこに還っていくはずの、圧倒的な畏怖すべき世界として映るだろう。

それゆえ、仔熊の落下は動物の世界（人間となった後でふり返ってみればそこは起源的で超越的な世界として映る）から切れて、人間の世界が開かれることを示唆しているように思われる。夢見者はここでは、その超越的な世界（動物の世界）の側に属する母熊としての立場をとっている。仔熊はそこから「ずれ」落ちて人間と化す。仔熊が頭を打って、傷を負うのは、今みてきたような流れからいえば、人とはそもそもそのような傷をもつことではじめて人になるような存在であるからだといえよう。多くの近代以前の成人式などで、イニシエートされる者たちが前歯を折られたり、刺青を入れられたり、ピアスを開けられたりと苦痛を与えられ、「傷」を作られることが行なわれるのは、人間が本来そのような「傷」をもち、何かが欠落した存在、「ズレ」を孕む存在であることを再確認させるためだともいえよう。そのような人間としての「起源」を知ることが古代的には「成人」の条件となる（成人式の際に初めて子どもが聞くことができる部族の神話もそのような意味をもっている）。

さて、面接のなかでAさんは繰り返し、幼少のころに滑り台から落ちて頭を打ったのに母親がケアをしてくれなかったこと、自分のひどい耳鳴り、偏頭痛はそのせいではないかと思えることを訴えていた。このことを夢に照らしてみよう（逆に、夢を考えるにあたって、現実のエピソードを夢に当てはめるのではないことに注意されたい)。大事なことの一つは、現実ではケアしてくれなかった母親への恨みを語るAさんであったが、夢はそのような母親のポジションにAさんを置くことである。そして、Aさんもまた仔熊が落ちることを防げず、ケアに失敗した母親となる。この恨みに思っている母親に自分がなることは、大きな治療的意味をもっていよう。対象に自分がなるというのは、相手と自分とが重なり合うくらいに深く相互に浸透し合うこととも言え、《夢7》で男性と治療者が剃刀で互いに交代に切り合い、相互に浸透していったのとある種の相似をなしている。

さらに夢は、この母親として失敗し、子(熊)が墜落してしまうことが、個人的で外傷的なコンプレックスを形成するような単なる「この世」の次元での出来事ではなく、人が人となるための必然のプロセスであるような次元の深さと意味をもつものであることを夢見者に告げる。このメッセージはある面、過酷である。その過酷さはイニシエーションなどの超越的な世界に関係する儀式における過酷さと同じであり、たとえば、儀式において前歯をひっこ抜く際に「痛そうだし、かわいそうだからやめといてあげよう」などといった人間的な情緒はそこには関係しないのと同様である。Aさんの耳鳴りや偏頭痛という症状は、墜落して頭を打った仔熊の傷と重なる。Aさんはその傷が母親のせいだと個人的な人間関係のなかでひっかかっていたが(《夢7》での両親への固着)、夢はもっと根源的な次元でその出来事を解釈する。そこには「落ちてかわいそうだったね」というようなセンチメンタルな同情や、また逆に恨みといったこれも人間的な情動の雰囲気はない。その意味でとても過酷である。夢は、Aさんの負った傷を母親への恨みという個人的な人間関係の相で考えるのではなく、超越的な世界から人間の世界へと移行する際に刻み込まれる、イニシエーションの徴しだということを知れと告げているかのように思われる。そして、逆説的ではあるのだが、夢がその展開のなかで、このように過酷に頭部を再び傷つけることが、夢見者の偏頭痛やその母親による「外傷」を癒やす効果をもつことになる。

人間の少女となった仔熊はソファに運ばれ、夢見者によって治療を受ける。ここでは、夢見者は「治療者」の役割をとっている。古代的には「治療」とは超越的な世界を背景にもつことでしか成立しえない。つまりは、治療者が治すのではなく、治療者を通じて超越的な何かが治すわけである。その意味でいえば、「治療者」としての夢見者はここで超越的な世界と関わりをもちつつ、人間世界に立つ者、いわば通路として機能していることになる。このことは、傷ついた仔熊が少女に変化したにもかかわらず、その傷をそのまま少女が保っていることとも関係していると思われる。というのは、人は超越的な世界から乖離する（＝欠損する、傷を受ける、ズレる）ことによってはじめて人間の世界に降り立つにせよ、通常、その人間の地平のなかではその「傷」を意識しないことが普通だからである。イニシエーションという儀礼はたしかにその「傷」を思い出せる一つの装置であるが、その場合でも、それは特殊な時空間を限定し、そのなかでのみ行なわれる事柄である。つまり、非日常時空間と日常のそれとの間で生じた「傷」は日常の時空間に戻れば普通は想起されない。たとえば、昔話などでよくカエルが叩きつけられて王子に変身する場面などがあるが、彼は健康体として現われ、叩きつけられた際の傷を受け継がないのも、このことを示唆していよう。しかし、《夢８》のこの少女は「あの世」から「この世」への移行の際の傷をそのまま持ち越して「この世」に降りて人間となる。つまり、彼女は超越性の刻印（スティグマ）を押されて、それを保ったまま「この世」に降りている。つまり、彼女は非日常性の痕跡を残している人間なのである。このような人の世界観は、《夢５》において、黒雲の下で生きることになっても、その上には青空があることを知っている意識の在り方と相同的であるといえよう。

いわずもがなのことをつけ加えれば、もちろん、この少女や仔熊は癒やされるべきＡさんの内なる一つの要素の表象でもあるといえよう。つまり、夢見者はこの夢において、癒やし手であると同時に癒やされる者でもある（実際、心理療法においては本質的には自分が自分を癒やすのである）。ただ前段に述べたように、癒やされる者も超越性の刻印を押されているところがたぶんこの夢見者の特徴であろう。これは世間から変人とみられたり、巫女病（激しいめまいや頭痛など）をもった、すなわちスティグマをもったシャーマン候補生が先輩のシャーマンから治療を受けてシャーマンになることを思い起こさせる図柄ではある。現実においても、Ａさんが友人関係のなかにあっても「治療者」的な立場になってしまうのも、この夢から納得がいくように思われる。

夢の最後で、夢見者の治療にもかかわらず、彼女は「私はこの女の子の様子をみて死ぬかもしれないな」と思う。この記述の印象には、いささか冷徹な響きがある。《夢3》のような、次男に対するなんとか助かってほしいという切実な不安、心配がここでは感じられない。この冷徹さが生じるのは人間的な情緒とは関係のない超越性に夢見者が触れているからだと思われる。あるいは、「死」ということが超越的な世界に再び還っていくことであり、超越的な世界から人間的な世界への移行（仔熊の落下→少女）を認識した夢見者にとっては、「死」は少女が属する人間世界から超越的な世界（仔熊がいた世界）への自然な帰還であるのだから、人間的なセンチメンタルな気分が生じてくる必然性はないのかもしれない。いずれにせよ、死に対するこの冷徹な態度はシャーマンライクな佇まいをもっている。

《夢9》——白装束の人の夢（七頁参照）

冒頭、夢見者は友人と旅に出ている。連れ添いがいるわけである。筆者が失念したのかもしれないが、この友人は女性であること以外は特にどのような人かという連想はなかったように思われる。ともかく、連れ添い、同行者、道連れという、夢見者が進むのと同方向に歩みを共にする人を夢は最初に置く。

興味深いのは「高い山に登るはずなのに」という記述である。「はず」という表現には必然性の響きがある。本来は、高山を登るという垂直方向に移動する「はず」だったのに、なぜか彼女たちはボートに乗るという水平移動の場に来てしまっている。この「はず」という表現は、ボートに乗ろうとしている（つまり水平方向に移動しようとしていた）夢見者のこころのなかにある遠い記憶の痕跡の微かな蠢きを指し示しているかのようでもある。「あれ？　こんなはずではなかったのでは？」というように。この意味で、この「はず」という表現の内実は、《夢8》における仔熊から少女に変容しても維持された「傷」や、《夢5》において、黒雲の下に身を置きながらも、夢見者が保持している青空の「認識」と同じ系列に属するものであり、つまりは、それは超越性に関わる痕跡といえるだろう（「私はかつて熊だったはずなのに」「私はかつて青空の下にいたはずなのに」、そして「私は高い山に登るはずだったのに」）。

「はず」という表現で微かに顕わになるこの「痕跡」が夢見者のなかで動いたことが垂直軸に沿う運動の引き金を引く。超越的な何かが夢見者がなそうとしていた運動（水平）をまったく異なる軸（垂直）へと修正する。この垂直運動が生じてから以降は、同行者であった最初の友人はまったく場面に出てこない。《夢４》において夢見者とその次男が共同体から疎外されたように、Ａさんは水平面を共に移動するはずだった同行者からここで切り離されて独りになる。まるで、この同行者は、夢見者がそこから切り離されるためだけにセットされたかのようでさえある。それは、次の場面で、夢見者がやはりまるで落とされるためだけに、高みに持ち上げられたような印象と重なる。

はっきりとは正体のわからない、しかし明らかに人を超えた力が夢見者を高みに持ち上げ、そこから下に落とす。この垂直方向の運動は《夢８》での階段に登ってそこから落ちた仔熊が描いた運動とその軌跡を同じくしている。ただ、仔熊と異なるところは、落ちたところが地面ではなく水面であるがゆえに、夢見者は怪我をせず、「傷」つかないところだ。「落ちる」ことを超越的な存在からの要請と考えるならば、階段から「落ちた」仔熊《夢８》も、岩にぶつかり海へと「落ちた」次男《夢３》も、エイリアンの長男に頭を殴られて失神するという意味で「落ちた」Ａさん《夢２》も、すべて皆、その要請によって頭に傷を負ってきた。彼らが頭に傷を負ったのは、もちろん、頭を「硬い」ものにぶつけたからである。ところが、《夢９》ではその「硬い」ものが「軟らかい」水面へと変化しているがゆえに、夢見者は（とくに頭部に）「傷」を負わない。

この落ちたところが軟らかな水面になったのは夢の流れにおいて大きな変化だと思われる。この変化が生じた理由の一つは、《夢８》において、高みから地面に落ちて生じた「傷」が単なる母親の失敗による「外傷」（トラウマ）といったものなのではなく、超越的な世界から人間世界に移行する際、つまりは「あの世」から「この世」にやってくるときに必然的に生じなければならない、ある「欠損」であることを夢見者が夢の次元で認識したことが大きいと思われる。しかも、通常の人間は、落ちた後はその「傷」を意識せず忘れてこの世に生きるのだが、熊から人間になった少女（すでに触れたようにこの少女は夢見者自身でもある）はその「傷」を保ったまこの世に参入する。「傷」とは「あの世」の痕跡であり、傷を保持していることはその痕跡を通して「あの世」を認識していることにほかならない。このような特異な心的世界をもった人たちを人類学は伝統的にシャーマンと呼んできたのである。だからこそ、夢見者は水中という「あの世」に入っていくことができる（《夢6》のガラス越しに水中を眺めていた人びと、および水中を泳いでいたおばあさんを思い出されたい）。

シャーマン的な人たちは、一般人と異なり、この世を透かしてあの世も認識する。つまり、一般人にとっては輪郭がはっきりして一義的な意味だけをもつ事物で構成されている「この世」も、シャーマン的な視点からみれば、物事の輪郭は多義的で流動的であり、世界はメタフォリカルな様相をもってその眼に映るのだと思われる。この二つの世界は、世界に対する分節線の引き方が異なる。前者がリジッドであるのに対して後者はフレキシブルな性質をもつ。すなわち、この世の分節は「硬く」固定しており、あの世の分節は「軟らかく」流動的であるといえよう（夢もこの軟らかい分節の側に含まれる。であればこそ、仔熊は少女に変身することができる。また、シャーマンと夢との間に密接なつながりがあることは周知のとおりである）。

シャーマン的資質があるにもかかわらず、シャーマンとなることを拒否している人物が頭痛や吐き気、めまいなどの症状を長く訴えることはよく報告されている(5)。彼らがその苦痛にたまりかねて、とうとうシャーマンになる決心をし、その修行過程が進んでいくとそのような症状が消える場合が多いことも。これはすなわち、本来「軟らかな」分節化をする資質をもった人が無理をして「硬い」この世に適応して生きようとする際、その「硬さ」と衝突して先に述べたような症状が生じてくるのだというような言い方もできるだろう。文化人類学ではこのような症状を巫病《ふびょう》と呼んでいる。

その意味では、Aさんが訴えていた偏頭痛や耳鳴りといった症状は巫病にとても近い意味をもっていたと思われる。彼女はもちろん、現実において職業霊能者になるわけではないが、夢において最終的に落ち着く場所が「軟らかな」水面であることは、彼女の生きていく基準となる足場が通常一般人が基準としている地面とは異なってきている印象を与える。足場が軟らかなものである以上、もはやそこに落ちても（頭部を）怪我することはない（実際、このころにはAさんの症状はほとんど消失している）。その一方で、そのような水面を自身が立つ（泳ぐ？）足場とする以上、一般の人とは生きていく足場を異にすることになり、当然、彼女が見る世界の分節の在り方もいわゆる通常の人のリジッドなそれとは異なるものとなるだろうことが予想される。事実、このころより彼女は覚醒時にクリアなヴィジョンを見たり、[6]自分の意図や意志を超えて他人の問題の核心を突くことばが口から飛び出したりすることが増えていく。

さて、高みから落とされた夢見者は、落下地点が水面であるがゆえにそこにとどまらず、勢いを保ったまま水底まで沈む。底というのは垂直下方の限界面である。彼女は下方の極地まで移行し（厳密には「させられ」）、そこに触れる。しかし、シャーマンが異界へ行き、そこでいろいろな悪霊と戦ったり、善霊に助けられたりするのと異なり、この水底の世界では何事も起こらない。というか、夢見者自身がそこにとどまろうとまったく思っていない。彼女は「水面まで早く上がらないと」という気持ちで思いっきり足で底を蹴る」のである。ここには、水中ではなく水面こそが夢見者が戻るべき世界だという表明と、そこに戻ろうとする「意志」が示されている。

たぶん、この夢見者の「意志」が、浮かび上がる際に、落ちたときに描いた垂直線の軌跡からの「ズレ」を生じさせたのではなかろうか。元々、ボートに乗るべく友人と水面にいたAさんであったが、そこで「高みに上がる「はず」だったのに」というあの世の痕跡にも似た思いが甦る。途端に、彼女は高みに吊り上げられて、そこから落とされ、水底まで移行する。この「はず」という思いが現われて以降は、彼女は超越的なものに身を委ねている。そこに夢見者自身の「意志」はない。「ゆだね」と「意志」はまったく相反する志向である。一般的に超越的な存在は垂直軸に沿って現われてくるイメージとなる（天から降り落とされる雷、大地にひび割れが生じてそこに落下する、河童に水中に引きずり込まれる、などなど）。それに身を「ゆだねる」者も、当然、なすすべもなく垂直運動の軌跡を描く。

逆に「意志」は基本的に大地に立つ人間がもつ特性である以上、多くの場合、水平方向にある目的（たとえば、学校で試験を受けるなど）を志向する。その際、その「意志」に対して水平面上に障害や妨害物が現われることが多い。「意志」は摩擦を生むからである。そして、夢のなかでは往々にして目的地にたどり着くことができない。つまり、「ズレ」は解消されないのである（なぜなら、この「ズレ」こそが近代的主体を成立させているものだからである）。

このような「意志」が夢見者のなかに生じたことで、純粋な垂直運動からの「ズレ」が生じる。垂直的な超越性に受身的に従うことと、意志をもって水平面を歩むこととは本来相容れないのである。それゆえ、「意志」をもったAさんは水面に再び浮かび上がるのだが、そこは元の落ちた地点からは「ズレ」た場所となる。ただ、ここで印象深いのは、垂直軸に関係する「ズレ」が水面という水平面上の「ズレ」に変換されていることだ。水面において、夢見者がいる場所は「ズレ」ている。彼女は「元の場所」に戻らなければならないことを知る。この水平方向での「ズレ」を埋める構図は、一見、神経症的な「ズレ」の構図（先の例でいえば、試験を受けるために学校に行かねばならない）と似ているようだが、実はその意味をまったく異にしている。なぜなら、前者においては、求めている場所にあるのは自我の欲望が満たされる場所であったり、人間関係での約束がある場所だったりするわけだが、Aさんの場合、求めている場所は、単に元々の自分が落ちた場所、垂直軸が水面と交わっているだけの場所であるからだ。そこは、自我の欲望とはなんら関係がない。だからこそ、彼女は「これは誰かに試されている修行のようなもの」と感じるのである。

すなわち、その場所は、自分が垂直上方（あの世）から最初に水平面（この世）に降り立った「原点」であり、水平面上にありながらも根源的には垂直軸に関係している地点である。「ズレ」を埋めるために（逆にいえば、ズレがあるからこそ欲望が生じるのだが）水平方向に移動するという、通常の人たちがなす方向性をここでは夢見者は共有しながらも、求める地点のもつ性質が彼らとは大きく異なっている。たぶん、それゆえに、夢見者が属する水平面は地上ではなく水面として現われるのだろうし、また、その水平面を彼女に同行してくれる人が（最初の友人などのように地上を歩む普通の人とは異なり）「白装束の聖なる人」という表象になるのだと思われる。さらには、近代自我、すなわち神経症的な世界においては原理的に解消されない「ズレ」が、ここでは解消される。彼女は、聖なる女性たちの助けによって（つまり自分の「意志」の力によってではなく）、「原点」にたどりつくのである。これも、その目的地の性質が近代的な自我の欲望に染まった地点ではないからだと思われる。そこは、自我の欲望を超えているという意味で、純粋な――《夢5》における山の上の純白の雪のような――地点だと思われる。

水平面にあるということは彼女が他の一般的な人たちと同じ地平に在るようになってきていることを示唆していると思われる。しかし、彼女がいる水平面は、地上ではなく水上であり、（かつての根源的な落下の軌跡としての）垂直軸がそこと交わっているような特異な場所である。このような垂直軸の効果が及ぼされていつつ水平面に在る状態は、《夢8》における「（あの世からこの世への移行の際の）傷」を保っている少女と同型である。《夢8》では、「硬い」地面に叩きつけられたがゆえに人となった少女は、またそれゆえに「死」に向かうのであったが、それは《夢9》において夢見者が水中に沈んでいく状態とパラレルである。水中に没することは洗礼にみられるごとく、象徴的には「死ぬ」ことにほかならない。しかし、《夢9》では、その「死」（水中）から再び水面へと夢見者は浮上する。これはいわば新たな誕生であり、しかし、この新たな誕生を完成させるためには、ある「ズレ」を埋めるべく、水平面上で仕事をなさなければならないことがこの夢では示されている。それは、水平面上に定位しながら、垂直軸が通っている場所に自分を戻すという二重性を伴う作業である。そして、この作業は次の夢10においてさらに深められていく。

《夢10》——超能力・巨大な竜の夢（八頁参照）

夢見者は行場に来ている。行場とは宗教的な文脈で日常から離脱している場であり、超越性に関わる場といってもよい。その意味では《夢4》の島と同様であるが、異なる点は、そこでは夢見者は島を支配する超越的存在と敵対していたが、この夢では超越性に関わっている行者と親和的な関係にあることである。

行場には「修行している人もいる」。宗教的な修行とはすべからく超越性に向けてのイニシエーションを目指す。夢はこのような場に夢見者をまず置く。ここで興味深いのは、彼女が夫と共に行場に来ていることである。妻 - 夫という関係は社会的で日常的な関係である。非日常の場においては、通常、そのような関係、役割は無化される。宗教的修行の場においては（人間的な意味での）「妻」は意味をもたない。しかし、夢見者は宗教的な非日常の場に来ているにもかかわらず、妻-夫という関係を残存させている。これは、今までの夢にも見られた、Aさんの「人間性」と「超越性」がある緊張を保ちつつ「クロス」しているのを示しているのか、あるいは、夫も彼女と同じような宗教性に関する課題がある人であることが示唆されているように思われる。しかし、いずれにせよ、この後は、夫はこの夢のなかでは目立った動きを示さない。

さて、行者が来て皆に問いかける。「だれか夢を見た人」と。彼は日常を超えたところから送られてくるメッセージを受け取った人は誰か、と問うている。夢見者はそれにアイデンティファイする。すると、途端に夢は夢ではなく、「超能力で見えるものだ」ということが彼女に了解される。夢が日常を超えた超越性からのメッセージであることは、古代においては完全に生きた「実感」であった。近代になるにつれて、超越性と日常性の間の境界は無化されて世界は均質化の波に覆われる。均質空間（デカルト空間）のなかにおいては夢は超越性のメッセージとしては毎夜流産していき，それは単なる脳神経活動内の取るに足らないノイズ的な残滓とみなされていく。だが，《夢10》においては，夢は夢自身を通して夢は意味のないものとして捨て去るべきノイズなどではなく，一つのヴィジョンであることをはっきりと告げる。

夢見者はそこで「どぎまぎする」。なぜ，彼女はどぎまぎするのか。それは，夢が一般に思われているようなものではなくって，超越性が示すヴィジョンであることを真に理解してしまうと，夢見者の世界の在り方が根本から変わってしまうからだと思われる。

夢は常に過去のものである。人は夢を語るときに「思い出す」という形でしか語れない。そこでは，夢が超越性からのメッセージであるにせよ，それは睡眠中においてのみ捉えられる現象で，目覚めて日常のなかにいるわれわれにとって，それは常に過去のものであるしかない。つまり，われわれの日常は非日常の世界と明確に区切られて，一つの完結した世界を形成しており，夢がいかに非日常・超越的な世界から贈られてくるものであっても，日常を生きるわれわれにとってそれは過去のイメージとしてしか把握できない。

しかし，ヴィジョンは夢と異なる。ヴィジョンは覚醒した意識状態において，日常の真っ只中にそのまま具現する。人が日常，普通に見ている物とヴィジョンとはそのリアルさにおいて差はまったくない。つまり，ヴィジョンは日常と非日常との区別を消し去ってしまう。夢においては保たれていた日常と非日常の差異がなくなり，ヴィジョンは日常性という完結していたはずの一つの世界を揺るがして，そこに非日常性を雪崩れ込ませる。そうなると，もはや，夢見者は日常が日常として安定して保たれている世界に安住できなくなる。夢見者が「どぎまぎ」したのはその脅威を感じたためだろう。

しかし，この日常性への非日常性の雪崩れ込み，二つの世界の区別の無化は，たとえば，《夢９》において，水平面上にいながら，垂直軸が交わるところ（落ちた原点）に夢見者が戻るという形ですでに暗示されていたといえる。だからこそ，彼女は普通の人が地上（日常）に在るのと異なり，水上に在らなければならなかったわけである。《夢10》の行者も、夢見者をそのような特異なポジションへとさらに引っ張っていく。つまり、彼はどぎまぎしている夢見者に追い討ちをかけるように、「空中を指差し、何が見えるかを訊く」のである。この行者はAさんの「夢」の内容をすでに知っているかのようだ。ふつう、夢は当人が語らなければ他人はそれを知ることはできない。しかし、ここでは夢は、通常の「夢」の枠を超え出たものになろうとしている。これはAさんが所属している世界がその枠を超えようとしているのと対応していよう。そして、彼女も「こうなったら仕方ない」と覚悟を決めて身を委ねる。巫病に苦しむ人が、その苦痛によって追い込まれて、ついにシャーマンになることを受け入れるように。

さて、覚悟を決めた夢見者の眼に映るものは、低空にうねり、うごめく黄色と黒色の縞模様の竜である。Aさんが見る夢を超えた夢は竜のヴィジョンとして現われる。通常の夢の枠を超えて、日常空間にリアルに具現するヴィジョンとしての竜。竜とはなにか。その蛇行するうねりは、目的に向かって一直線に効率的に最短距離を取ろうとする近代自我に特徴的な動きとは一線を画す。近代的な眼からみれば、竜のような動きは無駄の多いものに映るだろう。しかし、魂を巡る動きは一直線には進まない。それは周回したり蛇行したりすることを本性としている。

もちろん、竜はそもそも日常世界に属していない、イマジナルな存在である。そのような非日常的な、つまりは超越的な存在が、圧倒的な存在感をもって夢見者の日常性に割って入ってくる。あたかも、《夢6》の川中の部屋の壁が崩壊して、部屋の中に水が溢れ返るように。そのあまりの巨大さ、圧倒感に夢見者は目を逸らそうとするが、行者はそれを許さず、「しっかり見なさい」と言う。この行者の指導は両義的なように思われる。一方では、それは「ここから逃げずに、それを受け入れろ」という意味をもっていよう。しかし、その一方で「しっかり見る」というのは主体の能動的な認識を促しているようにも思われる。ここには、超越的なものを受身的に受け入れることと、それに対して意志的、意識的に関わるという両義的な事柄が要求されていよう。その意味で、この行者は《夢6》の意識の側だけを重視する建築士とは異なっている。

竜の模様が黄色と黒の縞模様というのもこの行者の指導に対応していると思われる。色彩の象徴的な意味はもちろん一義的には定まらないが、ここでは、黄色の輪郭の曖昧さ、捉えがたさとそれに対する黄色を区切る黒色の輪郭線の明確さの対照がまず目を引く。黄は明確に捉えにくい色彩である（白い紙に黄色でなにかを描いた場面を想像されたい）。そのような捉えがたい性質と、さらにはそれが黄金に近似した色であること、光との結びつきなどから、黄色は「直観」を象徴する色とされることが多い。直観とは「あちら側」に属するものを直線的な論理ではない次元で直接把握することにほかならない。もし、ここで黄色をそのような意味にとるならば、そのような直観によって捉えられる「あちら側」の捉えがたく、はっきりしないものに対して、明確に輪郭をつけ、分節し、認識することが「こちら側」に生きる者として重要だということになろう。黄色を黒色の輪郭によって明確にすること。これは、行者の「しっかり見なさい」という指摘がもつ一側面に合致する。そのような超越性と日常性との間の関わり方をこの竜がそもそも暗示していることがわかる。

しかし、むずかしいのは、そのような分節線の引き方があまりに「この世」的すぎると、つまり「硬すぎる」と、逆に超越性自体が無化（ヒューマナイズ）され殺されてしまうことにある。もちろん、それが悪いとか良いとか言っているわけではない。しかし、少なくとも、近代世界がそのような方向に進んできたのは言をまたない。ここでは一般論や価値論を述べているのではなく、個別論的にAさんの夢を見る限り、単純に超越性が無化されることを彼女の夢は望んでいないことがうかがわれるということだ。だからこそ、振り子が振れるように、彼女の一連の夢は超越性と人間性とをクロスさせつつ、その着地点を探ってきたわけである。

夢見者がしっかりと見据えると見えてきたのは、低空で苦しそうにうごめく竜の姿である。竜はその本来の動きとして天に向かって飛翔していくものである（『易経』の「乾」をみよ）。この低空をうごめく竜は、上から圧迫され、抑え込まれた垂直軸を表象する。夢見者はこの状態にある竜が苦しんでいるように感じるが、それは超越性（天に突き抜ける）と人間性（地に足を着ける）の間で定まることのない夢見者自身の姿でもあるだろう。行者はそのような自分の姿をはっきりと認識せよと言っているとも思われる。また、その一方で、そのような主体的、能動的な「見る」姿勢こそが、逆に、竜（超越性）を地面近くに押し留めている可能性をも感じさせる。《夢1》へのコメントの際に少し触れたが、超越性を主体の中心とする古代的な意識では、本来的にそのような超越的存在に「見られる」ことによって各々の主体は成り立つ。逆に近代的な主体は自身が能動的に「見る」（より正確には自分が自分を「見る」という反省意識）ことにより成り立っている。その意味で、行者に促されて「はっきりと見」ようとする夢見者の意識の在り方が、逆説的に竜を低空にうごめかせているとも考えられる。《夢9》において、「意志」をもって水底を蹴る主体性が垂直軸に「ズレ」を生じさせたように。

竜も、夢見者もここで行き詰まる。そして、夢は行き詰まりを打破すべく、場面を変える。夢見者にとって水の流動性、軟らかさは重要なものなのであろう。低空をうごめいていた竜は「氵」（さんずい）が付いて「滝」となり、圧し込められていたその垂直性を開放させる。天竜は昇り、水竜は降る。洞窟という子宮、再誕生を連想させうる場所で、滝行をする夢見者はその滝の水を頭からかぶる。この構図は、《夢6》の頭を水中に突っ込んだかのような形の家や、《夢9》において夢見者が水中に落下する構図と相同でありつつ、そこにはトポロジカルな反転が生じている。つまり、頭から水中に落ちることと上から頭に水をかぶることとは、頭と水の関係を考えれば相対的には同じ出来事である。通常、このような上下の相対化は近代に特徴的な均質空間を開くものであるにもかかわらず、ここでは、そのような上下の相対化が行なわれつつも、逆説的にそれによって滝としての竜の垂直性が成立する。

さらに、《夢9》では、垂直軸と水平軸とが交わるところで生きるためには、水面を足場にするしかなかった夢見者であったが、この《夢10》でのトポロジカルな転換は夢見者が地面に立つことを可能にさせる。しかも、水竜の垂直的な、超越的な力を減殺せずに。垂直性の勢いは殺がれない。だから滝の中の夢見者は圧倒されそうになる。しかし、彼女は姿勢を正すというある種の「意志」「能動性」を示しつつ、滝に関わる。これは滝という超越性に対する防衛や抵抗ではまったくない（たとえば、滝から逃げようとする場合などはそれに当たる）。滝を「受け入れ」つつ、足場を地面にもち、〈私〉の主体性を保つのである。これは見事だと思う。滝行では丹田を中心とした身体の中央線に滝の落水を一致させることが大事だという話を聞いたことがあるが、夢見者が「姿勢を正す」のはそのための調整であろう。これは、《夢9》での水面に落ちた点と浮かび上がった場所とで示される垂線の「ズレ」の修正と同じ課題であるが、地面に足場をもったAさんは、ここではもはや「聖なる白装束の女性」を必要としない。彼女自身の〈私〉がそれを修正するのである。ここには、ある特異な「内面化」が生じているように思われる。そのような〈私〉を持ちつつ、夢見者は去勢されていない（ヒューマナイズされていない）超越性をも受け入れる。「黄色」を殺さずに「黒色」の枠によってそれを分節化する見事な在り方がここで成立しているように思われる。超越性と人間性の二つの軸の在り方が相当に夢見者のなかで変わってきたことがうかがわれよう。

注

（1）イーフー・トゥアン『トポフィリア　人間と環境』小野有五・阿部一訳、せりか書房、一九九二年、六〇頁。
（2）M・エリアーデ「シベリア・シャーマンのイニシエーション的な夢と幻覚」ロジェ・カイヨワ『夢と人間社会』（下）三好郁郎他訳、法政大学出版局、一九八五年、一四〇頁。
（3）立花隆『臨死体験』文芸春秋、二〇〇〇年。
（4）川嵜克哲『夢の分析――生成する〈私〉の根源』講談社、二〇〇五年。
（5）佐々木宏幹『シャーマニズムの世界』講談社、一九九二年、波平恵美子『病気と治療の文化人類学』海鳴社、一九八四年、八一頁、桜井徳太郎『沖縄のシャマニズム――民間巫女の生態と機能』弘文堂、一九七三年、五二頁などを参照のこと。

（6）　たとえば、夢見者はある年の九月四日に次のようなヴィジョンを視ている。「バッターが構えている。ピッチャーからバッターにボールが投げられた。これを打ったら大変なことになるのでないかというようなとてつもなく威力のあるボールで、バッターにはとても打ち返すパワーはなさそう。現実離れした威力のボール。しかし、バッターは思い切りバットを振る。その瞬間、バットがボールに当たった衝撃で、バッターの体は頭から足に向かって砂が崩れるように粉々に砕け散っていく。バットは真っ二つに割れて、その上半分がものすごいスピードで襲ってくる」。
彼女はこのヴィジョンを治療者に報告した際に、「野球というと米国を連想する。米国に何かが起こるんではないかと不安だ」と述べていた。一週間後の九月十一日、テレビのどのチャンネルを廻しても飛び込んでくるビル崩壊の映像を見て、彼女は自分の砕け落ちるバッターのヴィジョンを思い浮かべたと感想を述べている。このヴィジョンに関する筆者の解釈に関しては、拙書『夢の分析』二一二頁を参照。

第4章　角野善宏による夢の解釈：コメント

《夢1》——反復夢・いかだの夢（二頁参照）

角野　この夢は結婚以来の反復夢の「広い海の上に乗ったりしていつも一人でいる」というところは一緒ですよね。ただ水はきれいなんですね。反復夢の方は「海が果てしなく続き寂しく恐い感じ」なんだけど、この《夢1》は「落ちて沈んでも見えるなあ」とか。それから、「ぽかぽか暖かい」とかをみると、夢が表わしている彼女の内面の状況はやや改善している感じがする。「厳しく恐い感じ」ではなくなってきていることから、僕は夢を治療に活かせるいい時期に来ているなあという印象がします。この人はそろそろ準備ができている、自分の内面の世界と関わっていける準備がそろそろできているなあという感じ。暖かくなってゆったりできている状況なんで、これは夢を使えるなあって。彼女は少しずつ内界の世界に下りていけるなという印象をもちますね。
川嵜　その夢の内容から、夢を治療に活かせる時期とか、夢を使えると判断することはとても重要なことのように思えるんですが、その辺り、もう少しお話していただけますか。
角野　この夢のなかでは水にまだ入ってないわけだから、入ったらどうなるかわからないけれども、「水は冷たい」とかそう簡単に入れる状況ではないよね。外は「太陽はさんさんと照ってぽかぽか暖かい」けれど、海の水はわからない。だから、そのほんとに海の水と関わっていくようになったときには、この人は相当大変かなって感じはする。だけど水に入る前の状況は、以前の反復夢と比べて改善されてきているんで、彼女が無意識と関わっていける準備は少しずつできて来ていると思う。それで、夢を使ってやっていけるかなあという感じはしますね。まあ、でも海の上にいかだで漂っているわけだから、それこそ自我と無意識の関係で言えば、自我にとっては相当な試練というか。……まあ、人間みんなそうですけど。自我と無意識の関係においても、海が荒れてしまったらひとたまりもないわけだし。
内面の状況が彼女の意識にぽつぽつと不安発作や恐怖などがいろんな症状とかを与えてるというのは、非常によくわかります。でも、これはこのクライエントが川嵜先生と会ってずいぶん状況が変わったかもしれない。この《夢1》なんか見るとね、そう思う。川嵜先生と会うことによってこの夢見てるんでしょ？　これは、すごい動きだと思うね。海はどんな荒れ方をするかわからないけど、少なくとも、いかだの上にいる自分、海の上にいる自分というこの人の置かれている状況に対して、周りの状況が「太陽がさんさんと照っていてぽかぽかと暖かい。いい気持ちになってごろりと横になれる」というふうに変化してきている。これは分析の状況がかなり影響しているんじゃないかと思います。
川嵜　そろそろ準備が出来ているんじゃないか、というのは、まだ海には入っていないんだけど暖かくなってきているなどの変化からそう思うということですか。
角野　そうそう、周りの状況が変わってきているっていうところ。でも、まだわかりません。変わっていくかもわからないし。反復夢って同じ夢が繰り返されるわけでしょ。それがいつも寂しく恐い感じだったのが、この《夢1》では和らいでいる。それは、変わっていく可能性があるっていうのを意味しているわけで非常にいいなと思う。ただ、「太陽が照ってぽかぽかといい気持ち」という状況自体が変わる可能性がありますからね。つまり、逆に言えばこれだけ一時的に無意識が静まっているということは、現実が大変なのではないかとかね。あまりにも現実が大変なので無意識が補償的にこのようなイメージを出しているとも考えられるし。

川嵜　これから変わっていく可能性も考えられるし、また現実がしんどくって補償的に出てきたイメージとも考えられる。
角野　そうですね。今後の方向としても二つ考えるかなあ。状況が暖かい感じになってるのは、この人が無意識に関わっていくという意味において少し安心できるというような状況にもうなっているのかなあ、というのと。あと一つは、あまり穏やかっていうことは、これから嵐になるのではないかという方向ですね。
「自分が落ちて沈んでも見えるなとヘンなことを考えている」。普通落ちたら大変なのに、沈んでも見えるからという理由で余裕をもっていることが「ヘン」と思ってるんですかね？　これ、聞かれましたか。
川嵜　ちょっとうろ覚えなんですけど、この人が言っていたのは、落ちて沈んでも見えるということを考えていることがヘンというか、なんで自分はこんなこと考えているんだろう、というようなニュアンスだったと思います。
角野　なるほど。どこか、落ちて沈んでも大丈夫かなと思うところもあるんだろうね。そういうふうに思ったってことは。これはやっぱり状況が少しやわらかくなってきているので、海あるいは無意識に入って行くってことを、もういいかなっていうか、行きましょうかねって感じでしょうね。
川嵜　その「行きましょうかね」という感じは、むしろ角野先生らしい感じがしますけどね（笑）。でも、そういう感じはあるんでしょうね、このクライエントさんにも。
角野　（笑）。今までは「厳しく寒く怖い感じ」しかなかったのに、ちょっと沈んでいってもいいんじゃないかという感じになっている。これはやっぱり川嵜先生との分析の状況が出てます。ひょっとしたら行けるかもわからん。でもね、僕はね、反復夢では海は荒れてないけど、海って荒れることがあるからねえ。いかだごとぶっ飛ばされることがあるから。だから、もし川嵜先生との分析の関係で、ちょっとセラピーが大変になる可能性がなきにしもあらずかなという感じもします。先を見てみないとわかりません。

《夢2》――長男がエイリアンの夢（二一頁参照）

角野　出てるのは長男と本人だけですね。長男については連想は言われてましたか。
川嵜　長男は実際ちょっと荒れてた時期があるんです。この時期もそうだったかな？　弟を殴ったりすることが多かった。分析の途中からすごく弟と仲良くなるんですけども。あと、お父さんが強迫的ですごくかっちりされているわけですが、長男はその裏を行ってるというか、自然児みたいなところがある人のようです。物を片づけなくって、部屋も散らかり放題でクライエントはそのことをかなり気にしておられました。
クライエントさんが通っているヨーガの先生がいるんですけど、話を聞いていると「本物」というか、相当に力量のある先生のようなんですけど、その人に一度長男を見てもらったことがあったとのことです。その先生は長男の身体を診て、「この子はまったく心配ない。自分をとても自然にストレートに出している子で、このままでいい」と言われたそうです。それはAさんも納得できる感じだったそうです。その意味ではこの長男の攻撃性、荒々しさというのは「自然」の荒々しさなのかもしれない。
角野　なるほど。現実の長男のイメージとも重なるわけですよね。この夢のなかの長男は、実際の長男のイメージが強く出てきた人物像なのか、あるいは彼女が産み育てているものに対してのイメージとして長男が選ばれて出てきたのか。そこらあたりを知りたいので、僕ならもう少し彼女に長男のことを聞きたいかな。
川嵜　なるほど
角野　けど、やっぱり彼女が産み育ててきているもののイメージが核となって出てきている長男だとは思うんですけどね。その育てているもののイメージとして長男がふさわしいんでしょうね。その内容を長男が代表しているというか、投影しやすい人物として長男がこの夢に出てきている。しかし、それを育てて大きくなるにつれて、逆に彼女を傷つけている。しかも深い傷ですよね。頭を殴られるし、気も遠くなるし。そういう自分が産み育てていくものにたいして、それが攻撃的なものになり、また自分を傷つけるものとなっていくことへの悲しさというのかな。「みんな私がこんなつらい思いをしてエイリアンの子どもを育てているなんて知らないだろうな」というように自分だけが知っているという孤独さ。まあ、これは夢が知っているということもあるかもしれないですけど。そういう悲しさは感じますけどね。

普通だったら自分が産み育てていくものは、自分をも育ててくれる、自分を守ってくれる、自分を開発してくれ、自分を支えてくれるものでもあるはずなんだけれど。彼女の場合はそれは「エイリアン」なんやね。彼女にとって子どもとして生み育てている「それ」は外から来たものである。そういう意味では、本当に実の子として生み育てている思い、感覚、感触というか、そんなんはないんやろね。しかし、このことは実際の子どもにも影響するでしょう。上手にできていて、そういうことをうまく投影させるような子どもが出てくるわけです。長男は逆に気の毒やね。投影の格好の材料になってしまうからね。逆にいうと、長男はこれだけの夢を彼女のなかに生み出すわけやから。彼女が本当に長男はエイリアンとして見てしまうかもわからんからね。

彼女の自我からいえば理不尽やろね。自分は望みもしないのに子どもがエイリアンで、しかもそれは自分だけが知っていて、それを育てている。また、そのエイリアン非常に威勢が良くって、言うこととまったく聞かない。映画に出てくるエイリアンていうのは、ものすごいですよ、歯が。ばきっと人食いです。「歯をむき出しにして嚙み付いてくる。強い深い傷を負わせる」っていうのは。やっぱこれはちょっと大変やね。

川嵜　大変だと思います。

角野　うーん、ただ、最後は長男が逃げていく。だから戻ってきたときどうするかが大切。次どういう形で戻ってくるか。こういう要素が。そのときは、エイリアンという形になっていないかもしれないですね。次はもうちょっとマイルドな形で出てくるかもしれない。エイリアンという、非常に極端な形で出したので、次出てくるときにそれがどういう形で出てくるのか楽しみ。エイリアンに嚙まれて殴られて倒されてるでしょ。これ、この人がエイリアンと確かに関わってます。一見、ネガティヴな関わりで、下手したら死ぬかもしれないけど接触している。そういう意味ではとても可能性があるというか。その次の展開が出てくるかなと思う。接触しましたからね。
川嵜　最初に言われてましたけれど、長男がこういうふうに夢に出てきたときに、それは現実の長男がそこに反映されているのか、あるいはこの人が内的に生み育てている「あるもの」を長男という形で夢が表現しているのか、そういう区別というのは押さえようとされるわけですか。
角野　そうですね。僕はやっぱりその両方に足かけますね。どちらかにウエイトかかってるなっていうのは見ようとしますね。半々位かな、とか。彼女の内面にあるものだけだという見方をして現実の反映がゼロというのもちょっとそれは偏りすぎかなと思うし。やっぱり内的と外的の相互作用で。ただ、元々を言えば彼女の内面から出てきたもんだろうとは思っていて、僕はそちらの方にウエイトをかける方ですけどね。
川嵜　その場合、これは現実の長男が相当反映されている夢だなと思われた場合に、こちらの対応とか態度かは変わってくるのですか。たとえば現実的なものが反映されているから、では現実的に動こうかとか。
角野　それはないですね。現実的な事柄が相当に反映されていると思っても、〈長男との関係はどうですか〉これ位で留めておきますかね。そうではなくて、長男との揉め事に関してちょっといろいろなことを聞きすぎたり、それに対してこちらの思うことを話しすぎたりすると、この人は現実に向いてしまう可能性がありますから。僕は、夢がこの人の内面から出ているという視点は絶対外さないですね。それを外さなければ、現実に動いている部分に対してそれほどウエイトを置かない。それは本人がわかると思うんですよね。言葉と違う部分での視点の置き方が軽いなとか。あ、そこはちょっとこの先生は思ってないのかな、とか。それは無意識のコミュニケーションやけどね。
現実的な方にだけ目を向けていると、彼女は長男ともっとガタガタするような気がするんですよ。僕はその意味では、彼女の内面から出てきたものに重点を置きます。ただ彼女がやっぱりこの夢を見たときに、長男が現実にエイリアンみたいな動き方をしてるな、というのは思うはずですよね。荒れてるわけやし、クライエントは困ってるわけですから。そういうところはこちらで意識はしますけどね。だけどその分析的な視点に関しては、あなたの内面から起きてることなんですよ、というのは決して外さない。長男はねえ、現実にちゃんとやっていくと思いますよ。
川嵜　やってくというのは？
角野　クライエントが川嵜先生と夢の分析を通じて、しっかり彼女なりの内面の仕事をちゃんとやっていけば、長男は長男で特別に関わらなくてもちゃんと自分でやっていけると思うんです。それぞれがそれぞれの分野で、内面も含めてね、しっかり内的な仕事をしていけば、長男は長男のその仕事をしていきます。それが変に浅いところでガタガタしたら、深いところが出来ないでしょ。きっちりお父さんはお父さんの仕事。本人は本人の仕事。長男は長男の仕事。次男は次男の仕事っていうのを、ちゃんと内的な仕事っていうのをやっていけば、それで土台がしっかりするから。それで本質的な繋がり、見えないところの繋がりってできます。それを、現実面で長男はエイリアンでややこしいことしてそんな子どもを望んでもなかったのに、というふうに文字通りとってね、現実面のところでガチャガチャしたら、内的な仕事が出来ないですから。でも、長男がエイリアンというふうにクライエントのなかでは現実的にもそう思うのでしょう。それは、あんまり良くはないと思いますけど、この時点では、しかしそう思うのでしょう。
川嵜　なるほど、それぞれが、自分の内面を深めていくということですね。ところで、このクライエントさんは、長男をエイリアン的だと思っている？
角野　そう思ってるんだと思う。内面では、とくにそう思っている。しかし、クライエントはしんどいです。でも、もちろん最初やからしょうがないけど。だからこそ、自分の仕事を川嵜先生とちゃんとやってもらう、それが一番大事。そうしていくことによって、長男は自分で道を作って立ち直っていく可能性はずいぶん高くなる。
川嵜　たしかに、現実の展開でもだんだんそういう方向になっていくんです。
角野　ああ、そうですか。それはすごいね。仕事ちゃんとやっていったんだ……。しかし、これはなぜ「私から逃げていった」んだろう。やることやったからかな。逆にお母さんのこと怖くなったからかな。「こんなことしてしまって」とか。聞きたいですね。殴った後、逃げていくエイリアンはどう思ってたのか。
川嵜　聞きたいというのはそういう問いをエイリアン自身にではなく、このクライエントに聞きたいということですか。
角野　そう、この方に。殴った後に逃げていく子どもはどんな様子だったのか。どんな気持ちだったのかな、と。ひょっとしたら、本当に寂しそうなのかもしれない。ほんとにえらいことしてしまったって去って行ったのか。やったった！　って去って行ったのか。その辺をどういうふうに彼女が見えたのか聞きたいですね。
川嵜　その辺りに関しては、角野先生なりの、どうなんだろうみたいのはあります？
角野　僕は後ろめたさとか。一種の寂しさとか苦しさとか、エイリアン自体のもつ悲しさ、苦しさ、やるせなさ。そんなことをもってたのかなと思いますね。
川嵜　やるせなさ、というのはどういうものに対してのやるせなさ？
角野　自分がエイリアンとして生まれてこなければならなかった悲しさ、育ててくれている母親に対して殴ったりせざるをえない苦しさみたいなものをもってたのかな。
川嵜　ははあ。話を聞いていて、その辺りはこのクライエントさん自身の大きなテーマだとも思いますね。エイリアンという人間ではないもの、この人とは異質な関係にあるものが、雷みたいにバーっとやってきて、彼女に一撃を加えて去っていくんだけど、それは本当に去って行ったのか、そこにこそ、むしろ関わりが成立しているのか。

角野　そこそこ。そこが僕もものすごく気になってて。僕は、エイリアンなんだけど単に自分とは違うものとして関係をもたないのではなく、何か少し別のものが生まれて来きつつあるんじゃないかという気がするんで。
川嵜　角野先生の視点では、逃げていったエイリアンと次にどのような接触があるんだろうかと今後の展開を考えていくというわけですね。
角野　そうですね。次にはどんな形で出てくるかなとか。僕は戻ってくると思うんでね。どんな形にしてもね。

《夢3》――次男の事故の夢（三頁参照）

角野　ヨットになってますね、いかだから。いかだよりは安全やね。今度は一人ではなくて、次男も乗ってる。中年男性の連想というのはあったんですか。
川嵜　見知らぬ人で、わからないと。
角野　ほんとまだニュートラルですかね。どういう人かまだ全然わからないね。ふーん。実際の次男というのは、やっぱりこのクライエントとちょっと繋がるところはあるのかな。
川嵜　次男さんはかなりシャーマン性的な感じの人のようです。クライエントさんの話では。
角野　ああ、そうなんだ！　彼女の忘れてきた部分ですね。お父さんの家系からの。
川嵜　そうそう、そういう面があると思います。クライエントの表現ですが、悩みをもった人が来るとそれを「受けてしまう」と。こういう言い方をすると眉をしかめる人もいるかと思うんですが、考えてみればサイコセラピィでもそういうことはよく起こるわけですけどね。症状が治療者に移ったり。で、そういう具合に他人のものを「受けてしまう」ということは、Aさん本人はとても嫌っているんです。でも、嫌なんだけどそうなってしまう。それで、次男さんは特にそういうことがあるとのことです。葬式の前を通ったら「受けて」しまって次の日は一日寝込んでいるとか。

角野　へぇー、そりゃすごいですね。
川嵜　Ａさんはそういうの嫌がるんだけど、次男は「これはこれでいいんだ」って受け入れている。この家族はなんかだんだんセノイ族みたいな感じになっていって家族同士で見た夢を話し合うようになるんですけど、Ａさんが次男に語った夢の一つに、「地下の世界が崩壊しつつあり、私は人びとを地上に逃がす。でも、一緒に救助活動をしていた同僚の女性を最後に地上に戻そうとするのだが、崩壊が眼前に迫っており、彼女を残して自分がぎりぎりのところで生還する」というのがありました。それを聞いて次男は、「なぜ、そこで死なないのか」と怒ったらしいんですよね。
角野　はあー！　すごいね。
川嵜　クライエントも自分自身で情けないと思いつつ、腹も立つので「じゃあ、あんたは夢のなかで死んだことがあるのか」って次男に訊いたら、「僕は夢のなかで何回も死んでる。夢のなかで人のために死ぬのはとても甘美なものなんだ」と彼。そういう意味で、少し次男の方が先にいってるみたいな感じもありますね。
角野　今の聞いてると、次男は彼女自身のシャーマン的な部分と繋がりやすい内面の要素をもっていますよね。それは長男的と非常に対照的なんだけれども。ただ次男の方の要素は彼女と呼応しやすいし、彼女にとっては距離の近い部分だと思うんですよね。しかしやっぱり次男は最終的には、うーん、これ死ぬんやね。だから次男で代表されている彼女のなかの要素っていうのは一度、刷新されないとあかんのでしょう。このままではあかんのでしょう。
しかし、次男の死ということが、ご主人との——現実のご主人はまだ早いかもしれないけど——イメージと繋がっていけるきっかけにはなってる。次男的なイメージ——実際の次男もそうなんでしょうけど——は家族を繋げていける力をもってるんでしょうね。
川嵜　実際この頃、すでに旦那さんは変わってきていました。強迫がほとんどなくなるんです。

角野　うわー、それはすごいねえ。
川嵜　夫は、たとえば、なにか電化製品を買うときなどには、カタログを全部集めて、その数値をみんなグラフ化して、と。だから、Aさんももうかなわんと言っていたのが、そういうのがなくなって、一緒にお酒を飲みに行ったりとかだんだん仲がよくなるんです。一年くらいで。
角野　あー、すごいねえ。このケース相当に動いてるわね。ちょうど一年ですね。《夢1》〜《夢3》までね。やっぱり《夢1》は大きいね。海が荒れるかな、どうなるんかなと思ったけど、荒れてはいないけど大きな波がきて、それは次男の死という彼女にとっては大変なことになるんだけど、夫との関係に関してはすごい変わってきている。非常にポジティヴに動いていますね。
「後頭部を打ち、海に放り出される」。彼女も滑り台から落ちて頭を打ってますね。こういうのは、やっぱりシャーマン的やね。雷に打たれたり、大きい怪我するとか大きい事故に遭うとか、そういう機会にシャーマンの世界に入っていくというのがあって。これたぶんそうなんでしょうね、彼女も次男も後頭部を打つっていうのは繋がりますね。
川嵜　頭を打つというのがエピソードとしてとてもよく出てくる方です。Aさんが小学生くらいのときに、彼女のお父さんが職場で高い所から落ちて頭打って大怪我をしたり。そのとき、彼女は母の日でカーネーションを一輪、学校から持って帰ったんだけど、途中でその花の頭が折れるんです。それを見た母親が「不吉だ」と彼女を叱る。そしたら、父親が頭を打って大怪我をしたという報せが入って。彼女はそれで罪悪感を抱いたそうです。
角野　ほほう。すごいものが渦巻いている家族ですね。夢に戻ると、「次男は海に放り出される」。海に入るんやね。だから《夢1》で「これなら海の中に沈んでも」とあって、ここでは彼女ではないけれども次男が海に入ってる。

川嵜　そうですね。後の方でクライエントさんが海に落ちる夢も出てきますが。
角野　あー、入っていきますか。そういうことを彼女がどう生かしていくかですね。彼女がシャーマンになる必要はないしね。次男は少なくとも昔から入ってるんやね。ふーん。「私は引っ張り上げ、救急車を呼ぼうとトンネルのなかに入っていく」か。この中年の男性なんかもこの後、どんな形で出てくるのかな。もうこれっきりなのかな。彼女と海＝無意識の世界との繋がりをつけてくれる人物像として後々生きてこないですかね。どうでしょうね。
川嵜　それは、もう少し目鼻立ちがはっきりしてくるとか、そういうことですか。
角野　そう、それにもっと展開してきて、いろんな形で彼女と関わってくるとか。まあ、まだわかりませんけどね。「私は夫にもたれかかって泣いている。夫も同じ思い」。これ、クライエントから夫に行くんやね。
川嵜　そうですね。
角野　「次男は長男にいじめられていたころ、頭を強打することが多く、縫うくらいの怪我をすることも何度かあった」。長男がカーッと仕掛けるんやね。この長男はすごいね。長男にも次男と同じくシャーマン的で人間を超えた存在というものを感じますね。しかも、この家族のなかではガツンとやるというか、起こす方ですね。次男が治療的に結びつける方だとしたら、長男の方はガツンと食らわす、ちょっと恐ろしいような負のあり方という感じでしょうね。
川嵜　和御魂と荒御魂みたいな。
角野　そうそう。

《夢4》——島・トイレの夢（三頁参照）

角野　頭痛ってあれかな、それこそ、ある意味の関わりの指令みたいなものかな。

川嵜　耳鳴りも偏頭痛もなんかそんな感じで。
角野　たぶんそうやね。向こうから来るんやね。頭を打ったとか、まあシャーマニスティックな世界から送ってくるのやねえ。それでずっとあるのか。
川嵜　だいぶ後の夢ですけど、夢のなかで耳鳴りがずっとしてるんだけど、意識を変えるとそれがあの世からのメッセージとしてクリアにその意味がわかるという報告がありました。それくらいから、現実の耳鳴りもずいぶんとよくなります。
角野　そうやね。夢でそれが出てきたら、耳鳴りなくなってくると思うけどね。シャーマニスティックな世界と繋がっておくためにはそれが消えたら困るけどね。何らかの形で自分のなかに身に着けていったらもういらなくなるけど。自分のなかで解釈できるし、活かせていけるから。
川嵜　耳鳴りは完全にはなくなっていない。偏頭痛はなくなるんですけど。
角野　そうかあ。ちょっと、でも、この人あれやな、繋がっている世界が結構大変やったろうね。症状的には偏頭痛と耳鳴りやけど。
川嵜　この方は、血筋的に古神道の神主の流れを汲んでいるんですけど、それをすごく嫌っていました。オカルトみたいに見える、と。そういうのを否定するためもあり、むしろ科学の本とかが好きだったとのことです。だから、心理療法を最初、医者に勧められたときには、科学的なことをやるんだろうなと期待してたのに、部屋に箱庭があったり、夢を聞かれたりしたので、祖父がやっていた怪しげな治療と一緒じゃないかとびっくりしたって言われてましたね。
角野　でも、彼女はそれくらい科学的なことしないと守れなかったのじゃないかな。最初は相当きつかったやろうね。
川嵜　ご主人に惹かれたのも最初、彼が科学的な人と見えたかららしいです。

角野　あー、逆の形で。なるほどなあ！！　そうやね。面白いなあー、へー「この島は宇宙からの侵略者に統治されている」。宇宙からです。これはやっぱりエイリアンみたいな感じするね。そうかあ、やっぱり向こうの世界なのかな。

トイレに行きたくなる、っていうのもこれなんていうのかな、彼女のなかになにか何らかの動き、パフォーマンス、営為というか、本能的な活動というか、もうその現実的な部分と繋がりがあるかもしれないけど、もっと本質的なところの何かをやっていくというか、要求であるというか、そういうものなんだろうね。きれい、汚いという二つに分かれているけども、自分としては自分の意志で行く、夢のなかで行く方向と違う方向に行かされるわけやね。

「仕方なく家に帰ると次男と同じ年頃の〜」うーん。これは自分のあずかり知らない宇宙から、そういう世界からの侵略を受けてしかも統治されているというか、自然の本能的な動きも制限されている。トイレという形で変えられている。で、正にその侵略者に逆らっているから、私と次男の評価が低くて悔しい、しんどい思いをさせられている。そういうものもさっき言われた自分の家が神道的なもので、シャーマニスティックなものに抵抗したっていうのは、それを感じますね。ただそれ彼女にとって宇宙からの侵略なんやね。そういう形でしか見なされなかったんだ。それによって自分たちは非常に不利を被っていると見ているんやね。逆らっているというか。この辺の流れが、まだほんとに彼女のルーツというか彼女の流れというかなあ。たしかに不安発作とか偏頭痛とか耳鳴りとかいう症状があって、それで川嵜先生のところに来られているけど、それをどう自分のなかでこう受け止めていく、どう見ていくかってところがこの治療にも関係しているところで。だけどそれはまだちょっと彼女には侵略者から統治されているという感覚になっているんでしょうかね、これ。でも開き直ってるね。これもやっぱり次男がイニシアチブ取ってるなあ。「僕は学校へ行かなくてもいい、ときっぱり」言っている。それはそれでいいんだと言っているもんね。ふーん……。

この《夢4》の辺りというのは家のことはどう言うてたんですか。さっき川嵜先生がご主人と結婚した経緯とか、それを嫌っていたとか、その辺のことはどうなんでしょうね。随分変わってきてるのね。
川嵜　ご主人との間は、そうですね、なんかずっと爬虫類みたいな印象もあったようなことを言われてましたが、この頃は、相当関係が変わってきて、あまりご主人に関しては問題を感じないみたいになってきてましたね。
角野　この夢を語った後、「小さいころ滑り台から落ちたのもなにか私の原点という感じ。覚えていないのだが、なにかそのときの痛みが甦っている感覚がして」彼女はそういうことを言ったときにはどういう捉え方をしていたんでしょうね。「滑り台から落ちたのが何か私の原点という感じ」これは私にとって何か大事だったんかなあ、そういう感じの捉え方でしょうかね。
川嵜　そう思いますね。そこにはもちろん、ちゃんとケアしてくれなかったお母さんに対する恨みの感情も含まれているわけですが。
角野　そのときの痛みが甦っている感覚がして……。ネガティヴなものだけじゃなくて、意味があるんじゃないかという見方ができるようになってるんやね、この時点でね。で、ご主人がこういうエピソードをもつんやね。でもこの《夢4》は、僕の感覚では、宇宙からの侵略者に統治されてそれによって、私や次男は非常に不当な思いをさせられている。もちろん次男はそれに対して前向きに「僕はそれでいいんだ」って言ってますが。だけど、彼女自体を引っ張ってくれる次男的な要素は、依然この彼女からすれば侵略的なことをされているというふうに思っている。そして症状を送っているそういう世界に対しても同様に。
でも彼女のなかの次男的なものは随分開き直ってきているというかなあ。それを悔しいというか、つらいというかネガティヴな意味だけでなくて、それをやっぱり乗り越えていくというかな。まずこれでいいんだ、ということをきっぱりその状況に対して言えている。この人が「私の原点」とかいうところでやっぱりちょっと変化してきていると思います。症状に対しての見方というか。自分のもつ違う世界、まあそれは無意識とかシャーマニステイックな世界かもわからないけれど、今までの彼女と違う世界に対してのある意味親和性っていうのは芽生えてきているのじゃないですか。最初は侵略者や、統治者や、って言ってますけど。
川嵜　なるほど、言われてみれば……。夢の最後ではある種、受け入れるわけですしね。
角野　ええ。彼女のなかの次男的な要素も開き直っていく印として少しずつ出来てきている。それが彼女の滑り台から落ちたのが何か彼女の原点やった、という風な言葉になってきているんじゃないでしょうか。で、彼女がそういう世界に対して少しずつ開かれていくと、ご主人もこういうふうに変化してというのは、ちょっとわかる気もしますけど。頭を打って彼女自体もシャーマン的世界を受けていけるようになってきているっていうのかな。元々彼女はそれを忌み嫌っていたわけだから、それとの繋がりをもっていけている。最初の夢のところでありましたけど、エイリアンじゃないけど、向こうからやられて逃げていくっていう形から、最初は知らない島に送られてそこはどうも侵略者に統治されているみたいだけど、しかし、彼女のなかの次男的な要素はそれに対してこう行くよって少しイニシアティブを取れている。それは彼女の症状に対しての見方が少しずつ変わっていってることを示す。それを「原点」という形で言えている。彼女のなかに繋がりと納まりがよくなってる分だけ、やっぱりご主人も影響された。次男のこういう「僕は学校に行かなくてもいい」ときっぱり言ってくれているところで、前からの成長というか、いい方に変わってきているなあということを夢の方で感じますね。
川嵜　今言われた感じはすごくあると思いますね。原点として、頭を打つことをもう一度体感を含めてご主人とやっている感じもありますね。
角野　うんうん、ああ。あの今言われて思いついたんですけど、そうそうご主人が怪我してケアしてるときに、自分にその体感が戻ってるんやね。さっき言われたように、自分のその原点をもう一度甦らせてご主人に対してそれをケアしてるんやね。それは自分をケアしているんやね。それが出来るようになってるんですわ。それは夢が次男が出てきているっていうところで、自分もそれを呼び起こしてそれをもういっぺん戻して、それを自分として癒やすのにご主人がまた背負って、ご主人が最初の段階に戻らせてくれて、ご主人がまあ言うたらその役割をしてくれて、ご主人をケアすることによって自分をケアしているという。
川嵜　そのように言われてみたら、ご主人のあり方は面白いですね。使われてるというか（笑）。
角野　そうやね、シャーマン的に使われてるね……。いやあ、まあそうでしょう。結婚したのもそうやった。結局それで結びついたわけやから、ご主人もわかってるんでしょ。無意識にね、彼女と結婚したってことはね。自分のそういうところ変えてくれる。彼女もそれで変わっていく。お互いの抱えたものでつながってやっていくんだ、と。スパッと結びついたんでしょうね。それはすごい力で繋がったのでしょうね。
川嵜　ご主人の実家も相当に課題を抱えた家という印象があるんです。それは、けっこうすさまじい話で。そういう話を聞いていると、ご主人の実家のなかでは、まだこのご主人が一番健康度が高いんだなと感じました。というのは、一番、可能性をもっているという意味ですが。そういう、それぞれ自分自身に関する課題をやっていくために、夫婦が互いを互いの課題に関する触媒として惹かれたところはあるんだろうなと感じますね。
角野　そうですね、ご主人はまだ可能性のある人ですね。それで、選んだ相手がこのクライエントっていうのは面白いね。そこに秘めたる可能性は絶対に察知していた。けど彼女自体も宗教やシャーマン的なものを拒否してる。ご主人もそうでしょう。それをきっちり拒否してくれる人じゃないといけないけれど、可能性ももってないとだめです。両方やね。二人でやっていく、という。結婚てやっぱりそうやろうね。ほんとの結びつきは。
川嵜　そうですね。だからこそ、逆にAさんの「籍が入ってない」という反復夢も生じてくるわけで、そこにはいろんな意味があると思います。
角野　ありますね。
川嵜　角野先生が言われたような意味での「本当の結びつき」としては、そう簡単に籍を入れることはできない。ご主人も途中からセラピーを受け始めたりして、ご夫婦が互いにそれぞれの課題を深めつつ、しっかりした絆を結んでいかれます。
角野　ご主人との組み合わせも絶妙やねえ。

《夢5》——雪山・黒い雲の夢（四頁参照）

角野　気づいたらもう足元に雪があったんですね。かなり積もってるところもあるんやね。これ、わざと自分の意志で、雪が積もっているところにズボッとはまるんやね。「衣服が汚れるが楽しい」この汚れるのが楽しい、というのも、衣服ですけど身体の部分もあるのね。クライエントのなかに内臓とか血や生理とかそういうものに対して汚く感じるっていうのがあったけど、これは身体やけど、ちょっと身体に接する部分としての衣服が汚れてても楽しいというのは、そういう意味の自分が何かと関わったときに汚れてしまうということに対して、ずいぶんこの人は慣れましたね。内面の世界というか、シャーマニスティックな世界に対して。ずいぶん慣れたというか、むしろ意図的にわざと雪にはまってみるというか、そいういう余裕というか、なにか抵抗あったものに対して抵抗がなくなってますね。雪やからもう一つ安心というかな、水とか海とかではなくて、もうちょっと固形でやっぱりふわっとしてるから、その辺でもいきなり海にとかじゃなくて、少しずつソフトというか二段構えになってますね。
川嵜　ああ、なるほど。それはおもしろい視点ですね。考えたことなかった。
角野　ある意味安全というか。
川嵜　この夢で、夢見者が雪に触れることを角野先生はシャーマニスティックな世界を彼女がかなり受け入れられるようになってきたと見るわけですね。
角野　僕は、ひとつそのように考えてみたんです。

次に、「黒い雲。その下を通ると雨や雷に会い。その黒い雲」っていうのは逃げていこうとするんだけども、こう「そこを通り抜けようと急ぎ、するとまた黒い雲の下に」だから、やっぱりこの黒い雲も彼女にとって距離を置いておきたい。そういう世界に対して向こうは来る、彼女はすごく嫌がる。彼女はそれが来ると、雨や雷にあってしまう。で、逃げる、しかし向こうは近づいてくる。そういうイメージなんでしょうね。実際、きついことはきついんでしょうね。雨や雷になってしまうんで。だけどこれは逃げられないのかなあって感じで黒い雲の下に行ってしまうんだけど、彼女はちょっと距離を置いて空を見てみると、必ず青空の下に黒い雲が流れている、ということに気づくんですね。

この辺がやっぱりずいぶん余裕が出てきているというかちょっと客観的に見れているというか、そういう意味では症状などに慣れてきた。ひょっとしたら以前に比べるとずいぶん抵抗は少なくなってきているんじゃないですかね。症状的なものというか……。慣れてきたというか……。でも、これ青空は青空なんやね、一面のね。青空も太陽がサンサンとなっている。青空と黒い雲かあ……。うーん……。逃げようとするとやっぱり黒い雲は、あたかも追いかけてくるように彼女の上に来る。やっぱりまだ彼女にとっては黒い雲なのかなあ。川嵜先生はこれどう思われました？

川嵜　僕は、ちょっと相反する二つの見方を重ねて見てたんですけど。つまり、突き抜けるような青空がこの夢見者のシャーマン的な世界だとしたら、黒い雲はそのシャーマン的世界に着いた染みというか、超越的なものが落剝してきて人間的な世界の様相が生じてきている印象がまず一つしました。これは、前段の雪山の雪が溶けかけていることとパラレルに対応しているわけです。つまりは、シャーマン的な世界から人間の世界の方向に夢が動いていってるという見方です。

で、もう一つの見方というのは、雷雨を落とす黒雲は、むしろ人間を超えたシャーマン的世界の表象として現われてきていて、前段での雪解けという人間化に対して、もう一度シャーマン的世界が厳しく夢見者に迫ってくる。彼女はそこから逃れようとするが、雲（超越性）はそれを許さない。そうすると、その上にある青空は、超越の超越というか、超越性と人間性の間で着地点がみつからないクライエントの今後の可能性を示すもののようにも感じました。
角野　青い空と黒い雲に関しては、ちょっと一対一対応にしたら、自分のなかでまずいかなあと思ったのだけれど。青い空は上空に一面広がっているんですよね。黒い雲っていうのは部分的にぽこってあって。それはちょっと超越的なものとは違って対比されるものかもしれない。
川嵜　この黒雲にそういう面は一つあると思うんですよね。むしろ、超越的なものと対比的な意味をもっている穢れというか染みというか。この人はそこを通りぬけて青空に行きたいと思う。
角野　うん、行きたいっていってるね。青空が一面に広がる世界にいるってことは、川を挟んで雪山が向こうにあるのと一緒で。川嵜先生はそれを超越的なものと言ったけど、そういう世界はこの人にとっては元々人間やから住めないですよね。そういう意味で逆に黒い雲があるから助かっているっていうかな。雨や雷に会うからこそ助かってる。だから逆に、僕は雨とか雷に偏頭痛とか耳鳴りとか不安発作に関係づけてしまってるんだけども、症状があるからこそ助かってるっていうのかな。
川嵜　それは、大事な指摘だと思いますね。症状ややっかいだった夫婦関係がこの人をこの世に住まわせている面はあると思いますね。
角野　黒い雲がなくなって一面に青い空が広がったらこの人、生きていくのは無理やって感じするのね。逆にね。だから確かに黒い雲が来て厄介は厄介やけど、これに対して彼女は忌み嫌って逃げようとするんだけど、実は彼女がこっち・現実で生きていくのには非常に重要で、それがなければ、青空一面の下で生きていくっていうのはまず無理な気がする。だからこれが川を挟んで向こうになる雪山と同じ形だというのは――川嵜先生と同じ意見やけど――っていうか僕も聞いたから影響されてるけど――この二つはやっぱり並列ですね。

向こうの雪山はあきませんよ、川挟んでこっちですよ、と。こっちも雪ありますやん、と。汚れることもできるんや、と。でも後半の方も青空は一面に広がってますよ。そこは黒い雲で覆ってもらってね。傘のように覆ってもらってやらないと。いきなり青空のところに行ったら、あなたは干上がってしまいますよ。スッと吸い取られてしまいますよ。黒い雲はあなたにとっては嫌で、追いかけられているように思うでしょうけれど、しかし、それによって一面の青い空——超越的な世界——から守られているんですよ、と。少々雷があって雨が降るかもしれないけど、それであなたは助かってるよ、というふうに感じましたね。
川嵜　なるほど。彼女にとっては青空の下に行きたいんだけど、現実に彼女がこの世に生きていくという意味では、青空の下にそのままさらされたらむしろ危険で、その黒い雲が逆にかぶさっているところで助かっているところもあるんじゃないだろうか、ということですね。そこまでは彼女は気づいていないけれど、でもその構造には気づいてますよね。角野先生がさっき言われた、症状が雨とか雷とかに繋がるというのもよくわかります。
角野　ええ、ドドーンときてザザーと音と。音と叩きつける感じね。
川嵜　そうそう、この人の耳鳴りは油が煮えたぎるような音がするそうです。
角野　僕は晴天の下の世界っていうのは危ないような気がする。これは風景構成法でもそうですね。空が広がってるとものすごいんだけど、真っ青な空っていうのはサイコーティックな人にはものすごい危険な気がする。だから雲がもくもくって出てくるっていうのは逆にすごい安心するね。だから空がスカーンと広がってるっていうのは、サイコーティックな人にはものすごい危ない。雲はそういう世界からちょっとクッションを置いてくれるっていうのかな。少し妨害してくれる。それで、こちらは安心するんです。
川嵜　ちょっと穢れが入ってる方がいい。
角野　そうそう！　入ってかないと危ないって気がしますね。
川嵜　スペインの紺碧の空とか見てたら気狂いしそうな気がするという人がいますよね。

角野　うん。あれは逆にこういう体験をもってる人から見たら非常に危ないし、恐いし、魅入られれば魅入られるほど逆に危ないっていう感じはしますね。
川嵜　魅入られる。
角野　やっぱりそういう世界に開かれている人ではあるけれども、導き手がなければ非常に危ないって感じがしますね。彼女はシャーマニスティックな世界自体を最初嫌ってしまったんでしょうけども、導き手を捜すとかそんなのなかったんでしょうけど。しかし彼女はそういうところで生まれ育っている部分があるから関わらざるを得ないですよね。そしたらどうしたらいいかっていったら、導き手がいなければ症状を出すしかないのとちゃいますか。出ないとちょっと危なくてね、この世に生きていけないです。
川嵜　マスターとか師匠とかいたら違うんでしょうね。
角野　あー、全然違うでしょう。シャーマンの世界ってそうでしょう。危ないでしょう。流れている。流れるんやね。流れるから症状が動くんやね。症状がきつなったり弱くなったり、急にスカッと晴れたり。だからやっぱり症状がスカッと晴れたら危ないんですよ。どんよりちょっと曇ってる方が安心や。そういう意味がある症状。この人が生き残っていくための症状としてあるならば、この黒い雲が晴れるがごとくに症状が取れたら逆に危ないですね。それはちょっと繋がるんじゃないですかね。これは経験的にもそうやね。患者さんが幻聴が急に消えましたとか言ったら、恐い。危ないと思う。危ない状況になる前触れであるとか。流れるものですんでね、強くなったり弱くなったりするんですけど。流れすぎて切れてしまうと。……ユダヤ教の人は頭に小さな帽子のようなものを載せるもんね。あれ知ってます？　平らで薄く、頭頂部から少し後頭部にかけて被うようになっています。なんで頭に載せるか。こういうやつね。
川嵜　いや、知らないです。
角野　あれは、もともと天と頭の天辺のここが繋がってるから、いきなり繋がると危ないから防ぐ。雲みたいなものです。ちょっとこの雲なんかと繋がるのかなあ。天と繋がりすぎると、雷に打たれるってことやねえ。しかし、繋がるのがいきなり天からだとちょっと恐ろしいですね。しかも、魂が天へ連れて行かれてしまうので。

川嵜　ははあ、おもしろいですね。すごすぎるものに直接触れると危ないという。関西の臨床家はよくご存知の加藤清先生という少々ぶっとんだというか、超越してるというか、なんといったらいいのか（笑）、畏敬すべき精神科医がおられますよね。加藤先生は樹とか大好きでよく抱きしめるらしいんですけど、樹齢千年超えるような樹に抱きつくと「持ってかれるんで、危ない」って言っておられました。四、五百年くらいがちょうどいいって。樹齢五百年の樹と波長が合う人間というのもすごいと思うけど（笑）。

角野　僕チューリッヒにいたときに、山によく行ったんです。チロル地方のサンティスという山があって、非常に険しい男性的な山なんですけど。ケーブルですぐ頂上に登れるんです。途中、ハイウエイがあって車をちょっと道路わきに寄せて歩いていくと、そのサンティスという山がいきなりね、いきなり岩がガーッと競り上がって頂上まで繋がってる所があるんです。そんで僕歩いて行ってね、そのサンティスの岩盤の前まで来たときに、パッと見上げたら千メートル以上の世界が「うわっ」て見えたんですよ。すごかったよやっぱり。「俺は山と対峙したなあ」って。それはほんとにエネルギーって言うか、霊的なものがすごくあるっていうのを強く感じましたね。日本て森のなかでしょ。どこが出発点とかわからんけど、向こうは山がいきなり大地から上がってるんですよ。だからほんとに一対一で対峙しているっていうのが明確になってね。

川嵜　それは、包まれるという感じと違いますね、きっと。

角野　違います。恐い。厳しいというか。怖いというか。一つのまとまった存在というか、非常に強く感じますね。ものすごい面白い経験でしたけど。ヨーロッパの山って面白いね。すごいある意味恐かったけど、だから自然はやっぱり木とか岩とか空じゃないけど、ちょっとやっぱほんとに人間を超えてね。表現しようのない存在ですね。それと対峙したらひとたまりもないですよね。あれはやっぱり修行が必要ですね。絶えずそことうまーく関わりながらね。いかに直接に関わらないで。少し少しずつ、それこそマスターがいればいいと思うんですけど、関わり方を知って。だから風景構成法ってすごいですよね。山、川、空。そういうのと関わらせるわけですからね。絵、というものを媒介にして。まあ比較的安全ですけどね。
川嵜　山のイメージもずいぶん、日本と違うんでしょうね。
角野　あー、違いますね。向こう行って全然変わりましたね。うーん。登るのもね、よしあしやけどね。登りましたけどね。しんどなりますもんね。どうやって登るんかなあ、みんな。やっぱ登りながら祈るんかなあ？
川嵜　日本だったら、白装束着たりとか。
角野　着ないと無理ちゃうんかなあ？　登ろうと思ったらね。下で対峙すること自体しんどいのに。
川嵜　そういう意味でも、この夢の黒雲は、「守り」というのかな、そういうポジティヴな面をもっているという……。
角野　そう、ポジティヴな面もあると思います。

《夢6》――川の中の家の夢（五頁参照）

角野　構造上は平地から見ると一階建てに見えるんだけど、川の中に建てられてるから、地上一階、地下二階。地下二階の分が川の中やないですか。道から見ると一階建て、地下一階、二階は川の中ですね。一番下の部屋に降りて行くっていうのは、本当に川のもうちょっと中やね。それが川の中やから部屋はやっぱり川の中にあるわけですよ。片面はガラス張りになっていて、もちろん泳いでるものは見えますわな。で、川の水の重みで天井が少し凹むってことは、地下一階と地下二階の天井なんやね。地下一階と地上一階だったらそんなに水の重みはないはずですわ。だからやっぱり地下二階があるからこそ、地下一階と二階の間が水の重みで凹んだり漏れたりするんでしょうね。で、ちょっと漏れてきてるんだ。

川嵜　ええ、たぶん、そうです。その辺り、細かいようで、すごく大事なことですよね。
角野　うんうん。「この部屋だけは家族の楽しみなのでアドヴァイスを聞くことはできない」って言ってるね。「その家の人は」ってことは、彼女はこの家の家族やないってこと？　知らないところ。だけど、クライエントはその家に入ってるわけね。最後は入ってる感じやね。ひょっとしたら最後は自分のうちになってるのかなー。そこまでいってるかはわからんね。「どこか知らない場所の川沿いの家に来ている」。そやね、最初はそやね。見知らぬ家やね。
川嵜　そうですね。
角野　建築士ね……これはやっぱりこの世の人ですかねぇ。川っていったら、川嵜先生がよく言うこの世とあの世の境目の境界線みたいなところがあって、三途の川もそうだし、いろんな川も。さっきの雪山の夢もそうで。その境界に家を建ててるね。まさに意識と無意識、こちらとあちらがちょうど結びつくところに、家という、自我とも言えるし、関われる接点を表わしているんでしょうね。しかしそこは危ない。軋轢のある、一番きしむ部分で、この人が言ってる危険な場所じゃないですか。そういうものはこの人はどこかで感じてるんじゃないですか。夢分析を通して。そして、この夢はひょっとしたら意識と無意識の接する場所として出てるのかな。
川嵜　ほうほう。
角野　建築士の立場、すなわち自我の立場からいえば、ここは気をつけなあきませんよ、と。しかも地下二階一階というのは本当に無意識との接点というか漏れる可能性がある。ここの建築をしっかりやらないと流れ込んできますよ、家が潰れてしまいますよと、そういうことを自我の立場から、こちらの世界の立場から警告するでしょうけども、やはりそれはそれ。危険はあるけど得るもの、目を見張る宝、クリエイティヴなものがあるかもしれないと。
川嵜　それは、自我の立場ではなく、水が流れ込むことによって得られるものということですね。

角野　そうそう。赤い鯉なんてそんな感じで、川の中で泳いでいる夢の中から取り出せる非常に有用なものがいっぱいあって。このおばあさんというのはクライエントの全然知らない人やね。親戚とかそんなんじゃなくて。その人は、こういう無意識のなかにある光り輝く宝とか役に立つものとかクリエイティヴなものを、自分のモノとして活かせるんやね。使えるというか。餌付けできてるというか。川の中入ってくしね。だけれども、そこはやっぱり無意識と自我の接点があるからこそ、可能性がある。けれどもじめじめした空気や湿気や湿度が高くて、もともと危ない場所やと。そういうものに目を奪われて、無意識から得られるいろんな美しいものに目を奪われて見入ることで一瞬我を忘れてしまうけど、しかしそれは非常に危ないんだと。彼女自身が夢分析を通じてね、自分の無意識だとか知らなかった世界、シャーマニスティックな世界、ずっとルーツとしてあった世界に対して、相当関わっていけるようになってると思うね。川嵜先生との分析を通してね。だけど、また別にそれは気をつけないといけないというのもわかってるというところで、この夢分析の意味を、この方はよく理解されているんじゃないかと思うんやけど。
川嵜　夢のことは本人の連想というか、そういうのを聞いていても、よくわかっておられる方だなと思いますね。
角野　文字どおりこの夢はそれをちゃんと証明してくれてるんじゃないですかね。危ない危ないと。しかし赤い鯉のように非常に美しい、活かしていけるものをもってるんだと、しかしその接点に立つことの危なさっていうのは重々知ってるんじゃないですか。これ、面白いのは、建築士の立場から言えば危ないでしょうね。でも、おばあさんの立場からは、これだけ豊富にあるんやで、って。セラピストと一緒やね。僕らもそうですね。両方もっとかないとね。まさにアナリザントがそのセラピストに近づくという感じありますよね、これね。僕らも非常にこういうこと気をつけてやってるわけで。
川嵜　そうですね。川の中を無視したら、そりゃ楽に家は建つかもしれないけれど、大事なものを欠いて、それは建ってるのかもしれないし。一方で、川にあまりに安易に深入りして家を建てようとすると……。

角野　なしになってしまうし。まぁギリギリですわな。そりゃわかってるんですよ、僕らも。建築士のいう「ここ危ないですよ」いうのは。でもわかりながら、おばあさんのように無意識に対して関われる、手なづけていける、それをうまく使っていけるという、危うい世界に入っていかなあかん。だから、両方の世界に自分の場をもっとかないといけない。その兼ね合いやね。びびってしまったら、建築士の意見ばかり聞いてたら、それは建物としては安全かもしれないけど、川の中、無意識と関わっていくという仕事としてはやっぱり、建築士の意見ばかり聞いておってはダメですしね。一般的な治療でね、現実を重視する、建築士の言うことはものすごく大事だし絶対聞かなあかんけども、僕らはそれを聴きながらも、おばあさんのやっている川の中に入っていって、そこと関わっていく、無意識と関わっていくということをしていかなきゃいけない。そこはやっぱりじめじめした空気が漂っているし危険でもある。そういうとこに入っていかなあかん。そういう危険な仕事ですよね。彼女はそれをアナリザントとしてわかってて。僕らも病気すること多いですし、当然入って行くわけですから。アナリザントと一緒で自分の中・無意識に入っていくわけですから。それを言ってくれて、本当にその通りです、と。
川嵜　道の方から見たら一階建てで、でも別の視点からみたら本当は中に入ってるっていう、その在り方はなかなかいいなぁと、最初、思いました。
角野　面白いですね。面白いのは、この表現からいくと、地下一階、地下二階があるのだ、と。
川嵜　そうそう、だから地下の方が比重が重い感じ。
角野　地下二階は地下一階とちょっと違うで、と。地下一階はまだ安全なのかもしれないですね。水の重みが天井をへこますことは少ないかもわからんね。でも地下二階はもっと漏れやすいんやね。深い分だけ、水圧がもっと強いはずだから。これはちょっと無意識に層があるような感じするね。「この部屋だけは家族の楽しみなのでアドヴァイスを聞くことはできない」。これね、だからね、ドクターとかがね、「薬飲んで現実生活ちゃんとやっていきましょ」って言うことに対しては頷けるんですよ、建築士の言うことを聞いてね。でも、この人はそれだけじゃダメなんでしょ。アドバイスは聞くことができないって言ってるから。これはおばあさんの方向でやっていかないと納得できない。危ないのはわかってるよと。それは川嵜先生との仕事やね。ま、両方の仕事ですわな。おばあさんへの協力、建築士への協力。両方してますよね。両方ないとだめ。それを、このクライエントは非常によくわかってる。

《夢7》──両親への怒り・剃刀の夢（五頁参照）

角野　何か言うてましたかね。これは最初は現実の問題とダブってる感じやね。でもこれは夢の中で両親像にはっきり言えてるんやね。怒りをぶちまけてね。それはこの人にとってはやっぱり大きいことじゃないかなぁ。この「あなたたち三人が私と同じように家の手伝いもし、アルバイトもし、成績もよかったなら」、彼女もやっぱりこうだったんですかね。
川嵜　実際そうだったみたいです。子どものころから、頑張ってやってたみたいですね。
角野　この方の家族構成というのは、ご主人、お父さん、お母さん……。
川嵜　お姉さんがいます。二人姉妹。お姉さんは、お母さんから「お姉さんは天使で、おまえは悪魔だ」と言われてたみたいです。これは、僕の表現なんですけど、Aさんのお姉さんは、自分の自我をなくしてたみたいなところがちょっとあります。Aさんは、姉とずっと仲が悪かったんですけど、心理療法を受け出してから、お姉さんの方も気功やヨーガをやりだして、するとものすごい怒りが内側から湧いて来たりするようになったんです。今まで眠ってた赤ちゃんみたいだとご自身で言われて、お姉さんもそれからずいぶんと変わっていく。母親と姉がぶつかり出したりとか。そういう経過を踏まえて、お姉さんとAさんはすごく仲良くなるんです。だから、子どものときは、お父さんは酒飲んで、暴れたり暴力ふるったりする人で、すると母親はパニックになる。そういうところからお姉さんは自分を殺すことでなんとか距離をとっていたところがあると思います。それで、Aさんだけが、母親の不安や不満を「ゴミ箱のように」聞く役割になってしまったみたいな意識をクライエントさんはもっておられました。
角野　この辺は、彼女がずっと感じていた怒りをストレートに両親像にぶつけられているという意味では、現実面のレベルではずいぶん生きていきやすくなったでしょうね。両親との関係とか兄弟との関係。ただまぁ、内面のレベルでの両親像っていうのはやっぱり悲しみや思いは通じないって言ってるからまだまだやね。ただその女性三人はこれは彼女の女性像やね。彼女に対して批判する部分があって、でもそれに対してもピシッと言ってるね。これはやはり同性の女性に対してピシッと言えるようになってきてるということは、お姉さんの関係も言われてたけど、友人関係もちょっとは楽になっているでしょう。
川嵜　友人関係に関しては、この人が今でも続いているテーマがあるんです。彼女は、友人は少なくないんですけど、誰にも彼女がビジョンを見ることがあるとか、シャーマン的な資質をもってるといった類のことは言ってないんです。それは、変に思われたくないからなんですが、にもかかわらず、友人が妙に深い打ち明け話を彼女にしたり、それに対して彼女が自分でも意図してないのに、相手の問題の核心を突くようなことばが口から出ていったりすることがあったようです。それがますます多くなっていっていた時期だと思います。
角野　なるほど、そうなんですか。ちょっと、この後出てくる男性像に話を移しますが、男性像との仕事をしていくと同時に、その男性像の裏に、もっとこの彼女にとって大事な、というか初歩的な、女性像の仕事があると思うね。だから、どちらかというと、女性はやっぱり無意識との関わりが大変になったときにまず最初に男性像が出て来て、まず最初に男性像との仕事が多い。それはやっぱり無意識との関わりということで、僕その辺はユングの考えに納得することがあるんだけど、それは女性の場合はまず男性像と絡んでいってそこで男性像と仕事をしていくということです。そこである程度男性像と繫がりができてくると、無意識との繫がりもうまくいって、そこから本当に元に戻るという形で女性像とやっていく。だから川嵜先生との絡みもあるし、彼女のなかにある男性像との仕事をしていくことによって、彼女はそこから元々ある女性像やさらに母性像との仕事をしていく。

それから自分の同性との内面的な仕事をしていくと、今までの友人関係がすごいスムーズにいって、それが彼女の現実に生きていくというところに非常に強い支えになってくれる。この夢では、最初は、まだ女性像ちょっとネガティブですね。それを最初に出しておいてこの夢でもっとも大切な男性像が出て来ている。若い男性というのは始めはネガティヴな男性像で出て来ていて、ヨットの夢では、どっちに転ぶかわからない男性像でなんともいえなかったけど、この《夢7》では、あぶなくて、恐しいけれど、これはやっぱり彼女にとって繋がれる男性像になっていると思うんです。それは、彼女のアニムス的なもの。しかし彼女にとって初期の形はネガティヴでしょう。それは最初、致し方ないけれども。だから、アニムスが一番得意とする切断する機能から始めるわけです。それをカミソリというかたちでもってくる。

川嵜　ええ、ええ。切る。

角野　しかし、本当だったらこの方はこの若い男性像と直面しないといかんのやけど、川嵜先生が彼女との治療関係のなかで相当な関係を結べているから、彼女は川嵜先生という男性像をうまく活かせられるんですね。つまり、川嵜先生が中間に入る。その川嵜先生が大きな活躍をして、彼女と男性像の間にうまく入って切らせ合いをして、微妙な差でいわば彼女の本来もっている非常に攻撃的な、傷つけていく、切っていく、まだ若いプリミティブな男性像に対して、川嵜さんが盾になっていく。そして、その若い男性像を変えていける力をもった川嵜先生という男性像を、彼女は活かせてると思うんですけどね。

それこそ血を入れ替えるという感じですね。彼女はやっぱりこの若い男は助かって欲しいというのは、この人ものすごくよくわかってるわ。この男性像が彼女自身の男性像であってこれを活かしていかなければいけない。川嵜先生という男性像はセラピューティックな部分で助けてくれる仲介的な人だけど、この人にとっては若い男性像が変わらないと駄目です。川嵜先生というのはやっぱり最終的には抜けていかなければならない。
川嵜　抜けていく……。なるほど。それは大事ですね。
角野　でも、この治療のなかでは彼女にとって非常に守りになってくれている。間に入っていって。すごい真剣な命懸けなことをやっていってる。これは、川嵜先生が彼女とやられている仕事が、本当に命懸けでやられてるんでしょうね。それを彼女はよくわかってるんだと思う。で、微妙なやり取りのなかで、少しずつ少しずつ切っていく。グサッといかない。なんでグサッといかないかと言うたら、間に川嵜先生がいるからよね。川嵜先生が間に入ってなかったら、この若い男はひょっとしたらこのクライエントをグサッとやってる可能性もあるよ。アニムスはそういうところあるから。いきなり出てきたらバッとやってしまうから。だから、それをやらさなかったというのは川嵜先生という男性像が入ってたからでしょ。これ、若い男性と女性であるクライエントのペアだけであったら危ないと思う。もちろんそれでも立ち直っていくんだけれどもね。でも、その場合、やっぱり現実でも相当しんどいし、うまくいってもリスクが高いですね。これは、川嵜先生像がちゃんと間に入って、治療の守りがあるから。男と男でしょ、だからグサッといかないよね。
川嵜　男と男の場合はグサッといかないというのは、男性イメージが切る役割で女性イメージはそれを受ける役割なので、男女の場合、グサッと入るけれど、男と男だと両方とも切る立場だからグサッといかないということですか。
角野　このケースの場合、男と男との関係、いわば同性友情関係がうまく働き、抑制が効いたのだろうと思います。
向こうも慎重にしてこっちも慎重にできる。女だったら「やる‐やられる」が完全に固まってしまうからね。男のほうもやってまうし、女の人もやられてしまう。でもそこに男が入ると、こういうかたちでぎりぎりのところでうまくやれる。これは男性像同士頑張りましたなぁ。どうですかね？

川嵜　まさしく、この人のなかの男性像が頑張ったんでしょうね。お話を聞いていて印象深かったのは、治療者としての僕がだんだん抜けていかねばならないと言われたところです。逆に言えば、それは治療者像が彼女のなかにしっかりと内在していくということでもあると思うんですが、その萌芽というか、一つの形がすでにこの夢において生じている感じもします。つまり、夢の中の若い男も治療者も、同じ剃刀を持って、交互に同じように相手のなかに刃物を入れていくという、相似形のところです。これは、鏡像みたいですよね。この若い男性は親の味方をしていた人で、いわば、クライエントの親コンプレックスに寄り添う表象ですけれど、それがほとんど、治療者像と重なっていく。つまり、彼女のなかの「傷」が「傷」を癒やすというか、その「傷」自体が治療者なんだというか。僕はそんなことを思ってました。
角野　そうそう、この若い男性と川嵜先生が一緒で。お互いに傷つけあってるというところをやっている。
川嵜　この二人は、ペアとも言えて、「傷」が互いに「傷」つけ合う、というか「傷」つきの体験を再演すること自体が「治癒」に連なっていくという感じ。
角野　うん。女性が傷つけられて出血していくんじゃなくて、男性同士が傷つけあう。男性同士が出血するんやね。はぁ。僕の見ている女性のクライエントは、たいがい、「やる - やられる」という感じで、そのような男女関係がはっきりしていて、どんどん男性像に追い込まれていって、グサッグサッとやられていく。
川嵜　それは、ある種の強烈なイニシエーション過程ともいえるでしょうね。しっかりした守りがあることが前提での話ですが。夢のなかで女性同士でもそういうグサッグサッというのはありますかね？
角野　女性同士でもやられてしまう。男性同士が出て来て切り合うのは珍しい。男性像は治療者をも傷つけて、攻撃的で彼女にとって傷を負わせる人。だけど、治療者像も傷ついてるんですよね。凄いことやねえ。ほんとうに治療的な場面やなあ。
川嵜　同じカミソリ持っていて、互いに自分の身を守って相手を切ろうというチャンバラじゃなくて、お互いの首を差し出している。その辺が面白いですよね。
角野　そうそう。だからあの、治療ってそんなとこがあるのかな。治療者像が傷つきながらもすんでのところで治療者はやられない。相手側がやられて変容する紙一重で治療者像は助かり、相手はしっかり倒れると。しかし相手が倒れ変容するためには治療者像が傷つくことは必要だと。そういう間隙間際のところで仕事すると。
川嵜　それは、一つの治療的な在り方なんでしょうね。
角野　そうやね、川嵜先生も男性像の一つやからね。治療者像でもあるけれど男性像の一つでもあるし。彼女のなかでは男性像がいろいろあってね。その男性像と男性像を、まぁ治療者とやるほうとの組み合わせで出て来て、こういう形で治療的な方向に向けていくっていうのは、面白いね。川嵜さんの治療的スタンスも反映されてるのかもしれないし。
川嵜　そうですね。たとえばこういうときに、相手をぶん殴ってクライエントを守ろうとする治療者像が夢の中で出てくる場合もありえますよね。そこらへんは、いろんな個性はあると思いますね。
角野　川嵜先生のスタイルがあるんですかね。肉を切らしてこちらは骨を切る。
川嵜　いや、骨切ってないし（笑）。そんなスパッとしてなくて、カミソリで示されているように、なんかじわじわやってる。
角野　なんかねちっこい感じで（笑）。危険にならないようにじわじわじわじわ（笑）。スパッといかない。なるほど。そうかそうか。で、どう展開するかやね。男性像はいろいろ出てましたか。
川嵜　僕は、あまり「男性像」という視点で夢のなかに出てくる人物に注目してなかったのでうろ覚えですけど、でも、見知らぬ男はわりと出てきましたね。あと、旦那さんとか次男さんとかはよく出てきますね。

《夢8》――熊の母子の夢（六頁参照）

角野　これはなにか連想はありましたか。
川嵜　例の幼少のころに、滑り台から落ちたことをやっぱり連想されて、そのときの自分を自分で手当てした感じだと言われていました。
角野　ああ、言ってます？　ふーん。これ、熊を出すっていうのは、動物的というか、母性の結びつきを連想させるようなものを感じますね。熊ね。この人はちょっとやっぱり個人超えるね。
川嵜　それは母‐子の軸として、熊の親子をもってくるところから？
角野　そう、熊をもってくるところから。ちょっと本当に個人レベルのではなくて、超越的なものとか、もっと深い部分とか本能的な部分というものと繋がりの強い人やね。だから、彼女が言われた自分で自分を癒やしているような感じいうのも、もしそれをやるなら母熊仔熊のレベルまでいかなければならない。繋がりが。だけどこの母熊はやはり途中でいなくなるんやね。これは彼女にとって現実のお母さんはそうかもわからんけど、彼女の内面の母親像も現実の母親像がそれに従ったというような感じで。
川嵜　ええ、そんな感じしますね。
角野　個人的なものがあってというより、もともと普遍的なものがあっての個人史があったというかね。
川嵜　そうそう。そんな感じで私も見てました。いわゆる個人史的な「外傷」体験とかいうのではなく……、個人史上での「外傷」でなければ、それはすでに「外傷」とは異なる何かなんですけどね。
角野　頭打ってお母さん見てくれなかったというけど、それはなんていうか、個人的なお母さんが手当てしてどうかという問題じゃなくて、この人がこの世に生まれ落ちたときにすでにそうなんだという、そういう世界でしょ、この人は。

川嵜　そう。まったく、そう思いますね。つまり、滑り台の事件は原因ではなくて、むしろ結果とさえ言える。
角野　そうそう。現実はそれに従っていくわけやから。大きな流れに現実がくっついていくわけやから。
川嵜　この人もどこかわかってるんでしょうね。「原点」という彼女の表現がすでにそうだと思うけど、外傷体験があったから自分はこうなってしまったという物事の捉え方より、もうちょっと大きな枠組みで見てるというか。だから、ＰＴＳＤ的な意味での外傷体験というとらえ方とは違う。
角野　違うでしょうね。流れがあってそこに入り口があったと。たまたま入り口が外傷を呼び込んだと。そういうことでしょ。
川嵜　そうですね。彼女も、どこかでそれをわかってる感じがしますね。少なくとも、彼女の夢はわかっている。
角野　「小さくて見かけはかわいいが、足の爪は長く鋭く伸びて危険」。自分でも自分自身のもつ危険性なんてよくわかっているんじゃないかな。そういう意味では、この人はやはりあるところ熊なんですよね。本当にこの人間の社会に確実に適応していくのかどうか。鋭い爪とかものすごい力もってるわけだから。
川嵜　そうそう。爪が鋭いというのは、去勢されてないということで。つまり、動物の、言い方を換えれば、「あっち」の世界のものを残存させつつ、「こっち」に来ているわけです。それは、ちょっとぶれるとエイリアンになってしまうようなものなんだと思います。
角野　まともな人として、現実に生きていくことは大変やろね。もし彼女がもう一度原点に戻ってみるとすると、その姿は熊なんやね。その熊のレベルから癒やしていかなあかんね。仔熊はだからまぁ、彼女自身やね。で、人間になった女の子は「死ぬかもしれない」ってね。これがうまいこと死んでくれたらね。ほんとに再生されるって感じでしょうね。月並みだけど。
この辺りで治療のプロセスとしては、どうなんでしょう。まだまだなんやろか。もちろんね、それは、果てしなく続くかもわからんけど、ここでは、入り口に戻れるんやね。でも、よく考えたら、これは入口のもっと前やもんね。そういう仕事になるんでしょうかね。この人の場合は。そのあたりは、どうですか。
川嵜　そういう感じしますね。最初の方で、角野先生が「この人、個人を超えるね」っておっしゃられましたけど、そういう意味で、普通の入り口よりももっと前の領域に関わる仕事されてる印象はします。
角野　あぁ、やっぱりそうなるんやな。もうそこに戻ってそこからもっともっと戻っていって、自分はどの時点でこっちの世界に生きるんかっていう仕事。
川嵜　そうですね。おっしゃられた通り、この世にどう生きていくかということが大事なテーマなわけで、ただ、そこに、そのなかに「あの世」をどう位置づけたらいいかというようなテーマが含まれることがこの人の特徴だと思うんです。治療のなかで、この人は自発的に、自分の生育歴を年表にしてみるということをしばらくずっとされていました。たとえば、幼稚園のころ、お母さんは自分をごみ箱として不安の捌け口に使ったとか。そういう形で、母親は自分のパニック状態をクライエントにしか見せなかったから、父親は母親のそういう様子をあまり知らなかったみたいなんですね。クライエントさんは、治療のプロセスのなかで、そういうことを両親と話し合ったりして、すると、一時期は両親の仲がまた荒れて、すごく悪くなったりします。そういう過程を通して、父親自身が自分のシャーマン的資質を否定して、神主を継がずに違う仕事に就いていることの内的意味をクライエントも考えていかざるをえなくなる。個人的な生育歴や家族歴に関する検討をしていっても、そこにやはり「あの世」のことが入ってこざるをえない印象はありましたですね。
角野　うんうん。そういうとこに入っていくでしょうねえ。

《夢9》――白装束の人の夢（七頁参照）

角野　この夢、僕は女性像が出てきたなという感じがします。これまでの夢で、川嵜さんとの間ですでに男性像とすごい仕事してきた。もちろん、この夢の前後にも夢があるでしょうから、そこでも、男性像と仕事をしてきたからかもしれないけども、彼女はするするっとうまく進んでいってるね。だから、ここでホントにポジティヴな女性像が出て来てますよね。
川嵜　男性像との仕事というのは？
角野　アニムスとの関わりをまずしていかなければいけないということがあるということです。それは、無意識との繋がりに関係している。その繋がりが悪いと、アニムスもちゃんとした働きができなくなる。そうなると、男性像は女性のクライエントに関して、ネガティヴな関わりしかできなくなる。内面では男性像が彼女を追いつめていくとか傷つけていくとか、攻撃していくようになる。これでもかこれでもか、って。そういう状態では、自我は女性像と繋がれない。それは、アニムスがネガティヴできついからです。
でも、そういうのを何回も何回も繰り返すことによって、アニムスもどんどん変わっていく。そして、やっとアニムスとの関係を繋げていけるようになることで、クライエントも無意識との関わりが非常にしやすくなってくる。そして、初めて、自分と同性である女性像が出てくる、ということが多いような気がするんですよ。だから、女性像が現われてくるまでが大変ですよ。この人の場合は、……まぁ前後の夢があると思うんで、いきなり《夢８》から《夢９》とかにポンと飛んだのではないと思うんだけど。それにしても、《夢９》においては、きっちりポジティヴな女性像に支えられてますよね。
川嵜　《夢８》と《夢９》の間は二か月くらいですね。この方は、毎回夢を十個くらいはもって来られるから、たしかに、この間にもけっこうな数の夢を聞いてます。
角野　ふんふん……。それで、山ではなくてやっぱり海か湖に行くんやね。垂直の下なんやね。あるユング派の分析家が言っていたかな、垂直に上がっていくよりも下のほうが意味深いことがあると。女性の場合は非常にスピリチュアルなものを求めていく場合に上へ上へと行くんだけど、それじゃなくて下に行くほうが意味深い。

川嵜　へえー。それはどうしてですか。
角野　彼女自身は修行といっているけども、内的な仕事をするのには下に行くことのほうがよりオリジナルなものになるのだと。確かユングも言ってると思う。上に上に行く修行というのは山の場合だと、ほとんどが先駆者がいるんやと。だからそれに先駆者がいて、ルートもある程度決まってるんで、上に上がっていく修行は型にはまっていく修行になるんだと。それは個性化にはあまり役立たないとユングは言う。さらに、上へ上へと行くことは、スピリチュアルなものに向かっていくということで、大地から離れていってしまう危険性もあるんで、インディビデュエーション・プロセス（個性化の過程）に関してはちょっとやっぱりまずい。一方、下に行くというのは自分独自のオリジナルなんやと。それは、一気に下降してしまう危険もあり、また明確な道がないようなもので、よりインディビデュエーション・プロセスに関わってる仕事なんだ、と彼は言ってる。
川嵜　へー、それはおもしろいですね。私もこのクライエントさんの方向として下向きというのが気になっていて、これをどのように考えたらいいのかと思っていたので。
角野　彼女はやっぱり自分の個人の独自なプロセスを行けてるんじゃないですか。高い山じゃなくて海に入っていってるっていうのはユングの言うまさにインディビデュエーション・プロセスというのがちゃんと起きてるということが言えるかもしれないですね。これ、しかも水底から水面に上がる方向がちょっとずれていますね。
川嵜　そうそう、そこのとこです。これをどう見るかが一つのポイントですよね。
角野　元の場所やなくて違うルートやね。これ面白いんじゃないかな。落ちるときは、落ちた場所が「その場所」になるんだけど、上がるときは「その場所」からちょっと違ってくるというのは、この人のインディビデュアルな部分が出てるかも知れない。
川嵜　そのインディビデュアルな部分というのは、もう少し言葉になりますか。
角野　本当は、最初に落とされた場所に戻る必要があるのだけれど、迂回して戻るのは、この人の現実の人生と似ているところがある。しかし、この分析を通して、彼女本来のインディビデュエーション・プロセスへ進んで行ったと思う。だから、インディビデュアルな部分というよりも、そこへ戻って行った状況を言っていると言い変えます。
水底まで一応着くんやね。「修行のようなもので最初に落とされた場所に戻らなければいけないことを知る」。最終的には自分のルートを取りながらも落ちてきた地点に戻るというのが一つの修行なんやね。インディビデュエーション・プロセスにやっと戻ってきたと言えるかもしれない。それを助けてくれるのが二人の女性なんですね。もとの場所に連れて行ってくれるわけですね。聖なる感じの女性やから、女性像というよりちょっとセルフに近いのかな。次元のちょっと違う女性像やね。普通の女性像じゃなくてね。だからすごい感動してるね。いやー、まぁ、無意識との関わりにおいてはずいぶん鍛えられましたね。
川嵜　ほんまにそう思いますね。
角野　僕、なんか本物のような気がする、というのはどういうことですか。
川嵜　本物のような気がするな。
角野　《夢9》のこの女性像たちが、彼女に本来の道を教えてくれた。これで彼女はやっと自分の本物の生き方を見つけていくことができるのではないかと思って。
川嵜　青空の下に黒雲があるという《夢5》がありましたね。その黒雲の下に入るんだけど、この人は、その上の青空を見ている。あるいは、《夢1》でも、水下に落ちていく自分自身を見た後に、上を見て太陽の暖かさを感じている。そういう夢を聞いていると、このクライエントの場合、下に向かうことが上へと開かれることになるのかなぁと思います。
それからやっぱり、超越的な世界と関係しながら人間の世界をどう生きていくかということが大事になると思うんですが、この人の場合、上から落とされて下まで行って、結局戻ってくるところが水面というのもこの人らしいというか。そこは、大地じゃないわけです。普通なら大地に立っているのが普通の人だと思うんですけど、この人の場合、もうちょっと流動的な場所に戻ろうとしている。川の中に建ってる家《夢6》もそうですけど、普通の家って川の中に建ってない。また、普通、家というのは定住する場所だから、何丁目何番地とか所在地がしっかり明示されるわけです。でも、水面って流動的なので所在地としては明確なポイントがあんまり定まらないと思うんですね。その意味で、水面って水平方向に関して流動的で固定していない特徴をもっている。さらに、それは、ちょっと沈んだらスーッとあっちの世界に入っていけるし、また浮上もできるという、垂直方向に関してもかなりフレキシブルだと思うんです。ただ、そういう流動的な場のなかで、ここが自分の場所だというポイントを定める、ここが戻ってくる場所だと確認しておく、これはすごく大事なんだろうなと思います。
角野　そうそう。「戻ってこなきゃいけない」って言ってますもんね。それが修行やと。本人もよくわかってると思うね。
川嵜　オリエンテーションが大地みたいに固定化してなくて流動的なんだけれども、じゃあなんでもいいのかというとそうじゃなくて……。
角野　じゃなくて、元の位置に戻る。下に降りていくっていうのは、海でなくってもかまいませんよね。地下に降りていくというのでもいい。でも、この人の得意は、最初の夢にもあったように、水の中に降りていくことで、この人の一つのパターン、やり方やと思うね。
川嵜　《夢1》ではそれをヴィジョンとして見てて、《夢3》では次男が水の中に落ちて、クライエントはそれを引き上げるポジションでしたけど、《夢9》で、この人も入ったっていう感じ。
角野　やっと本人自身が。落とされたって感じやね。落とされたんだけどちゃんと入った。修行だから落とされたんやろね。
川嵜　滑り台から落ちたのもある種、本来的には同じ意味をもっていたはずなんでしょうね。

角野　そうそう、でも水面までは自らの力で上がってきた。無意識の力を借りてだけど、入っていって上がっていって、しかも自分の役割がわかって同じ地点に戻ってくることができる。それが、人間を越えるような二人の女性に支えられてやっているっていうのは、まぁ、ヌミノース的な体験だからね。底まで入っていくわけやしね。
川嵜　また、そういう「あっち側」に属する聖なる女性たちが、水底から水面までの垂直な過程を付き添うんではなくって、夢見者が水面に顔出してから、水平方向に動こうとするときに付き添ってくれるのは、僕なんか面白いんですね。
角野　そこは、充分安心できる部分というか、やっぱり力ある人なんでしょうね。
川嵜　安心感はありますね。崩れて大変な行動化をしたり、発病したりするんじゃないかという心配はしたことがありません。
角野　それは大きいね。この人の夢に出てくるイメージのレベルでいえば、《夢２》のエイリアンじゃないけど、深いレベルですよね。こういう夢見る人で、いろいろな症状を起こす人は混乱を起こすからね。この人の夢くらいのレベルまで行けば。
まぁ、そこに行くか行かないかは、その人の自我の力とかもってるものの力によりますね。この人みたいに戻ってこれる力もあるなら問題ないけど。自我が弱かったり環境が悪かったり、たまたまそのときにいくつも大変なことが重なったら、それはもうスポッといわばサイコテティックに近い世界に入るからね。この人はそういう危うさがない人やね。すごくいいですね。

《夢10》――超能力・巨大な竜の夢（八頁参照）

角野　うわー。もうこうなったらこういう感じになるんやね。
川嵜　こうなったらこういう感じというと（笑）？

角野　修行っていうか。さらに進んで、行くわけやね、行場に。島に置いていかれるというのもあったし、あと水に落とされるとか、高い山に登るはずなのに、とかもありましたよね。でもここでは、自分の足で行ってる。しかも、ご主人と一緒に行ってるんやね。こうなると、もう川嵜先生のところに行ってやってる夢分析を通しての心理療法も、本人にとっては内的な仕事という感じやね。治療じゃないな。症状があってそれにどのように対応するかということで行くんではなくて、自分の問題をやるために自分から積極的に行くという感じがはっきり出ていると思うね。
川嵜　たしかに、ときに、スーパーヴィジョン的な話になることもありますね。他人がクライエントに相談しに来て、そうすると、妙なものを受けてしまうんだけど、こういうのはどうしたらいいかとか。実際、そういうのはわれわれの心理療法過程とある意味パラレルだと思うんです。たとえば、誰かの相談にのって、それがうまく行くと、次にはもっと難しい人が来たりするとか。だから、いつもではないですけれど、ときにほとんど同業者みたいな感じで話をすることもありましたね。
角野　最初に言われていたように、彼女はやっぱりシャーマンやね。職業的シャーマンではないけれど。シャーマン的なものをもって生きてる人やね。だから人との関わりもそういう具合になるんやね。彼女に何かをバーっと投げたり、それをまた彼女も引き受けたり。それがうまいことといったと思ったら、もっとすごい人がいっぱい来たりとか。現実的にプロフェッショナルにお金もらってやるかどうかはまた別として、そのくらいのレベルでの訓練になりますよね。スーパーヴィジョンという表現をされたけど、川嵜先生はスーパーヴァイザーっていうか、マスターみたいな役やろね。彼女が自分の無意識にどう関わるかをみている。
川嵜　マスターという意識はないですけれど、そういう存在が、特に夢のなかに、布置していた時期はあったと思います。たとえば、この夢がそうですけれど。
角野　そういう場を与えてくれる人ということで、現実世界には川嵜先生がおって、彼女のなかには行者がいる。つまり、マスターがおって、それに添ってやっていくわけでしょうね。だけどやっぱりシャーマンの場合もそうだけど、分析家がかならず必要ですわ。特に夢なんか使っている場合は。だから川嵜先生がしっかりその役をしててそれがこの夢の状況になってるね。
　巨大な竜か。これ、きちっと上に上っていったり潜っていったりしなくて、ちょうど空中の低いところをうねりながらうごめいてるんやね。「目を逸らしてはいけない、しっかり見なさい」って言ってるね。これが大事なんやね。なんか大きなエネルギーのうねりが自分のなかで見えたんでしょうね。それこそ超越的なレベルの。この竜が天高くフワーッと舞い上がっていったら逆に危ないのかなぁ。青空のように。これは空中でうごめいて苦しいからこそ、彼女のなにか、この世に留まっている存在意義があるのかなぁ。
川嵜　なるほど、たしかに空にワーッと飛んでいくと怖い感じはありますよね。
角野　ねぇ。今の状態はしんどいけどね。だからこそ、まだしんどいからこそ、この現実に留まっておれるというか。だからこそ生きたままこの業務を続けていけるというのかな。これが竜がワーッと昇ってったら、「もうええよ、この世での修行終わり」って感じで。お役御免というか。現実では、怖い気がする。だから次の場面の、洞窟のなかに入って、修行している。上から降ってくるんやね。この人、さっきの女性二人もそうだけど、ちゃんと横に行者がついてくれているので、こういうかなり厳しい修行もちゃんとできてますね。
川嵜　ええ、行者がそばにいる。内在化したマスターというか。
角野　ええ。安心しますね。「目を逸らしてはいけない、しっかり見なさい」とかね。「勢いに負けないように水を受け止める、そのために姿勢を正す」とかね。水を受けるんやなぁ。この人の生き方も前と比べて活動範囲が広がるとか、その辺はどうなんですか。
川嵜　空間的にではなくて、本当にもう受け入れるという感じで広がってるという感じはありますね。
角野　エネルギーをちゃんと吸収してやれてるって感じですかね。症状的にはこの時点ではどうなんですか。

もう問題なくなってますか。
川嵜　症状的な問題はほとんどなくなっています。困ることとしては、先にも言いましたが、急に問題を持ち込んでくる人がいたり、変な人がバッと入ってきて、変なものを受けてしまうとか……。
角野　むしろそっちのほうになって。
川嵜　ええ、そうですね。この頃の報告されたこの方の夢なんですが、こういうのがありました。ピンポンとドアチャイムが鳴って宅急便の人が家に来るんです。それで、クライエントさんに荷物を渡して去っていく。見ると、それは中にアイスクリームが入った箱なんですが、自分宛てではなくって、他人の荷物が届いちゃってるんですね。どうしようと思うんだけど、中身がアイスクリームだから放って置くわけにもいかず、とりあえず自宅の冷凍庫のなかに入れる、という夢です。ああ、なんか放って置けないものが入ってくるんだなと思いましたね。
ちょっとした縁で宗教的な修行者とこのクライエントが会ったことがあるんですが、そのとき、ぱっと見てその修行者が言ったのが、「あんた、そういう何かが見えるとか何かを受けるというのは、運命やから逃げられへんで」ということだったそうです。そういう自覚みたいなのは、このクライエントさんも相当あるように思います。本人はどこかで嫌がってはいるんですけどね。
角野　なるほど。もうそのレベルなんやね。もう薬は飲まないでいけるんでしょうね？
川嵜　もともと薬は生理痛の薬だけだったんです。それも、この頃には、すでに医師のところから離れています。
角野　ああそうかそうか、もう医療とは離れているんやね。もう彼女の本来もってる心的エネルギーというのかな、水の勢い、無意識の流れが自由になって活動し始めているのだろうねえ。しかし、これはやっぱり二律背反的で、当然それは自分に活かせるんだけれども、やっぱり、現実では大変ですわな。

川嵜　二律背反的というのは？
角野　自分のためのエネルギーでもあり，他者のためのエネルギーでもある。もう，これは相反するが，必然的な流れだと思う。
心的エネルギーがね，キツイから。それを受けて生かしていけるというのはそういう力をもつから，ニオイかぎ分けてみんな来るよね。しょうがないよね。そういうのもってるから，におってくるし，もうわかるし，相手もわかるわけやからね。
川嵜　そうですね。なんか，コンステレーションが動くような感じで相談者の問題が解決することが多いようですね。もちろん，なかには逆にやっかいな事柄が増えていくような場合もあるようですけど。それから，一つがうまくいくと，次にまたそれを超えるような難しい人がくる。まあ，われわれの職種と似たような感じだなぁと思いますね。
角野　だからやっぱりもう習ってるんやね。明らかに。自分の力を現実にどう使っていくかということを川嵜先生を通して習ってるわけやね。もちろん夢というものを媒介にしてやけどね。
川嵜　一方で，ご本人はもうすごく普通の主婦という感じの人でもあるんですけどね……。この人がかなり初期の頃から気にしてたのは，シャーマンになっていくと離婚する人が多いんですよね，それを知ってて，ずいぶんと気にされてました。自分のところの夫婦関係も壊れて，離婚してしまうようになるのかな，と。そうなりたくないわけです。
角野　天理教の中山みきは離婚しないでいきましたね。ご主人も信者になってちゃんとやってた。いやぁ，でもしっかりした人やなぁ。症状があるからこそ，留まったという感じもしますね。本当は現実面でももっと荒れていってもおかしくなかった。そうか……最初の「海」っていうのはあんまり荒れてませんね。これやっぱり，統合失調症の人は違って，すごいですわ，荒れ方が。尋常じゃない。

川嵜　その辺りが違うところなんでしょうかね？　この方の健康度として。これは、一般論的な質問になりますが、その内的世界の質感が似ていても、通常に生活していけるくらいにとどまれる人と発病まで行かれてしまう人の違いというのはどういうところで出てきてしまうんでしょうか。
角野　一つは、ユングは端的に言っててね、もって生まれた無意識の力が非常に強い、破壊的なものも含めてね。そういう場合はいくら自我が一般に生きていけるくらいの強さをもっていても相当な波を無意識から受けてしまうから、それが本当に強い人はいくら自我がしっかりしててもやっぱり無意識の破壊的な面が強くなってしまい、そのときに発症してしまうんだろうと。もう一つは、やっぱり自我がもう本質的に脆弱な人。無意識の力はどうしても人間みんなもってるんだけど、普通だったら収まるのに自我があまりにも脆弱なためにちょっとしたことでも無意識の波を受けて崩れていく人。慢性の統合失調症になって沈殿していく人たちというのは決定的に自我は弱いですね。それとか自我が脆弱で無意識の力が強いというパターンもあるわけですよね。そしたらひとたまりもない。やっぱり思春期の頃に発病することが多いね。でもその意識と無意識の関係は千差万別でしょ。
川嵜　ええ、ええ。なるほど。
角野　僕自身の経験でいうたら、普通に生活しててホントにそのまま行ったら普通やったのに、たまたま精神科医になって統合失調症の人をインテンシヴに治療的関わりを始めてから、自分の内面にあるすさまじい無意識の洗礼を受けて……。自分自身、本当にびっくりしたわぁ……。僕の言う普通というのも、本当は疑問ですけど。
川嵜　普通に生活してて、そのまま行ったら普通だった……。それはちょっと怪しい気がしますけどね（笑）。たまたま、と言われたけど、それはかなり必然的やったんやないかなぁと、角野先生のケースとか聞いてたら思いますね。

第5章 大山泰宏による夢の解釈：コメント

《クライエントの主訴、家族構成などを聞いて》

大山　まさにカミダーリを地でいくという感じの方ですね。偏頭痛や耳鳴りで、今は辛うじて身体に繋ぎ止められている。夫は、強迫性でこの世に繋ぎ止められている。クライエントさんは身体で、夫は理知的なところでという対照的な方法ですが、どちらも超越性へ抜けてしまう手前のギリギリのところにいますね。この方は、小さいころに滑り台から落ちて頭を打ったという体験が残っているからこそ、ここまで何とか来ることができたんだろうなという気がします。体の痛みということから自分の症状の歴史を構成していらっしゃいますが、もしこれがなかったとしたら、つまり「あのとき痛かったから体に何か被ってこうなってしまったじゃないか」という物語がなかったとしたら、この方は簡単に超越性へ飛んでいってしまっていたかもしれません。したがって頭を打った思い出があるということは、この方を苦しめもするけれど、ここまで生きることを支えてきたものだとも思います。
川嵜　それは実際にお会いしていて、それから彼女の夢を聞いていて、まったくそう思います。
大山　一方、クライエントのお母さんも同じような繋ぎ止められ方をしていると思うんです。「(母は自分を）ごみ箱にする」とおっしゃっていますが、お母さんも超越性へ抜けていくところを自分の子どもを自己対象のようなかたちで、つまりちょうどこのクライエントさんが頭を打つことで自分の身体に縛り付けられているように、お母さんもこの子を打つことでこの世に縛り付けられている。そういう世代間の連鎖の構造もありそうですね。だから、もし私がこの方にお会いしたとしたら、こうした幾重にも絡まったある意味で護りの構造が、セラピーによって外れていくことに対して、慎重になりますね。この方やご家族の護りとか繫ぎ止められ方を、どんなふうに保証しながらお会いしていくかと。
川嵜　セラピーをやっていくと今言われたようなところが動いていくだろうから……。
大山　きっと外れかかったり動いたりしますよね。症状が外れてよかったという単純なものではなく、この方が、どうやってこの世に着地するかをすごく考えると思います。家の力動もすごく動くでしょうしね。ご主人も動いてくるでしょう。ご長男は、凝り固まっている繫ぎ目を、それこそスサノオみたいに暴力的に必死で開けようとしていますが、それもどうなっていくか気をつけたいと思います。
川嵜　それは臨床家としてとても大事な視点で、同感ですね。

《夢1》──反復夢・いかだの夢（二頁参照）

大山　山が海を囲んでいるんですか、それとも岸辺みたいなものですか。
川嵜　おそらく、海を囲むように向こうに山がずっと見えたんだと僕は思いましたけど。
大山　これは、まさに寄る辺ができたということだと思います。いきなりこうした夢が出てくるとは、このクライエントさんは力のある方ですし、治療者との出会いも良かったですね。反復夢のときは、横（水平方向）の動きだけで、上を見たことがなく、海だけが茫漠と広がっていたのが、この夢では下を見て上の太陽も見るという垂直の動きが出てきて、世界の構造が立体的になっていますね。これまでは、この方が生きていくためには仕方なかったのですが、平面に縛り付けられていた。つまり、上という超越性の方向にも行けず、かといって下というこの世的な方向に降りていくこともできなかった。その間で動きがとれなくなっていた。でも今は、超越性のほうに行く動きも出てきたし、下というある意味「身体性」の方向への動きもできてきた。いよいよ流れ出したという感じですね。

もう一つすごいのは、この方がぽかぽかと暖かくてごろりと横になるというところだと思います。これは、生きることに湯浴みしているわけですよね。超越性に開かれると、それはしばしば「何で生きているのだろうか」という、生から抜け出そうとする問いかけを生み出して、身体性からは離れていくことが多いと思うのですが、この方はそうではなく、生きることそのものに絶対的な安心感をもってたゆたっていますね。このあたりがすごいですね。

川嵜　なるほど。

大山　下を見て上を見るという、この順番も大切だと思います。もし、いきなり上を見てしまったら、たぶん太陽はぽかぽか暖かいものじゃなくて、もっと怖いものだったと思います。

それから、下を見て「自分が落ちて沈んでも見えるな」と考えるところも、おもしろいですね。ここでは、自分が二つに分かれていますよね、見ている自分と見られている自分に。このクライエントさんの場合、見通せるということが、自分の安心感になっている。空に上へ抜けていくのではなく、水の中を下をどこまでも見通してその先に自分の姿をイメージしているわけですね。自分を対象化して見るということが、この方の護りですね。

「主人と籍が入っていない。ずっと暮らしているのになぜ」っていうのも、それに関係すると思います。籍が入っていないということを思うということは、籍が入っているべきだというところが前提になっているわけですよね。ここでも、自分の在り方を先に投げて対象化しているわけですね。結ばれるべき位相っていうのがどこかあるんだろうなということを、どこかで感じていらっしゃるような気がします。

《夢2》――長男がエイリアンの夢（二頁参照）

大山　長男さんは、本当にスサノオみたいな人ですね。神々の世界と人間の世界が結ばれるときには、ああいう暴力的なスサノオがいたわけですけども、そういうのを思い起こさせますね。エイリアンというのは「宇宙人」というよりも、「異世界の人」という感じでしょうか。
川嵜　文字どおり見目姿が異様な形状のエイリアンになっているっていうんではないと思うんですけどね。角野先生はそう取っていたようですけど。
大山　この方にとって異質な異形のものということで考えたいと思います。もしかすると、この方自身がエイリアンなのかもしれない。「私は知っていて育てている」というところがすごいなぁと思います。やはりこの方は、いろいろ先を見通していますね。
川嵜　そこは、Ａさんの特徴的なところだとたしかに思いますね。
大山　このエイリアンを育てるということは、この方が症状を抱えることでもありますよね。エイリアンは危険で、彼女が必死で抱えていることも破壊してしまいそうなくらいの勢いですが、これはやはり彼女が、ぎりぎりのところで自分を抱えていたということに関連すると思います。この方の症状も、超越性の軸に行ってしまいそうな力と身体性というこの世の軸に結びつける力との膠着状態で平面に縛り付けられていることでしたから。
けれど、この夢では次の動きがありますね。異形のものにはトリックスター的なところがある。今の危ういバランスを破壊すると同時に、しかしそこから新しい次の動きが生じる。「ある日、外の売店で彼が勝手なことをするのでたしなめると、歯をむいて噛みついてきて（深い傷を負い、血が出る）頭を殴られる」。来ましたね、まさに頭を殴られましたね。滑り台から落ちて頭を打ったという、この方の症状の語りの中心になることに関わることですね。

川嵜　そうそう。
大山　そして最後に「子どもは殴った後私から逃げていく」というのがくっついているのが、あれっ？　て思います。なんだろう、これは。
川嵜　わからないけど、そこはなんかひっかかる、ということですね。
大山　ええ、そうなんです。たとえば「エイリアンの子どもを育てているなんて知らないだろうなと、気が遠くなり倒れていく」と、ここで終わるパターンの夢ってよくありますよね。つまりあるテーマが夢のなかで解決がつかないときは、そこで夢が終わったり、意識が途切れたりとかとかするのが、よくあるパターンだと思います。ところがこの夢は、そこで途切れるわけでもなく結末が来るわけでもなく、「（子どもが）逃げていく」という、全然違う展開が次に来ているんですよ。しかもこの方は、気が遠くなって倒れているわけですけど、長男が逃げていくのを「知っている」わけです。あきらかに主体がここでシフトしていますよね。逃げていくっていうことで次の物語が始まっているんですよね。頭を打つということが反復されているにしても、それだけでは終わらない何かが生じ始めている。この夢の一貫性から漏れ出たところが、次にこれがどんなふうに展開していくのかなぁと、楽しみですね。

《夢3》――次男の事故の夢（三頁参照）

大山　すごいスピードで夢が展開していくので、一個一個の夢を見るときに、同時にこちらもそれに対応するだけの内的な作業をしながらついて行かないといけない。なかなか骨が折れますね。これはさっきの夢から四か月後ですか。おもしろいですね、次男が入ってきていますね。
川嵜　次男がかなりシャーマン的な人なんですよ。もしかしたらこのクライエントさんを越えてるんじゃないかというくらい。かなり不思議な子どもさんで、彼の表現なんだけど、お葬式とかあると何か「もらってくる」みたいで、次の日ダウンして一日寝込んでたりとか。本人はしんどいんだけどそれはそれで使命だと思っているみたいで。
かなり後の夢なんですけど、このクライエントさんが夢のなかで地下の世界が崩れそうになっていて、他の人を逃がすために彼女は最後まで残るんだけど、ぎりぎりでこの人も助かるために逃げるんです。この夢を次男に話したら、彼はクライエントに「そこでなぜ死なないか」と怒ったそうです(笑)。そこでお母さんぐっとしながら、「じゃあ、あんたは自分が死ぬ夢見るんか」と言ったら「たくさん見るよ。夢のなかで他人のために死ぬのはとても快感なんだ」と答えたらしい。他にもいろんなエピソードがあるんだけど、この次男さんは相当シャーマン的な感じをもっている人だという印象があります。
大山　なるほど。だけどどうでしょうね。何遍も何遍も死ぬというのは円環的な時間のなかにいるじゃないですか。死んで再生して死んで再生して……。本当に死んで次に行くというよりも、ウロボロス的な反復に縛り付けられてしまっているというか。
川嵜　ふーむ、なるほど。おもしろい視点ですね。
大山　「年に四回くらい頭を強打し縫ったりしていた」っていうのは、まさにそこに縛り付けられていたことでしょうから、可哀相っていうか……んー……。だからこそ、この夢で次男が心臓が止まって本当に死んだっていうのはすごいことですよね。円環的時間が切断されているんですね。
川嵜　その辺りは大山さんらしい読みというか、入り方ですね。なるほどねぇ。
大山　「(ヨットを運転する)中年男性」というのは何でしょう。セラピストとして読んでしまうと、あまりにも陳腐ですね……。これはよくわからないのですが、この方にとって非人格的なアノニムな何かが動いているという感じがします。ヨットというのも面白いですね。ヨットは、風の布置を読みながらそこのなかを泳いでいくというか操っていくのですけれど、そうした状況の布置を読みながら進んでいくわけですからね。

しかしながらここで「大きな波がきて岩にぶつかる」。風の布置の世界に、まったく違うところから、海の世界のほうから波が来るんですね。これがハプニングみたいなもので、これが起きるというところが治療から漏れ出たものという感じもする。いずれにしても波が来て、そういうことが起こったからこそ、次男さんは死ぬ。この辺の展開は面白いですね。風の世界から、波、岩と、次々に異質なマテリアルが出てくる。治療のなかでは、内的な動きが外側に異質なものとして布置されてそれが動きをもたらすときってありますけれども、この時期というのはそんな時期かなという気がしますね。なんかハプニングがあったりとか、驚くようなことがあったりだとか。しかし乗り越えてから後々よく考えてみると、なるほどそういう必然的な布置だったのかというような。そんな局面であるような感じがしますね。
川嵜　ええ、ええ。
大山　次男さんは後頭部を打ち、海に放り出される。クライエントは「自分で引っ張りあげて」、ここがすごいなぁと思いました。《夢2》ではエイリアンとして長男を抱えていましたね。実生活では長男が次男の頭を何度も殴っていたということと、パニックになったクライエントさんのお母さんがクライエントさんを「ゴミ箱」にしていたということとの構造が対応しています。その意味では、クライエントさんは次男さんと同じ位置にいますね。波や岩は《夢2》のエイリアンという異質なものが変化したものとも言える。ここで、次男さんを救済しようとするわけですが、これは、一種の自己救済ですね。
川嵜　救済というのは？
大山　さっきの《夢2》では、「頭を打つ」という語りの核におさまらない何かが動きはじめていましたが、この《夢3》では、頭を打った後に、さらに自分で能動的に動いて自分と同じ位置にいる次男さんを救済しようとしているわけですよね。そして、「頭を打つ」という反復は、次男さんの死で終わる。この夢を聞くと、ああ症状が動くだろうなという感じがしますね。この方の存在構造のすごい転換だと思います。夢のなかで次男さんの死を悲しむことは、これまでの自分への供養でもあると思います。
その前に「救急車を呼ぼうとトンネルのなかに入って行く」、これ面白いですね。自分で手当てをするんじゃなくて救急車を呼ぶ。この人にとって「病院に行かなきゃいけなかったのに」という昔の思い出と繋がりますよね。たとえばここが「自分で手当てをするが心臓が止まる」だったらちょっと出来すぎの物語になってしまいますけれども、「救急車を呼びにトンネルに入って行く」というところには、筋書きにおさまらない動きを感じます。なんかこれ、気をつけておこうかなというところですね。
川嵜　それは「トンネルに入って行く」のところが、ですか。
大山　そうです。トンネルというのは、しばしば別世界や別の次元へ行く通路のメタファーとして使われますよね。その先には、ここととは違う世界があり、しばしば自分はどこに行きつくのかしらない、それでもトンネルに入っていくわけです。これはもう、大きな力に自分をゆだねるとか、自分でもわからない変化のプロセスの中に入っていくということかと思います。だからこそ、「心臓が止まる」という存在構造の転換に至れたとも言える。「電話をした後……」すごいですねー、夫が出てきたんですね、救急車じゃなくて。しかも、トンネルの向こう側から、夫のほうがこちらを探している。以前、夫と籍が入っていないという反復夢を見ていたということでしたが、この夢では明らかに夫との関係が変わっていますよね。夫はこのクライエントさんと対極の方法で、やはり超越性へ抜けるのを引き留めていましたが、ここでは向こう側から来た「夫も同じ想い」ということで、同じ場所にいるわけですね。ここで籍が入ったという感じもします。
川嵜　たしかに、面接がはじまってから、その「籍が入っていない」という反復夢は見なくなるんです。
大山　とにかくこの夢は、クライエントさんの存在構造とか自己のヒストリーの語り方とか家族布置なんかが、いっぺんに転換している夢ですね。実際のセラピィ場面だったら、この辺は解釈をするというより、もう味わいますね。だから本当は、これはこういうことですっていうことは、今もあんまり言いたくない、物語化したくない。

川嵜　それは実際場面を考えると、すごくわかりますが（笑）。そこを、あえて言ってもらいたいわけなんですが（笑）。あ、でも、その前に、解釈というか意味を読み取るというのは、大山さんのなかでは物語化していくという感じなんですか。
大山　いえ、このインタビューでは、夢を読んで語るというか解釈していくということをやらないといけないのでやっているわけですが、それは実際のセラピィでの夢への接し方とは、だいぶ違います。実際のセラピィではもっと読み浮かび上がってくるという感じです。夢と自分が接して、自分がいろんな連想を泳がせて、ほかのクライエントさんが語られたこととか、いろんな事例で読んだこととか、そういうものと照らし合わせていくと和音が浮かび上がってくる。一個一個はバラバラな音が鳴っていても、その音と音を重ね合せていくとメロディが浮かび上がってくる。私にとって夢を読み取るというのは、そういう感じです。けれども、こちらが意識的に関わっていないかというと決してそうではなくて、絶対にある選択をしていますよね。だからせめぎ合いになります。何かが浮かび上がってくるというのを待ちつつ、しかし、浮かび上がってきたものを「こういう意味か」と納得してしまっては、もうそこでメロディが浮かび上がる動きが止まってしまいますからね。だから、見えるところと見えないところの狭間にいつも自分をおいておく。夢を読むというのは、ものすごくアクティヴと同時に禁欲的な作業ですよね。
川嵜　その感覚はわかる気がします。「物語」というとどうしても一つのストーリー的な意味合いが浮かぶんですが、今のお話だと、和音やメロディなどの比喩で示されるように、なんかポリフォニーというか、多層、多重的な意味での解釈という感じですかね？
大山　そうです。たとえば「ドミソ」の和音だったら、「ド」と「ミ」と「ソ」という異質なものが同時に重なって、はじめて一つの和音になりますよね。「〈ド〉と〈ミ〉と〈ソ〉があります」と、順番にストーリーとして提示すると、それはもうまったく和音ではなくなる。夢もそういうところがあって、夢の解釈もいろんな音をいっぺんに響かせておかなければならない。
ところで、「次男が最近武道の師に惚れ込んでT県に行く」これは面白いですね。なるほどって感じで。きっとこの武道の師は、すごい技をもった強い人というより、しっかりとした礼節とか倫理的なものとか、そういうことを具現できている人でしょうね。
川嵜　そうですね。強いからというより、今言われた通りで、人間として素晴らしい人だからっていうことみたいですね。次男さんは結局T県には行かなかったんですけど。それから当時は、鍵師になりたいとか言われてたようです。鍵を開ける人。なんかイメージがぴったり合うなぁと思いましたね。
大山　ほんとですねぇ。
川嵜　今はピッキングとか流行ってるから注目されてるのはあるだろうけど、この当時はまだそんなのは全然流行ってないころで。だからそういうの関係なしに、鍵を作ったり鍵を無くしてしまった人のところにいって開けるというね。鍵がないというのは夢やいろんな話でよく出てくるでしょ。それを開けることをやりたい人。だからこの息子さんらしいというかね。ドアの向こうがあの世といっていいのかどうかわからないけど。閉じられたところを開ける専門家というのはなるほどなと思った。
大山　家というのはしばしば身体や意識のメタファーとして出てきますもんね。ユングもそのような例をたしか記述してましたし、実際、クライエントさんの夢にもそういうのが出てくることは多いですね。けれども次男さんにとっては、鍵を開けるというのは、なかに入るために扉を開けるというより、なかから外へ出て行くためという感じがしますね。それから、鍵師にはすごい倫理性が要求されるじゃないですか。捻じれた道に行こうと思えば簡単に行けるんだけれども、それを止めるという規範的なものがある。そういうのが魅力的なのかなって。
川嵜　なるほど。倫理性というのは大事ですね。ところで、中から外へ、というのは身体像的な意味でですか。
大山　いやいや、川嵜さんのおっしゃったのと同じく、あの世とこの世ということで私も考えています。ただ、開けるのは確かに外からなんですけども、それはあの世への扉を開けて入っていくんじゃなくて、あの世から外へ出て行くために開けるんだという気がしますね。あの世に閉じこめられている人を外に出してあげるためなんだという気がしますね。次男さんは、これは、あの世という家のなかにいる自分を、やはりこれまた自分が外から開けて外に出してあげるということでもあります。クライエントさんと同じように、いきなり内側の本質的なところに最初からいる。だからむしろ大変なのは、それを外と関係づけるためにその通路をどう開くかということだと思いますので。

《夢4》——島・トイレの夢（三頁参照）

大山　クライエントさんがどこにいるのかを見定めるのが、なかなか大変になってきました。
川嵜　どこにいるのか、ってどういうこと？
大山　さすがにここまで来ると、夢の流れを見定めるのが難しくなりますね。実際のカウンセリングでは、少しずつ一緒にプロセスを歩んでいくので、それまでにクライエントさんが語られたことや夢の流れが背景としてあって、その文脈のなかで夢の解釈が浮かび上がってくるんですけれど、今回のように飛び飛びで夢を見る場合は、クライエントさんの動きの横にちゃんと着いていかないと解釈の焦点がずれてしまう、そういうことです。この方、どこまで歩いて来ているのかなぁと、その横にいたい。見失った姿を探しに行くという感じですね。
川嵜　なるほど。
大山　ここでも「私」と次男のユニットですね。宇宙からの侵略者に統治されている。《夢2》では、エイリアンである長男を育てているということでしたよね。そのエイリアンは、異形のものとしてトリックスター的に二つの世界を結び付ける役割でしたが、この夢のエイリアンは文字どおり宇宙からの侵略者で姿も見せないし、私と次男のユニットの外に位置づけられていますね。エイリアンの意味が変わっていますが、このあたりで長男さんはどうだったんだろうということが、まず気になりますね。

川嵜　長男はすごく落ち着いてきて、兄弟がすごく仲良くなるんですよね。長男の方は自然児というか、ある意味強迫とまったく逆でものを片付けないというのが気になるとはクライエントさんは言ってたけども、健康的でやりたいことやってるという感じなようです。

大山　なるほど。そうすると、長男さんに布置されていたものは、相当動いていてますね。弟さんも円環的な時間から抜け出たし、クライエントさんはいよいよそれらを自分のテーマとして引き受けてやっていくときでしょうね。

　この宇宙からの侵略者は、長男がエイリアンだったというエイリアンとは全然違いますよね。相容れない外部からの侵略者ですね。夢のはじまりも、「どこか知らない島にいる」ということで、いきなり外部に自分たちがいるというところから始まります。このような外部性が夢のなかにまず布置されているというのは、これまでの夢と違った展開を感じさせますね。ここは少し気をつけておきたいんですが……。

「トイレに行きたくなり行く」。生理的な動きが起こっていますね。《夢1》では、「自分が落ちて沈んでも見える」と自分の身体を自分から切り離して対象化していましたよね。《夢3》では、頭を打つという身体的なことは、次男に布置されていましたよね。ところがこの夢では、いよいよ自分の身体性が自分のこととして働き始めていますね。けれども、「とてもひどいトイレで隣との仕切りもない」ここのトイレで用を足すなら、まったく身体の自然な流れと結びついているのでしょうけれど、そうはいかない。それにふさわしい場が整っていない。逆にいえば、すんなり結びつかないからこそ、用を足せないような汚いトイレとして出てくる。

「近くの立派なトイレに行くけれども、そこにいる人に、あなたの入るトイレは、いまさっきの汚いトイレだと言われる。やはり元の汚いトイレに戻らざるをえないのですね。そこから始めないといけない。「階級で入るトイレが違う」ということですが、これは侵略者に刃向かっているから階級が低いということですか。

川嵜　そういう意味だと思います。
大山　何かが侵略者として、外部性として布置されている。「刃向かっている」からこそ、それは侵略者として出てくるものだとも言えると思います。トイレが汚くて用が足せないというのと、構造が同じ。「侵略者に刃向かっているので次男が学校に行けないので私はくやしい思いをするが、それでもいいかと思う。次男も〈僕は学校へ行かなくてもいい〉ときっぱりと私に言う」ということですが、なぜか、このあたりを読むと私の思考が止まるというか、苦しいものを感じます。これが夢の特性から来ているのか、私自身の逆転移から来ているのか、今はわかりませんが……。一種の抵抗のようなもの、わりきれないものをわりきろうとしている苦しさのようなものを感じます。
もしかすると、今私が感じているわからなさみたいな部分と、偏頭痛が繰り返してひどくなっているところは、関連しているかもしれません。この方が症状として抱えていたものとの関係を結び直そうとしていて、特に身体性との結びつきが変わろうとしているのが、このあたりの動きだというのは間違いないでしょうから。ここで夫が動いていますよね。夫を通してケアすることで自分の手当てをしているような感覚。頭に怪我をして縫って……。夫もこれだったら何か動きが出て来ているでしょう。
川嵜　「これだったら」の「これ」というのは？
大山　頭をぶつけて鞭打ちになるという辺りです。クラインエントさんの根源に関わるような布置が動いていっているのであれば、対極のところでこの世への繋ぎ止め方をしていた夫の在り方にも変化が生じてくるだろうなということです。
川嵜　この時点で、というか、わりあいに早い段階で旦那さんのほうの強迫というのはなくなっているというのは、ひとつあります。
大山　そうですか。そうすると、なぜこのときに、旦那さんが頭を打たねばならないのかっていうことを考えますね。クライエントさんにとっての体験としても意味付けられるし、同時に旦那さんにとっても大きな意味のある体験でもあるはずの体験ですよね。クライエントさんにとっての意味と旦那さんにとっての意味の両方が出会うところがあると思うんですが。「それが滑り台から落ちた自分の体感とそっくり」と、ここで初めて体感が出てきているのが面白いですよね。なぜ自分で体感を感じないのに、ご主人の怪我を通して自分の体感をここで感じるのか。自分の身体像がご主人に定位されて、そこと関係を結び直すっていうことをしてますよね。この方は自分ということを取り戻す時ときに、自分の内側から出ていくんじゃなく、絶対一回外にセルフを投射してそこから結び直す、次男さんが鍵を開けるというのもそういう動きがあったように。
川嵜　ははぁ、それは印象深い指摘です。なるほどね。
大山　ところでやっぱりエイリアンが気になりますね、なんだろう。
川嵜　そこらへん、なにか思われますか。
大山　このエイリアンは、たしかに姿形は見えない正体不明のものだけど、あんまり怖くないですよね。絶対的に異なるものとしての宇宙からの侵略者というより、もっとこの方自身の何かがスプリットされ外在化されたようなものですよね。
川嵜　ええ、ええ。
大山　次男が学校行かなくてもいいときっぱり言うこともそうで、スプリットされたものを感じます。ご主人が頭を打ったということが生じたのも、夢からスプリットされたものが外に布置されたのかなという感じもします。つまり、《夢4》で何かの動きがストップしているからこそ、ご主人が頭を打つという布置によって動かざるをえなかったのではないでしょうか。あるテーマをやろうとしてるんだけども動けてないっていうところが、外での布置で動いたという感じです。もちろんこの方にとっては、外に布置されることが必然かもしれないですね。実際に自分の身体性のところで体験する前に、やっぱりこうやっていったん外に布置されないといけなかったのかもしれない。

《夢5》――雪山・黒い雲の夢（四頁参照）

大山　この夢では、ずいぶん身体性とつながってきたんだなと感じます。まず、「川をはさんで向こうにある雪山をみている」。これは、この方のこれまでの独特の距離の取り方ですよね、つまり「見る人」であるということです。それは、守りでもあると同時になかなか越えられない何かでもある。「ところどころ溶けかかっている」わけで、それこそ固まっていたものが動き出しているというか。いわゆる変わり目であるわけですよね。
川嵜　そう思います。
大山　雪遊びっていうのは、何でしょうね。ここはどんな気持ちで見ていたのか聞きたいですね。あぁ遊んでるなぁ、なのか、私もしたいな、なのか。その辺り聞いてみたいですね。ここで、「私は足元をみると」っていうのが、すごくいいなって思いますね。向こうに見ていたものを足元を見たわけですから。「私はそこにわざと、ずぼっとはまってみる。衣服が汚れるが楽しい」。ホントにこれ、身体が動いて体験しているじゃないですか。入って行って距離を置かない体験をやっている。《夢1》からすると、ここで彼女の自我の位置が変わってきていますよね。《夢1》では、「ああ綺麗だなぁ。沈んでいっても見えるだろうな」と見える自分がここにいて沈んでいく自分を見ている。でもここでは自分自身がズボッと入っている。そういう意味で自我の位置が身体性に降りている感じがしますね。それに越えられない川という距離をとって向こうにあった雪が、こっちにありますしね。
川嵜　なるほど、「見る」ポジションから身体的な体験へとコミットしている感……。
大山　そうです、そうです「家に帰ろうとするが」面白いですね。さっきの《夢4》でも家に帰っていましたし、ここでも家が出てくる。今ちらっと先のページを見たら《夢6》でも家。ずっと出てきますね。次男さんの鍵師も家に関連していて、なんか面白いですよね。

「上空には黒い雲がある」これも変わってきましたね。《夢1》のときは上を見上げるというのは超越性にそのまま抜ける軸だったわけです。そこから照らしてくれる抜けるような青空と太陽でしたけれど、ここでは黒い雲ですね。これも身体性に関わることだと思います。《夢1》では上もきれいだったし下もきれいだった。でもこの夢では下は雪で泥があるし、上も黒雲。ここがすごく面白い。「私はそこを早く通り抜けようと急ぎ、青空の下へ行く」どんな感じだったか聞きたいですね。どんな気持ちで青空の下へ向かおうとしたのか。「雪遊びを見ていてどう感じましたか」とか「どういう感じですか」と、私（大山）自身が、どんどんと気持ちや体感を聞きたくなってきていますね。私自身が、これまでの夢を見つめていくという解釈の在り方から、もうちょっと味わうとか体感するとかの方向にいっている。それが自分のことながら、おもしろいです。

川嵜　そういう感じというのは、この夢にかぎらず、大山さんが夢分析されてるときにもよく生じる感覚なんですか。

大山　それはすごくありますね。夢に接したときにまず自分の中に生じてくるフェルト・センスのようなものを頼りにしていますね。夢と自分の身体感覚の響きあいのようなところから解釈していきます。

「雨や雷にあい、私はそこを早く通り抜けようと急ぎ、青空の下へ行く」。だけど、すぐ黒い雲の下になる。やっぱりそうじゃなきゃって感じですよね。《夢4》では、汚いトイレで用が足せませんでしたが、この夢では黒雲が追いかけてきて雨をさらに降らそうとしている。言ってみれば黒雲も雪泥も「汚い」ものですよね。それに向かいあうことからは逃れられない、そして用を足す代わりと言えるかもしれませんが、雨が降ってくる。

「私は空をみると青空の下に黒い雲が流れているのに気づく」。すごいですね、これはね。青い空と黒い雲が別々じゃなくて、青い空の下に黒い雲があるんだと、一つの軸のなかに二重性があることに気づくのですね。そういうものにこの人はここで気づいている。超越軸を通しつつもそれが距離を置くことだけには留まらず、身体性というところも間に入ってきて、その両方をやろうとしている。あるいは、超越軸も身体性も、つきつめれば本当は同じことと言えるのかもしれません。ところで、雨と雷っていうのがすごく面白いですね。雨は天と地を結ぶものですよね。
川嵜　そうです、そうです。今、ふと思ったけれど、その意味でいえば、この人のテーマともいえる「落ちる」っていうのが雨みたいなともいえますね。天地の間にあってそれを媒介するあり方。
大山　そうそう。それと、雷というのも易経では始まりなんですよね。何かの始まり。だから蕾《つぼみ》というのは草冠に雷ですよね。何かが動き出すというか。雷も別の形で天と地を繋ぐことですしね。
川嵜　あぁ、蕾ってたしかにそうですね。おもしろいな。その意味では、夢の前段落の雪解けと同じように、何かの始まり、変わり目なわけですね。それと、雷は易経的には地面から立ち上がるんですよね。僕ら、雷って天から降ってくる感じがするけど易経的には大地から立ち上がる。雷の卦って、一番下に陽（⚊）があって、その上に二つ陰（⚋）があるでしょ。その陰の隙間を縫って下の陽から雷が立ち昇る。
大山　へぇ、面白いですね。電気的にもそうなんですよ。電気的には地面から天に抜けているんですよね。雷が下から上へという動きのものと考えるとそれもまた面白いですね。

《夢６》――川のなかの家の夢（五頁参照）

大山　夢分析をやっていると、ある時点で夢の質がふと変わるときがありますよね。これは私の経験に限るのかもしれないけれど、この夢のようにアノニムな人びとが出てきて動き出す時点がそれにあたることが多い気がします。夢見者は夢の登場人物というより、それを見ている存在で、アノニムな人びとが代わりにいろいろとやってくれる。これまで滞っていた流れが動き出していますね。私の夢分析のスタイルは、それまでは全体の局面を見渡して一手一手を打っていく碁をやっているような感じなのですが、この夢のような時点にくると、夢の流れにそのまましばらく乗っていきますね。
川嵜　ほほう、碁ですか。おもしろいですね。流れに乗るというのはよくわかります。
大山　この夢では「どこか知らない場所に来ている」といっても、《夢4》のような外側の「知らない島にいる」感じと違って、もっと身近に感じる場所ですよね。前に、家が意識の構造のメタファーであるということを話しましたけど、自分の心のなかなんだけど見知らぬ場所って言うか、そういう感じがします。ああこれは心のなかにグッと入ってきているな、無意識の流れに乗って動いているなと感じます。でもそういうときこそ、手をこまねいているのではなく、こちらもすごく慎重に流れに乗っていくことが必要になってくる、そういうところのような気がしますね。そうしたことが、《夢6》のなかでの一つひとつに出てきている。
川嵜　夢一つひとつというのは、夢の一つひとつ？
大山　ええ、《夢6》の内容にです。《夢6》がこれまでの夢の流れのなかで占める位置と、《夢6》のなかに出てくるテーマとが、パラレルになっていると思います。たとえば、この建築士のような人、これはセラピスト像でもあり、セラピスト像を通して布置されているクライエントさんのセルフに近いような、自分自身の内的な治療者、そういうことにあたるかと思います。その家の家族が、アドバイスを聞いて物を移動させているというのは、言ってみれば心のなかの整理をしているわけですね。こちらが軽いものこちらに重いものと、外から全体を見て整理している。次は家のなかに入って、一番下の部屋に降りていく。これは一番深いところに降りていっているわけですね。この夢で外からなかに入って底まで降りていくという動きと、このようなアノニムな人びとが動き出す夢を見るほど心の底に降りてきているということとが、ちょうどパラレルだと思うんですよ。
家の造りは、これには二つの視点がありますよね。外側の現実平面から見ると平屋なんだけれども、内的な方の生活から見ると非常に深いところまでやっている。「川のなかに作られていて片面はガラス張りになっていて……」というのは、水に対する距離というものがこれまでと変化していて注目したいところですね。これまでこの方は、実際に物理的な距離をとっていた。たとえば、《夢６では向こうの山に距離があり、次に距離が近くなったときは、雪にわざとはまって、近い距離では接触していた。ところが、この夢の家ではガラス張りになっていて、距離的にはものすごい近くにいるんだけれども、それを隔てていることによって、まったく違う世界に分けているんですよね。小学校の頃とかふざけて、友達とガラス越しにキスとかやりませんでした（笑）？
川嵜　やらないよ、そんなこと（笑）
大山　あれは距離感がちぐはぐな面白さがありますよね。あと、マンションなんかでもふと思うんですけど、実はすぐ下にいる人とは一〜二メートルしか距離が離れていないんですよね。考えてみたら不思議な距離ですよね。
川嵜　それは、ときに思う（笑）。マンションって、それこそ断面図として切り取ったなら、住人たちはすごいことやってるなって思うことがある。
大山　それこそ、隣の人とは背中合わせになってるかもしれませんしね（笑）。だから、そういう意味でガラス張りでの距離の取り方っていうのは実際の距離の取り方と違いますよね。そのことをまず思うんですよ。この部屋は、天井が水の重みでへこむところを見ると、水のなかに突き出ているわけですね。もう完全に無意識のなかに入っているんですよね。
そこから「赤い鯉のような美しい魚がいっぱい見えて」ということですが、このような魚が出てくるときは、やはり無意識の動きが活性化しているその流れに乗っているときであるように、私の経験からは感じます。しかも、今回は川っていうのが面白いですね。《夢１》だったら海のような茫洋としたところに筏でいたのですが、今度は川自体が流れていますよね。
川嵜　そうそう。それ、気になってたんですけど、今回の自分の夢コメントには書かなかったの。大山さんは、それはどう考えますか。

大山　これも、やはり今はこの人の及びつかない流れが動き出しているということだと思います。自分では把握できない漠然とした何かがあって自分は馴染みのないところにいるというのがこれまでだとしたら、今は、自分では及びもつかない何かが流れ出していて自分はそのなかにいる。そしてそれとは、実はすぐ近くにいるというように、距離感も変わっている。こういうところでは、夢の流れに乗っていくと同時に、かなり現実生活のところで慎重になります。実際、クライエントさんに会っているとき、こういうときは結構退行していることも多いし、現実生活ではぼかをしたりとか、そういうこともあるような気がしますね。「天井が少しへこんで漏れ出てきている」というのですから、なおさらです。けれど、家族の人たちは建築士のアドバイスを聞かない、どうなるのかなあ、って感じですね。「おばあさんが川のなかに入って魚を集める」というように、無意識的な流れの内容と関係をつけているというのは、美しく惚れ惚れするのだけれど、この人の主体はふと現実的になって、「ああ、危ない危ない」って思う。このようにこのごろは、日常での現実的生活と内面の流れとのバランスをどんなふうにとりながらやっていたのかなぁと、気になりますね。
川嵜　そこがこの人の大きなテーマで、本人もすごく意識していました。
大山　川嵜先生としてはこのときどんな感じがしていました?
川嵜　僕はこの時点では、大山さんが思われたのとすごく似たような感じだと思うんですけど、この人はシャーマン的なというか超越的なものにすごく親和性のある人なんで、そういうところにバーっと行こうとする方向性がまずあると思うんです。本人は別にそっちに行きたいと思っていないんだけれど、それこそ底の流れがそっちの方向に行かせる人だと思うんですね。そういう資質をもっているから、結構いろんな人が悩み相談みたいな感じで来たりするようになるんです。で、その悩みを聞いたり、あるいは、悩みを聞く以前に、相手の何かを「受けて」、体調が悪くなったり、しんどくなることがよくあると言っておられました。本人は、そういうのがすごく嫌なんですね。でも、嫌だけど気づいたらそうなってしまってる。だんだん、この時期は、どうもそういうシャーマン的なものを切ることは出来ないらしいとこの人も思われて、じゃあ、いかに自分を守りながら、そういう資質とつき合っていくか、ということがテーマになってきてました。

この《夢のなかの家は、日常からみたら一階なんだけれど、こっちから見たら川のなかまで入ってきている。だから、最初にこの家の構造を聞いたときには、相当うまいことといっている夢だなと思いました。視点の持ち方で深みに入ることもでき、一方で、普通の日常性も保てる感じで。だけど、夢の後半をみると、夢はそれくらいでは許してくれないわけです。ちょっと危ないわけね、この家は。重みに耐えかねられない。だから、まだ課題は続くんだなとこの時点では思っていました。

それから、細かいことを言い出すときりがないんですけれど、この家の持ち主たちは危ないにもかかわらず、超越的な方向に行こうとする人たちでしょ。建築家は危ないよって言っているけれど、聞かなくて、魚の美しさとかそういうところにばっと入っていこうとする人たちでしょ。そういう方向性と、逆に、危ないからってそこからすっと離れるのとの両方のベクトルのせめぎ合いがあるわけで、この二つの関係がどういう形で着地していくのかということを思っていたと思います。

大山　今ので思ったのはクライエントさんに会っているなかで、クライエントさんが何というかボーダーライン的になる時期っていうのが、あるような気がするんですよね。その時期というのはどういう時期かというと、それこそ、いろんな人がこれでもかこれでもかって相談にきたり、いろんな人がとにかくとにかく入ってくる。たとえば、ふっと思ったことが急に偶然に実現化したり、妙な人に会ってこの本を読みなさいって薦められたり、ちょっと宗教的な人が寄ってきたりとか、そういう時期っていうのがあるじゃないですか。このクライエントさんも、そうした時期だなって感じがするんですよね。

川嵜　それ、すごいわかりますね。もちろん、この人はボーダーラインではありませんが。大山先生が言われているのも、ボーダーラインじゃないクライエントなんだけど、ある時期に入るとボーダーライン的なものが動くっていうことですよね。それはものすごく良くわかる感じがします。ただ、不思議なんですが、この人は、あんまり危ないっていう感じを抱かせない人なんですね。もちろん僕なりに慎重にお会いしているし、また、そういうボーダー的なことがいろいろと確かに起こる人なんだけど、命の危険に巻き込まれたり、精神病的なエピソードが出てきたりすることはない。そういう信頼感はすごくある人でしたですね。ボーダーラインの人はまたまったく違いますよね。
大山　ええ、ボーダーラインと言われる方たちは、もともと「三階と一階」というズレ、「基底欠損」とバリントが言っているものがあるわけですよね。こっちから見たら一階だけどこっちから見たら三階だという、地層のずれ、デカラージュが、最初からあるわけですよね。だからこそ、ボーダーラインの方は、「こっちから見ると一階なのに、どうしてこっちからみると三階なの！　三階だというのに一階だと言うの！」という混乱のなかに、最初から投げ込まれている。
川嵜　この夢の視点というのは、それを超越しているというか。
大山　ええ、ちゃんと両方から見ているところがちがうと思います。
川嵜　そうですね、たしかに、こっちから見たら一階なのに、こっちから見たら三階なのか、という視点だったら怖いといえば怖いですよね。おかしいおかしい、と思っているうちに天井が崩れ出す、とかね。Aさんのこの夢のなかでの崩れ方はまた違うわけです。
大山　そうそう。これは次をすごく見たくなりますね。この流れの次を。

《夢7》——両親への怒り・剃刀の夢（五頁参照）

大山　すごい夢ですね。少しずつ味わっていきたいのですが、ちょっと聞いてみたいことも。今回は「両親」なんですねえ。お母さんが病院に連れて行ってくれなかった、ケアしてくれなかったとか、いうことはあったけれど、今度は両親なんですね。
川嵜　お母さんはそういう人らしいです。クライエントのお父さんのイメージは、よく酒を飲んではバーっと暴れてたみたいです。ただ、この人はお父さんに割りとポジティブなんですよ。お母さんの方は不安とかパニックになりやすい人で、お父さんが暴れるとパニックになる。そして、その不安感を全部、クライエントをゴミ箱のようにして捨ててきたという思いをこの人はもっています。お父さんにはそんなにネガティブじゃないんだけれど、本当はこの人が母親から受けてきたそういうゴミ箱役みたいなことは、父親がやるべきじゃなかったのかとかいうような不満というのはお父さんに対してもあったようです。
大山　なるほど。そうした意味で、「私」は両親に向けて怒りを爆発させたっていう感じなのかもしれませんね。ところで「心に刺さる言葉」っていうのは、クライエントさんご自身のご表現ですか。
川嵜　そうです。夢は本人が書いて来られるんで、彼女自身の言葉です。
大山　この方は初めのころは、頭痛とか耳鳴りという形で漠然と脅かされるように感じていたのが、今は、「心に刺さる」っていう表現になっているというところが、すいぶん変わってきたんだなあって思いますね。ちょっとメタフォリカルというか、シンボリカルというか、そうしたところで捉えているわけですよね。ちょっと抽象化して客観的に距離をとって感じている。元家族の力動を距離をとって見ているんだなと思います。「心に刺さることを言ったのがきっかけで、怒りを爆発させる」ということですが、理不尽ていうことがちゃんとわかって、この人の主体がしっかりしてきたからこそ、怒れるんですね。「私は友人との交際もままならず……」というあたりも、リアルですよねえ。これはすごく情動の動く夢でしょうね。たぶん、寝言でもガーっと言っているくらいの。ものすごい感情が動いていますよね。
私が情動たっぷりにぶちまけるのを、周囲で三人の女性が聞いていますが、こうした三人の人が出てくるときっていうのは、それこそ顔がないアノニムの三人ですよね。アノニムになるときって、やっぱり三人くらい必要。相手が二人だったら、まだその人たちの顔というか人格が見えるのだけれど、相手が三人になるともうひと固まりになってしまう。たとえば、モーツァルトの『魔笛』でも、「三人の女性」にしろ「三人の童子」にしろ、アノニムな存在は「三」です。三人というのはまさにそういう数字ですね。その人の直接関係のとれない、どこか余所からやってくる声っていうか、無責任な大衆の声というかそういうものを、この女性三人というのはやっている。ここで一つ面白いのは、この三人が言っているのは、「あのころの親はそういう人が多かった」と親の論理じゃないですか。「何を言うの、お母さんはあなたのことを考えていた」と親の肩を直接もつのではなく、一般化した「親の論理」を言っていますよね。だからどこかそうした見方で、ご本人も親御さんのことを納得しようとしていたというところもあると思うんですね。
川嵜　今、おっしゃられた指摘はすごく印象的というか、刺激的です。それは、この人自身の声でもあるというか。しかも、客観性をもって、かつ少し冷静な。
大山　そうです、一般論をもってきて、自分を納得させようとしている。こうやって、どっちの立場にも立つ、という多面的な見方ができるというのがこの人の強さでもあるし、かつこの人を動けなくしているところでもありますよね。この夢でも、情動が動くような体験が起きていながら、そこに突然、流れを阻止する女性三人が喋りだすわけですよね。ここで親に対してだけでなく、そうしたアノニムな声に対しても感情を向けて言ったわけですよね。自分自身の何かを阻止する自分の声に対しても、感情を向けたんですね。でも、これではきっと収まりがつかないでしょうね。親に対して向けていたのは怒りであったのに、ここでは自分はこれだけがんばってきた、ということに置き換わっている。当然、次の展開に持ち越されますね。
川嵜　ええ。夢の場面が変わるときって、別の形で夢が問題を解こうとしている場合が多いですよね。
大山　「そのとき両親に味方する若い男性が現われる。その男性は手に剃刀を持っている」ものすごくアニムス的でかつアノニムですね、とうとう出てきたという感じです。これは、さっきの三人の女性の世間の声のようなものが、もっと本質的な形で出てきたもののような気もします。
川嵜　そうそう。そう思います。
大山　親を一方的に非難することでは、決してこの人の過去は清算されない。親に向けた怒りは、同じだけ自分に跳ね返ってくることをよくわかっているはずです。たとえば、もし親が「すまなかった自分たちが悪かった」と言ったとしたら、この方がこれまでがんばってきたということは、ゼロになってしまう。これまでの自分がゼロになってしまうわけです。だから、怒りを向けるということは、すごく両刃の剣のような意味をもつことだと思います。自分を傷つけることにもなってしまう。このナイフを持った男は、そんな感じもします。
川嵜　そこがすごく大事なとこなんですよね。相手から非難されても、謝罪されても辛くなってしまう。だからコンプレックス（複雑）なわけです。
大山　なるほどね。ここで、治療者が割って入るところがすごいですね。今言ったような隘路にはまると、自分ではどうしようもなく、外側の力が必要なのですが、そこにしっかりと川嵜先生が入ってきている。「先生はその男と同じ剃刀を持っている」。これは面白いですよね。この「若い男性」というのも、ある意味、川嵜先生自身かもしれない、ともちょっと思います。一つの治療者のポジの部分とネガの部分。なんかこれ、鏡写しみたいな感じじゃないですか、鏡像的ですよね。治療者は、ある意味クライエントさんに恨まれる役割ですよね。「私がこれまで頑張ってきたことが、ゼロだということがわかってしまいました。先生を恨みます」みたいなことって言われたことないですか。
川嵜　はっきり、ことばにされたことはあまりないけど、そういう時期に、明らかにこっちに対する恨みを基盤にしてクライエントさんがいろんな言動をしているなと思うことはあります。
大山　「自分は違う生き方をすることも出来たんだ」とか「違う生き方の可能性があるんだ」ってことが開けたときっていうのは、自分のこれまでの苦労とか耐えてきたものっていうのは一体なんだったんだろうって、治療者っていうのが自分を破壊していく悪魔のようにも見えるし、かつ前に進んでいくための助っ人でもあるという、ものすごくアンビバレントなものですから。これはある意味、自分の過去とさよならすること、前へ向かうということの、アンビバレントな気持ちが投影されているんですけどね。
そこで、この男に対して川嵜先生は、「同じ剃刀もって横に切って危ないと思うが無抵抗で差し出す」んですね。このあたりが息を飲む展開ですね。ここはさすが川嵜先生らしいなと思いますね。この無抵抗で首を差し出すという受動性の辺り。私はこれ、ぜったいできないですね（笑）。
川嵜　受動性というのは？
大山　つまり、合わせ鏡のさなかに、どっちの投影も受けて飄々といることです。私だったら多分違うことをしてしまうでしょうね。
川嵜　大山さんだったらどういう感じになるんですか。
大山　私はたぶんここで、投影を返すような方向に動いてしまうと思うんですよ。つまり、「あなたが私に二つを投影しているんだけど、それを自分のこととして引き受けてこれからの生き方を考えていくのはあなたなのですよ」、という方向に動くと思うんですよ。でも川嵜先生は、そのアンビバレントさを丸ごと引き受けて、お互いに首を切りあってシーンとしてポトンと倒れていく。この動きがこれは真似できないなぁ、すごいなあと思いますね。
これはある人が言っていてなるほどなあって思ったんですけど。強迫の人と会う一つの方法に、その人の強迫を使い果たさせることがある、と。こっちに来たらふにゃふにゃ、こっち来てもふにゃふにゃふにゃってやってやっていると、いつの間にかぽろっとなくなっていくと。Aというものを向けてきても「ああ、そうだね」といって、Aでないもの（以下、「非A」とする）を向けてきても「うんうん」てやってると、それがぺろっとなくなっていくということですが、なるほどなと思って。私は、そこでAを向けてこられたら直接言わないにしても、非A

のほうは今どうなっているんだろうと考えます。
川嵜　自分のことというのは盲点になってるから、よくわからないけれど、僕がふにゃふにゃしてるというのは確かでしょうね（笑）。そういう傾向はあるかもしれない。少なくとも、Aに対して非Aというのを僕の方から言うというのは、まったくないわけじゃないけど、すごい勝負どころだと感じるときくらいでしょうね。ことばにして言うのは。普段はあまり言わないですね。
大山　川嵜先生が、アンビバレントな合わせ鏡みたいな布置の真んなかにいて、それで布置が自然に動いてきて、ハラッと落ちるっていう感じですね。
川嵜　大山さんの場合は、合わせ鏡をクライエントさんに意識化してもらおうという方向に動くわけですか。もしそうならば、そもそも「合わせ鏡」というイメージ自体が治療過程のなかで出てこないのかもしれないけど。
大山　そうですね。私の方法としては、非AとAで揺らぐなあっていう辺りを潮の満ち引きを読むような感じで見ておいて、どちらかに偏りそうになったところで、対極をポンと置くって感じですね。
川嵜　なるほどね。僕はたぶんそういうものを置かないですね。ああ、反転したなあっていうだけで。その流れをただ見ていることが多いと思いますね。そこらへんの違いはおもしろいですね。
大山　ええ（笑）。だから、私のセラピーのイメージは、碁とか将棋なんですよ。
川嵜　そういう言い方をされるなら、僕は麻雀かもしれない（笑）。いや、冗談抜きで麻雀で治療論書けると思ってるんですけどね。[1]ところで、そういう風に対極というか、非Aを置いたとき、当然、相手から反発が出てきますよね。それはそれで引き受けていくという形になるんですか。
大山　そうですねえ、引き受けていくというか、その反発の矢面に立つという感じでしょうか。
川嵜　ふーん。……《夢６》での、あの不思議な建物は、一でもあり同時に三でもあるわけでしょ。つまり、Aでもあり非Aでもある。そういうものが治療のなかに出てきますよね。あの夢では、最後の方があまりうまいことといっていないから、もちろん、そういうものが出てきたらそれでいいんだなどと単純に思っているわけではないんですが、でも、そういうイメージの方が本来的ではないかという思いが僕にはあるんです。
本来的というのは、どう言えばいいのかな。たとえば、数学的に次元を一つ低くすると、三次元のドーナツはその切り口は平面（二次元）になって、するとドーナツの形状においては二つの円が現われるでしょ。つまり、二次元からみれば二つの独立した円が在るわけですが、一つ上の次元（三次元）から見たら、それは同じものの一部でしかないわけです。ちょっと僕には心理療法ってそういうイメージがあるんです。一つ低い次元から見たら、一と三が独立して別れているわけだけど、それは大きな次元のなかで見たら、一と三の間でそれこそ潮の満ち引きのようにたゆたっていればいいんじゃないか、みたいな感じがあるんですよね。でも、大山さんの場合は、一か三かと、そこを意識化していく？
大山　そうですね。一か三かのどちらかに決めてしまうというのではなく、かといって一でも三でもいいというのではなく、一か三かでクライエントさんが揺れ動くことを重視するという感じです。それをクライエントさんがやり抜いてこそ、それが一でも三でもあるということが実感されるのだと思います。ふんばることが次の認識へ至るための器になるという感じがしますね。器は抱えると同時に、反対物も漏らさずそのなかに入れていくというものでしょう。これは、私のセラピーの特徴であると同時に、限界でもあるでしょうね。それだからこそ動く場合もあるだろうし、逆にそれだからこそ動かなかったり、遠回りになっちゃう場合もあるでしょうね。
川嵜　でも、ある意味、それは僕より中に入っていってる気がしますけどね。相手がAだっていっているときに、非Aを持って切り込んでいくというか、入り込んでいくわけでしょう？
大山　なるほどね。こういうことをクライエントさんやスーパーヴァイジーに言われたことがあります。「こっちに先生がいて、ああもう！　って思って反対方向に行くと、そこにも先生がいてにやって笑ってる」。
川嵜　入り方とか視点の置き方がちょっと違うのかな。

大山　たぶん私自身が、矛盾のなかにたゆたうことができないんですよ（笑）。これは、私の臨床への態度だけでなくいろんなことに当てはまるだろうけど、すべてのことにおいて一貫しているということを、自分の筋としてすごく大切にしてしまうところがある。遊びがないとも言える。
川嵜　無矛盾（笑）。
大山　そうそう、無矛盾な体系ということを考えてしまう。
川嵜　言葉尻だけみてると、ちょっと、強迫的な感じもするけど……。おもしろいですね。そういった志向性が大山さんにあるのはすごくわかる感じはする。さすが哲学畑出身というか。
大山　（笑）。矛盾は矛盾として、体系的に記述するというか。だからゲーデルとかすごく好きなんですよ。
川嵜　ゲーデルには僕もとても関心はありますけど、やはり関心の持ち方が異なるかもしれないですね。ゲーテルの「不完全性定理」を僕が正しく理解してるかどうかは怪しいもんですけど、一つの体系というのはそれだけでは完結してないんだ、というところをおもしろいと思ってしまう。そりゃ、そうだろうって。
大山　（笑）。
川嵜　やっぱり矛盾がつきまとうというのかな、形式的な体系の中においてはその体系内だけでは証明できない命題が孕まれている。それは臨床やってでてなんかフィットする感覚なわけです。体系というものが完結していなくって、そこにある種の「崩れ」が含まれてしまうというところが。
大山　ああ、私は逆ですね。証明できないということがきっちり証明できるというところに、おもしろさを感じる。
川嵜　そこも、たしかにおもしろいとこなんですけどね、もちろん。ゲーデルも、だから証明なんて意味がないんだなどと言ってるわけではないんで。でも、近代意識というのは基本的に無矛盾を目指してきたところってありますよね。一神教的な隠喩を背景に、唯一の真理にだんだんと近づいていくことができるというような。だから、近代的な意味での「この世」に住むわれわれが、そういう無矛盾の体系ををどこかで前提に生活していってるのはよくわかるし、それは大事なことでもあるんだけど、ほんとはそんなん嘘とちゃうか、もっと矛盾含みの領域にわれわれは住んでると感じる方が本物ちゃうか、みたいな感じはあるんですよね。
大山　ただ、宗教性が関わってくるときというのは、無矛盾にこだわるというのは、重要だと思います。超越性をこの世の平面に降ろして位置付かせるときにはすごく強迫的になりますよね。宗教の儀式というものは、ある意味全部強迫行為じゃないですか、次元の異なるものを平面に降ろしてくるわけですから。だから、超越性を降ろしてきてコスモロジーを築くっていうときは、ある一貫した世界観というか、そういうものへの志向がなければ、超越性はこの世には表れないのではないでしょうか。
川嵜　そういう意味での儀式っていうのはある種この世的でしょ。本来の宗教性は矛盾含みなんじゃないかな。「不合理ゆえに我信ず」と言うか。たしかに、一般的に言って、儀式というのはこの世とあの世のインターフェイスに関わるものだから、ある種形骸化するものになっていかざるをえない。でも、もっと本質的な儀式っていうのもあると思うんですよね。儀式を突き抜けるための儀式というか。通常の儀式などというものを超えてしまっている世界。どうしても僕はそっちの方を思い描くところがあります。
大山　私はその逆ですね。私たちは超越したあの世に行けるわけではないし、絶対にこの世で生きなければならないから、超越性との接触を保つからこそ、この世での儀式的なものをすごく丁寧に大切にしないといけないという感じです。
川嵜　僕も、そこに行くのがいいとか行けばいいとか思ってるわけではなく、ただ、それに思いを馳せていることは大事だろうなと思うわけです。それから、大山さんが言われていることは、大山さんが僕なんかより、はるかに「あの世」に入ってるからこそ、逆に補償的にそう思うんだろうなとも感じますね。で、もちろん、そういう「この世」性はすごく大切なことだということは私も認識してるつもりですけれど。

大山　ところで、さすがにこの辺りで夢に戻りましょうか。「やっとのことで二人に近づき割ってはいろうとするが自分の命が大事になり一瞬引いてしまう」。このスタンスは、この方の特徴ですね。本質的なところ、それはある意味危険なところに、自分が飛び込もうとするのですが、我にかえり、危ない危ないと思う。《夢６》でもそうでした。これは体験そのものから遠ざかっているようだけど、この方を護るものでもありますね。ギリギリなところに行ってもボーダー化しない辺りの強さにも通じますよね。「自分の命が大事になり……」っていうのは、クライエントさん自身がどう捉えたかっていうのはちょっと聞きたいですね。
川嵜　それは、どうしてそこら辺を聞いてみたいと思うんですか。
大山　この方には、そうした体験の外に出るというパターンの反復がありますよね。それがこの人にとってどんな体験になるんかなあ、という。そうでないと、体験の外に出たものがどんどん無限後進してしまって、体験から遠ざかりますから。
川嵜　そういう意味でやっぱり意識化を大事にする。
大山　（笑）そうですね。私だったらやっぱり、体験の外に出たということをどう体験するかということを含めて聞いてみますね。体験から漏れ出たものも含めて、どう受けとめていくかということです。そっちの方に焦点を当てるかな。でもこの夢では、「そのとき川嵜先生が与えた傷が深かったのか～男を運ぶ」という動きになりますね。こういう進み方もあるんだなあ、と感心します。つまり、男が倒れてそれを救おうとするじゃないですか。ここでは、体験のなかに入っていますよね。さっきは、川嵜先生が間に割って入ったのに、今度は自分が間に割って入っている。関係性が変わっていますよね。布置されている構造がものすごく変化していますよね。で、どうなるかなあと見ていると、川嵜先生が「出血してしまえば、行くところまで行ってしまえば、あとは元気になる」って言うのも面白いですね。これも、まさにさっき川嵜先生がおっしゃっていたスタンスですよね、流れに任せておくという。この若い男が助かって欲しいと思うところは、おもしろいですね。悪い奴を倒した、万々歳ではなく、倒れた人も助かって欲しいと思いながら、そっち側を救出しようと思っている。こういう納め方もあるんだなあ、と感心します。

《夢8》——熊の母子の夢（六頁参照）

大山　なんで熊なんでしょうね。アイヌでもそうですが、世界中のいろんなところで、熊は神の使いや神の化身と考えられているそうですが、もしかするとこの方の魂のようなものかもしれないけれど、あまりしっくりこないですね。母熊と仔熊が家に入ってきたんだけど、母親がいなくなる。残された仔熊というのはかわいいけれども危険だ。これは、《夢2》のエイリアンとの関連を感じさせます。《夢2》ではエイリアンがどこか行っちゃったけど、今度は母熊がどこかに行って子熊だけが残る。子熊とこの方との直接の関係が、ここから始まるという感じですね。仔熊は二階へ上がろうとする。上の方向へ行こうとして、五、六段目に上がったときに落ちて、まさに後頭部を打つんですね。頭を打つということがこれまでの夢でも何回か出てきましたが、今回は上に行こうとして落ちて頭を打ったというところに着目したいですね。この世的な平面から、上の世界へ行こうとすると落ちるということがやり抜くべきテーマなのだと、はっきりしてきた感じがします。
左後頭部を打った仔熊を家のソファーに運ぶということをやっていますが、お母さんがやってくれなかったことを、自分がここで動いているわけですよね。そのときの体験に自分が関与して運ぶ。すると、「突然仔熊は女の子になる」のは、ああ、なるほどなあと思います。熊という形で人間世界から遠いものであったものを、この方が救ったとき、それはもっと自分の自我に近い存在である女の子になるだろうな、という感じはします。「左後頭部は腫れて〜死ぬかもしれないな」と思うというあたりは、まず、ずいぶん冷静だなという感じがします。この辺はなぜでしょうね。深い夢は、逆に感情的な負荷がないことがあると思うんですが、この夢もそうかもしれません。この夢が、「女の子が助かってほっとする」とか「必死で看病して助かって欲しいと思う」とかいう終わり方だと、逆になんだか作りものっぽく浅くなってしまいますからね。でもこの夢がこうした終わり方なのはなぜかという解釈は浮かんできにくいのだけれど、こうした終わり方が心に残りますね。この辺りは、溜めておきたいです、なんで熊なんだろうということも含めて。
川嵜　実際的なセラピーでもし、こういう夢が出てきたら今言われたそこら辺を溜めておかれるんですか。
大山　溜めておきますね。「ああ、そっか助けたんやねえ」ぐらい言うかもしれないですが。感情的な負荷もつけないですね、感情的な負荷をつけると、こちらの解釈を押しつけることになってしまうから。
川嵜　その最後の部分とか、なんで熊なんだろうとかいう部分はすごく大事だと思うんですけど、それに関しては溜めておくにせよ、今ここでは、なにか言えることとかはありますか。
大山　この夢でも、もしかすると女の子がちゃんと死んで、イヨマンテのようにちゃんと魂送りをしてあげるのが大切なのかもしれないし、あるいは逆に女の子が助かるということのほうが大切かもしれない。その辺りは、まだわからないです。死ねばいいというものではないですから。たとえば「死と再生」が本当に意味をもつときには、それなりに他のところもしっかりと整って準備ができておくことが必要ですから。供儀だって、それを支える信仰や文化がなかったとしたら、単に残虐な行為ということになってしまうではないですか。だから夢でも同じように、その方の夢の全部の布置をしっかり見ないと、何とも言えないですね、大切な夢ほど。

《夢９》――白装束の人の夢（七頁参照）

大山　感動深い夢ですね。あまり、ごちゃごちゃ余計なこと言いたくないなぁ（笑）、ただ味わいたいですね。こう言ってしまうと月並みにはなるんだけれど、この夢にはセルフの動きがありますね。この白装束の二人というのは。身も力も尽きてどうしようもないときにこそ超越的な力が動き出す。そういうことをすごく思わせる夢ですよね。聖なる感じがするし、こういうセルフに出会ったときの感動というか、本当に感動で胸がいっぱいになる感じというのがすごく伝わってきます。実際の面接だったらこの夢をただ味わう。何も言わず一緒に味わいますよね。
川嵜　本人もすごく感激した感じだったみたいです。
大山　「中学時代の友人だった人と旅行に来ている」。中学時代は、どんな時代だったんでしょうね、この方にとって。
川嵜　この夢の時点では話していないことなんだけど、この人の中学時代は、さっき話題に出てきたけどお母さんがすごくパニックになったり、この人がいないと不安になるので門限とかもすごく早く設定されてたみたいです。たとえば、Aさんが会社勤めをしていたときでも、六時ごろに帰ってくるのにバス停でお母さんはずっと待っているとかね。前の夢にあった「心配を超えた干渉」っていうのはそんな感じだったみたいです。中学時代はクラブとかあったから、それに関わって、なるべく家に帰るのを遅くしたりとか、ちょっとそういう家から離れる動きをしていたみたいです。
大山　中学時代というのはまさに思春期で、親とはバウンダリーをつくって、別の世界との関係をつくる。世代間の関係が変わる時期ですよね。この方が母親とバウンダリーを作ろうとしていたのに対して、母親は逃がすものかと、必死になっていたのでしょうね。
　自我発達にはいくつか節目があると思うんだけれど、それから考えると「中学時代の友人だった人と旅行に来ている」っていう状況で、「落ちる」テーマが繰り返されるものは、おもしろいと思います。この方が実際に「落ちた」のは、幼稚園のときということですから、たぶん四、五歳ですよね。このころは、子どもは、生きている自明性から一歩外に出るころですよね、「死んだらどうなるの？」とか言い出す時期ですよね。その次の節目が十歳ごろで、視点がグッと上がって自分の存在を俯瞰的に見るという時期ですよね。超越性に開かれる。『千と千尋の神隠し』ではないですが、神隠しに遭いやすいのも、十歳ぐらいの時期ですね。強迫神経症なんかが始まるのも、この頃です。次の節目は中学時代あたりですが、この時期は、思春期なんだけど、親とのバウンダリーが作られてきて、友達との親密な関係を築くと同時に、唯一無二の自分の存在として、自分を内面化していく時期ですよね。現実平面から抜け出しながらも、自分を現実平面に位置付かせる時期だ思います。だからこの時期が、夢のなかに選ばれたということは、超越性と現実性をどう折り合いをつけていくかということをやっているということに関係するのだろうなという感じがします。

川嵜　なるほど。

大山　「高い山に登るはずなのに〜ボートに乗ることになる」のだからほんとは上に行こうとしていた。山っていうのは神に近づいていく高さなわけですね。神々しい山っていうのはよく言われるけど、神々しい海とかっていうのはあまり言わないように。上に行くはずだったんだけど、海か湖かわからないところでボートに乗ってしまうことになるんですね。これは、《夢１》のテーマにも似ています。上に行くのではなく平面に縛り付けられてしまった。でも、何度も言ってきたように、これが大切だと思います。この方はそのまま山に登っていたら遭難するか神隠しに遭うでしょうね。

「突然私だけが、吊り上げられて海か湖に落とされる」。バンジージャンプのようでイニシエーション的な感じです。イニシエーションでは、超越性へ抜けると同時に、今度はそれをこの平面に着地させなければならない。着地が成功すれば、変容ということになるだろうし、うまくいかなければ死んでしまうか、そこに固着して症状を抱え続けることになるだろうし。この夢は、この方の超越性へ上がってこの世に落ちるということを、イニシエーションとして捉え直してしっかりやろうっていうことをしている感じですね。

「深い底まで沈んで〜底につき」すごいですね、底に着くっていうところ。《夢１》の海はどこまでも底が深くて沈んでも見えるだろうなって透明な底なしだったし、この方はそれを外から見て自分の身体を分離してプロジェクションしていましたよね。でも、今回は、自分でちゃんと沈みきって、沈んで底に着いたところで上がっていくというのがすごいと思いますね。極みに至ったときに反転するという、エナチオドロミアですね。セルフ機能が動くときっていうのは、内向的人格が外向的人格にグッと反転したりとか、病的なものとして現われたものがすごく創造的なものとして現われたりとか、こういう反転がありますよね。
「思いっきり〜離れたところに顔を出す」ということですが、これも興味深いです。これがもし、ちゃんと予定通りの場所に出てきてイニシエーション完了というと、ちょっと出来すぎな話になるわけで、なんかちょっと違う場所に上がってきてしまったというのがよかったと思います。ちょっと斜めというのがいいですね。垂直に上がっていってたら、また空まで飛んで行っていたのではないでしょうか。
川嵜　ああ、その感じはわかる気がします。
大山　横軸を少し含んで、斜めに行ったからこそ、水面でとどまれたんでしょうね。ある意味、自分の努力では失敗したからこそ人智と違うものが動き出す。
川嵜　うん。この「斜め」の軌跡は人智ですよね。
大山　ええ。イニシエーションの面白いところは、あれは王になる人っていうのは王になるために徹底的に試練を耐えなければいけないかもしれないけれど、そうでない場合はなにか救いがあったりするんじゃないかなあ。たしかに試練を体験するんだけど、もう自分ではどうにもならないというところで、パッと違うものが入ってきたりとか、違うものが降りてきて助けてもらう。そもそもイニシエーションは、超人的な自我の完成ではないですからね。自分でやり抜いてしまっては、共同体のメンバーにはなれないわけです。
川嵜　うん。イニシエーションは自我と関係ない。
大山　「〜感動で胸がいっぱいになる」っていうのは、すごくわかりますね。この感動は「ああ、よかったね」という浅い次元ではないですよね。当たり前だけど、実際のセラピーでも、ここで「よかったですね」なんて、絶対言わないですね。これは祝うべきことだけど、喜ぶべきことではない。喜びというのには、まだ偶然の要素がありますからね。ここはすごく必然的な動きなので、深い感動はあるけど喜びとは違いますね。
川嵜　その、祝いと喜びの区別は興味深いですね。ちょっと話が戻るけれども、さっき言っていたのはこういう意味ですか。王というもののイニシエーションだったら、そこに「ズレ」があってはいけないけれども、もっと一般の人の場合だったら、助けが入るという……。
大山　そうです。王は超越性と共同体との結び目じゃないといけないので、共同体からは救ってもらえないんですよね。超越性の体現者ですから自分でやり抜かなければならない、不自由なものです。だけど共同体のなかの人のイニシエーションは儀式ですから、ある枠のなかのものであって、やっぱり何か助けやトリックが入っていますよ。だからイニシエーションは、ほんとうは「個人の自己実現」ではないんですよね。むしろ、共同体の一員を生み出すことです。
川嵜　そうそう。それはすごくわかります。
大山　シャーマンになることもそうですよね。シャーマンになることは、その人の自己実現の物語として語られてしまうことがよくあるけど、でも、それは絶対に間違いだと思う。シャーマンには、仕方なくなってしまう、というか成らされてしまう。けっして、自己実現ではなく、むしろ自分を無くすことです。もっと完成された個人になるとか、もっと能動的な人格になるって形でイニシエーションが語られることが多いけれども、実はそれはものすごく西洋的な自我中心的な見方で、曲解された近代的なシャーマンとかイニシエーション像であって、ほんとは絶対そうじゃない。
川嵜　それは、まったく同感です。別の本でもこの人の夢を使わせてもらって書いているんだけど、逆に言えば、だから西洋近代自我にはイニシエーションというものはないわけです。
大山　ないですね。セルフが動いて、人格が統合されて良くなってきてるなとか、完成された人格になって云々とやっちゃうとだめですね。

川嵜　そんなこと、思ったことがないな。そもそも自分自身の人格が統合されてないから。
大山　（笑）。むしろ、そこから先が難しいと思うんです。自分から抜け出して先へ行こうという魂の動きが始まったとき、どこにどう着地していくかっていうことが。クライエントさんたちにお会いしていて思うのは、そこから先の仕事がとても難しいということです。自己実現、自己を探して本来的な自分になって統合された人格になって、外に出て行きますという図式ではないんですよね。こういう呼び声を聞いたし、可能性を知った、そしてこういう自分にも触れてきたんだけれども、じゃあそれで世の中でどう生きていくかっていうところで、心理臨床はむしろそこをやっていかないといけない。たとえば、治療が進んでいくと、どんどん自由になって能動的になって解放された感じになってくるというのとは違うと思うんですよ。自分が見えてくれば見えてくるほど、昔と違う囚われや、新しい責任性とか、新しく自分が礼を尽くすべきこととか、どんどん見えてくるんですよね。そういう意味での哀しみがある。シャーマンになってくるっていうのはそういうことですもんね。だから、こういう夢を見た後に、どう生きていくのかなあ。

《夢10》――超能力・巨大な竜の夢（八頁参照）

大山　この方は本当に他の人が見えないものが見える人だと思うんですよ。この竜が見えるっていうのはリアリティですね。夢だから竜が出てくるというよりも、これが見えるということが、この方が現実で生きているリアリティそのものですね。
川嵜　そのとおりだと思います。
大山　ところがそれが見える人というのは少ない、というかほとんどいないので、他の人とはそれについて話をすることができない。だからそういうものを一人で抱えて、それを社会的な言語に降ろし社会性のなかに根付かせていくのはすごく難しい。けれどそれがいったん見えてしまったら、目を逸らしてはならない。これは苦しいことだと思います。超越性の方向の上にも昇りきれず、かといって地面にも着くことができず低空で苦しそうにしている竜というのはこの人のあり方そのものでしょうね。これは大変だろうな、と思います。こういうところでちゃんと繋がれる人、これが一緒に見える人というのが、やっぱり欲しいですね。見える人がいたらいいのになあ、というのはすごく思いますね。
川嵜　うん。
大山　大体夢で解決が出来ない局面まで来ると、そこで止まって「場面変わって」ってなりますよね。この夢もそんな感じで、場面が変わって、同じテーマを違う状況設定でやっていますね。「洞窟のなか」という別の場所で。ここで面白いのは、上から水が落ちてきている。水はこの人のこれまで下にあって、そこに入っていってい く、というものであったのが、今度は上から落ちてきている。この水はさっきの竜が形を変えたものとも言えると思います。竜が水神として川や雨のメタファーというのはすごくありますから。しかもそれを、この方は身体で受け止めていますよね、行をして。それを受け止めるために姿勢を正すとか。受け止めようと必死になっていますよね。言ってみれば竜とのつきあい方をがんばっているわけです。そうだそうだ、その調子って感じですね。
　この人の側に、ずっと行者がいるのが良かったですね。さっきのが「竜が見えて、一人でいて、こわくなる」ってなったら危ないですけど、ちゃんと行者がいてくれる。《夢９》では横から女の人が来て助けてくれましたけれど、あれと同じようなかたちで、行者がいてくれるという、導き手のセルフというか守護霊みたいな守りをこの人もっているじゃないですか。これはものすごく大切なことだと思いますね。拝み屋さんとかだったら、あなたにはすごく強い守護霊がついてます、とか言うことでしょうね。
　シャーマンもそうですが、見えてしまったなら、これはもうこの方向でやらなければ仕方ないですね。
川嵜　そうかもしれない。

大山　ものすごく大変なことだと思いますけれど。これ、たとえば僕がお会いしている方だったら、「あなたも大変なところに来ましたね。これはもうやらないと仕方ないですね」っていう感じで、逆に大変なことだからこそ開き直って二人で笑いますね。
川嵜　実際のこの人、そういう霊的指導者みたいなところに行き始めるんです。ただ、そういう人って結構危うい人が多いでしょ。でも、この人の話を聞くと、やっぱり本物を選んで行ってるなという感じがとてもするんですよね。で、このAさんが、誰かの変なものを受けてしまってしんどくなるとか、霊みたいなものが見えるとか、その霊的指導者の人に相談したりするんだけど、その人は今、大山さんが言ったみたいなことを言うんですね。「そりゃもう、あんた逃げられへんで。やらなしょうないで。問題はどうやって自分を守りながらやるかや」とか。だからこの時期になると、それを捨てることはできないからどうそれに向かい合っていくかみたいな話が面接のなかでも多くなってきます。
大山　ここまで来たら、身を律すというのがますます大切になってくるでしょうね。滝の水を受けとめるために姿勢を正すように。自分のあり方によって、何を引き受けるかが違ってきますから。自分が弱くてぐにゃぐにゃになっているときは、悪いものが悪いものとしていっぱい入ってくるんですよ。けれど姿勢を正して、しっかり筋を通しておくと、邪なるものに出会ったとしても、それはちゃんと外にいるし、たとえ入ってきたとしても、それを違う位相で受け止めることができます。

注

（1）　川嵜克哲「山口論文へのコメント」『上智大学臨床心理研究』二三巻、二〇〇〇年、五五 - 五九頁。

第6章 皆藤 章による夢の解釈：コメント

《夢1》——反復夢・いかだの夢（二一頁参照）

川嵜　皆藤さんとこんな感じで臨床事例に関して対談的に話をするのは、『風景構成法の事例と展開』以来ですよね。今回は、夢が中心で、かつ私自身が事例を提供しているということで個人的にもとても楽しみなんですが、まず、《夢1》に関してどのような感じをもたれたでしょうか。
皆藤　この人の夢の連想は、なるほどってすごく思うんです。というのは、この人が「夢が変わったので驚いた」と言われたプロセスは、やっぱり心理療法のプロセスとどこか繋がっているんだろうなという気がしますし、相当深い、深いというか深層意識のところでこの人の何かが動いていることをこの夢は教えているなあっていう感じがします。
川嵜　うんうん。
皆藤　この人は、基本的な在りようとして、具体的な人間関係やそういうふうなことが夢に出てくるっていう人ではありません。
川嵜　そうそう。そこですよね。
皆藤　夢にある、「海の周囲に山々があり」っていう山々、これニライカナイですよね。遠くに在る神の島。この人はそこが見えるようになってきている。これまでは海が果てしなく続いて向こうが見えなかった。ニライカナイが見えなかった。自分にとっての守り神と言ってもいいし守護神と言ってもいいし、ともかく自分を本当に根源のところで守ってくれるようなそういうものがこれまで見えなかった。体験できなかった。それが今は、ニライカナイとして体験されている。ニライカナイっていう発想が僕のなかに湧いてきているわけだけど、まず太陽を見上げるということよりも山々があるっていうイメージがこの人にやってきたっていうことは、順序としてはとてもよくわかる。
川嵜　太陽の前に山が……。
皆藤　そう。山があって、そうして太陽も山の向こうから昇り山の向こうに沈む。最初に山がこの人に体験されることを通して「ぽかぽか暖かい」とか「いい気持ちになってごろりと横になる」というような体験がやってきたんだと思うんです。たとえば、「いかだの上にいてふと見上げると太陽がさんさんと照っている、周囲を見渡すと山々があって水が澄んでいてきれい」という脈絡では、いい気持ちになってごろりと横にはなれないだろうという気がする。それは太陽がもっている両面性みたいなこともあるのかもしれない。「暖かい太陽」という連想をこの人はされてます。「上など見たことなかったが、見ると暖かい太陽があった。不思議」。本当に不思議なんだろうなあと思います。そして、これはみんな山々の恵みなんだろうなあという感じがする。この人は山々を、ニライカナイを体験できた。「周囲」っていうのがちょっと気にはなるんだけどね。周囲っていうのは四方全体か、もうひとつよくわからないから気にはなるけど、ただこの人が海の彼方に山を見るっていう、この体験はこの人にとってはすごく大きな恵みだった。心理療法的に言えばすごく可能性を感じさせる夢ですね。
川嵜　なるほど。海の彼方に山を見ることができたことにまず注目されるわけですね。
皆藤　そう。それから、この人は一人でいかだの上にいるんだけど、いかだってこの人が生きてきた道程、プロセスみたいな感じがします。人工の建造物のような船ではないところがとてもそんな感じを抱かせます。だっていかだは自分で作るわけで、この人なりに旅をして、海の旅をしてきて、そしてニライカナイを体験する。この山を見れる人はすごいなあって、すごく思います。
この人は夢のなかで、「これなら自分が落ちて沈んでも見えるなとヘンなことを考えている」わけですが、たぶん、水平軸と垂直軸というようなテーマもここにあるのでしょう。この辺りのところがまだこの人の自我性というか、自我意識みたいなものが残っているところで、これがすとんとなくなって、「山々があって水がきれいで太陽が照っていて、ごろりと寝ころんで暖かくて」となったらこれは完全に自然と合一というところまで来ると思う。だけどここでちょっと、この人は「ヘンなことを考えている」。この「ヘンなことを考えている」自我性は、果たしてこの人をクリエイティヴな方向に導くものなのか、それともこの自我意識みたいなものが消滅してこそ、この人にとっての合一体験みたいなものが現われてくるのではないか。しかし、そうなるとこの人も消えてしまうのか、ということも少し思いました。
川嵜　ふーむ……。
皆藤　この辺りはどう展開していくのかっていうことですね。僕がこの人のセラピストだったら、ささやかな不安と、しかし、でもここを通っていかなくちゃいけないのかなあという覚悟と、そうした両面が僕の内に湧き起こってくるかなという気がします。
川嵜　さきほど言われた自我意識というのはすごく興味深いんですけど――というのはぼくはこの夢での垂直性をむしろ逆に自我意識ではなく、超越的なものにからめて考えていたんで――、どこら辺から自我意識という感じがされるわけですか。
皆藤　やっぱり「ヘンなことを考えている」ってこの人が思えるところかな。
川嵜　ああ、なるほど。それはわかります。落ちて沈んでいく自分を自我意識とおっしゃってるんではなく、その視線に対して「ヘンなことを考えてる」とリフレクションしている意識を、自我意識と言われているんですね。

皆藤　そうです。「これなら自分が落ちて沈んでも見えるな」とこの人は夢のなかで考えている。「自分が水に溶け込むようになっていく」というふうに夢が展開するとしたら、この人は死ぬかもしれないと思ったりもするかもしれないけど、それは実際に死ぬことではなくて、言ってみれば自然と完全に合一するということです。でも僕らは自然と完全に合一しては生きていけないのかもしれないとも思ったりもします。そういう意味では、この人はいかだを作っていたり、ヘンなことを考えていたりするわけで、まだこの人は自然と完全に一体になっていない。そういう意味での自我意識です。
川嵜　なるほど。わかります。
皆藤　ただ、この人はこれまで反復夢として、「さびしく怖い感じ」「海が果てしなく続き、さびしく寒い感じ」を体験してきています。それは非常に自我意識が強いというか、自覚的ですよね。夢のなかで寂しさを感じて、自分ということに対する意識性がすごく高まっている。今度も同じように自分ということに対する意識性なんだけど、でもそこには、「自分が落ちて沈んでも見えるな」といったこの人自身の能動性が垣間見える。これに対し、これまでの反復夢は受動性の体験と言えます。ここが違う。この夢は、自分が行くということに対しての、「ヘンな考え」っていう体験がある。そこには何かが動いている。やはり能動性を感じますね。僕のさっきの語りはそういうこととも関係するかなと思います。
しかしまあ、僕はあんまり経験ありませんけど、こういう夢を見る人はあんまりいないのではないかなあ。
川嵜　こういう夢、というのはもう少し言葉になります？
皆藤　この夢は、セラピストがこの人と会われて何回目に現われたのかはわからないけど、まあそんなに回数が経っていないころに現われたと思うんですね。通常は現実的な関わり合いとか人間関係とか現実葛藤とかそういうふうなものが夢に現われてきて、徐々にそれが動いて変容していって、こういう世界がやってくるっていうプロセスを辿るんだろうけど、この人は一気にここまでくるっていう印象が強い。そういう意味では、この人のなかで、現実レベルで生きているときに、自分の意識性を超えたところで何かが動くんやろうね、パッと。
川嵜　ああ、それはこの方のすごい一つの特徴だと思いますね。
皆藤　この人の体験として、結果が起こってきたときに振り返ってみるとものすごい怖かったとか、つねに自覚して石橋をたたいて渡っているんじゃなくて、パッと行ってそこでふっと行ってきた道を振り返ってみるととんでもないところにいるとか、そういうことがこれまで現実に多かったんやないかな、と思う。
川嵜　確かにそういうところがある人です。
皆藤　たとえば、その、海だからアーキタイプとかグレートマザーとかいろいろ思う人もあるかも知れないけど、そんなんやないよって僕は思う。そんなレベルでちょっと言えるとしたら、それはむしろ太陽の方かな。これは神かなって感じはする。神に暖かなエネルギーをもらってそして横になる。これから眠りながらエネルギーをどう溜めてそして進んでいくのか。そういう意味での神的なイメージというのはここにはあるかなとは思う。守護神みたいなイメージですかね。
川嵜　神としての太陽。それから、山。ニライカナイに関しては、少し説明していただいた方がいいと思うんですけど、どうですか。
皆藤　神が住んでる国っていうことやね。彼岸の、永久《とこしえ》の国と言ってもいい。沖縄の齋獄ウタキで言えば、本島から久高島を見る、太陽の光が海を照らし、遠くに久高島を見る。あの島は本島に暮らす人にとっては神の島。神が住んでおられる島。それがニライカナイ。この人にはそれが見えたんだろう。
川嵜　彼岸が見えた……。
皆藤　僕がちょっと「ヘン」なのかもしれないけど、「これなら自分が落ちて沈んでも見えるなとヘンなことを考えている」というところが、この夢全体のなかでとても違和感を覚える。もっとも強いインパクトがある。
川嵜　その違和感、インパクトというのは？

皆藤　それはこれまで話してきたようなことなんですが、この部分に唯一、自我意識が働いていると思うからです。そのように思うのは、僕のコミットが自然との合一というところにあるからかもしれません。
ところで、この海は凪いでるのかなあ。たぶんそうやねえ。
川嵜　なんかそんな感じはしますけどね。
皆藤　こんなこと言ってるときりがないけど、まずこの人は海に自分を委ねているんやね、いかだの上にいるっていうことはそうでしょう、自分の生命を海に委ねていると言ってもいいでしょう。
それから太陽。「太陽がさんさんと照っていて、ぽかぽか暖かい」。この人は太陽にも自分の生命を委ねているわけですよね。何が言いたいかというと、つまりどうにもしようがないわけです、この人は。言い方を変えたら。この状況っていうのは、太陽にも自分を委ねているし、山々にも自分を委ねているっていうことができる。自分は受動的であって、自ら動こうとしない。このことはとても大事なんじゃないかと思う。たとえば、いかだの上にいて山々を見ながら一生懸命向こう岸に辿り着こうとする、というような状況を夢は作り出していないんです。そうではなくて、山や太陽に自分を委ねている、そういう姿勢がとっても大事なんやないかなあと思うんです。
川嵜　そうですね。普通、いかだで果てしない海を漂流していて、そこに島とか山を発見したら、そこにたどり着こうと思いますよね。そういう動きをこの人はしない。
皆藤　そう。この人との心理療法のプロセスをともにするとき、セラピストは、周りのものに自分を委ねているこの人、海や山や太陽とそうした関係を生きているこの人の在りようを操作しようとしてはならない。これは大切です。操作しようと考えたら、たとえばいかだを必死に漕いでいるうちに海は荒れて津波になってこの人を襲ってくるというような展開が起こるかもしれない。そんなイメージが僕にはある。そういう意味では、この夢はかなりの程度バランスがとれていると言える。

それから、こんなことも思うかな。これまでの、結婚以来の反復夢のなかで「主人と籍が入っていない。ずっと一緒に暮らしているのになぜ、と不安になる夢」というのも、そういう反復夢は見るだろうっていう感じもします。見ても不思議はないと思う。ひょっとしてこの人は、生まれてきてからのこれまでのプロセスをこの世に生きるみたいな言い方をすると、人間界みたいなところで生きてきたこの人が動いてきた一つひとつのことが、みんなこの人にとっては不思議なんじゃないかなあと感じる。この世にこうしているってことがどこかこの人にとっては不思議なんだと思ってしまう。
川嵜　なるほど。
皆藤　しかし、そうした不思議をリアルに体験することをなんとか踏み留めているのがこの人の主訴なんじゃないかな。この意味で主訴は、あんたは人間界にいるのよってことをこの人に体験せしめていると言える、この夢からの連想だけど。
川嵜　それはまったく同感ですね。
皆藤　だから、現実状況としては、周囲から見たら結婚されてて子どもさん二人おられて、まあそれなりに安定しているような感じを受けるかもしれないけど、この人が生きてる世界はまったく途方もないところに在るのではないでしょうか。そういう感じがします。
それからご主人、ご主人には強迫行動がありますが、強迫行動をしないとどうにもならないと言えるんじゃないかなあ。それがいつから始まったのかは知らないけど。この世にこうして生きて結婚して家族と生活を営んでいるっていうことを、つねにこの人に自覚せしめる行為っていうのが必要で、それがご主人の強迫行動かなあって感じがするね。クライエントはご主人に恐怖を感じている。これは正に人間である、恐怖を感じられるってことはそういうことだと思いますね。
それから、個人的な関心でいえば、《夢１》を聞いて川嵜さんは、もし何か語ったとしたら、どんなことを語ったんだろうっていうのが知りたいところです。
川嵜　なんて語ったかなあ。この夢に限らないですけど、この人自身が的確に捉えておられる印象があって、私はただ、そうそうっていう感じでいることが多かったと思います。逆に普段はあんまりしゃべらないようなことをこの人だからバーっと相当しゃべっていることもありますけれど。大概の夢に関しては、あんまり何にも言っていないのとちゃうかな。
皆藤　さすがですね。
川嵜　この人の夢がぜんぶ語っているというか、この人もそれを相当わかっている印象があるので。
皆藤　この夢にこちらがコメントするということは、海と太陽と山とこの人の四つの関係のなかにセラピストが意識的に入り込むことになるわけです。そうすると確実に夢を動かしてしまう。夢はこの人によって動くもんだろうと僕は思う。もちろん、セラピストとの関係によって動くという場合もあるでしょう。もしそうだったらこの夢のいかだはセラピストだろう。だから、この夢でセラピストがあれやこれやと言うとバランスが崩れてセラピストの自我性みたいなものが夢の要素としてどこかに入り込んできてしまう。それは邪悪なものだと思う。人間界の邪悪です。
この人にとってみれば、これまでの反復夢が変わったことはすごいなあと思う。これから、この夢がどんなふうに変容していくかっていうことと、この夢に対してセラピストが言語的にコミットするっていうこととは違う次元の在りようだろうと思う。セラピストはいかだ的にコミットするという次元だろうという感じがするね。言語的にコミットするのではなくて、いかだ的にコミットする。この人が海にいる限りは、自然がどんな姿を現わそうとも、いかだは常にこの人と一体に在ってしかも侵入しない。言語的コミットは侵入です。そうではなくて、この人が生きる在りようを舞台として見守りともにする。それがいかだ的コミットです。
川嵜　なるほど。相変わらず、非常に真摯で厳しいというか、夢にコミットされた皆藤さんらしい見方だと感じますね。今、言われたことを私がどれだけできているかは疑問ですが、今おっしゃられたことを呼び込むような夢であることは確かだと思います。すごいなぁと思いましたもんね、この夢は。
皆藤　そう。夢そのものがとても強い力をもっている。だからセラピストがすごいなあって感じたのはそのとおりで、それがすごくよかったんじゃないかな。

《夢２》――長男がエイリアンの夢（二頁参照）

皆藤　始まったなって感じですね。この人は、「みなは私がこんなつらい思いをしてエイリアンの子どもを育てているなんて知らないだろうな」って思うんやね。辛いね。この人は心理療法のトポスにやって来た、そしてこういう仕事が始まった。つまり、人間界にこの人がどう位置づいていくのか、どういうポジション／スタンスを取って生きていくのかというテーマを生きるプロセスが始まっていくんだと思う。
川嵜　ええ、ええ。
皆藤　長男がエイリアンであるっていうのは、長男にしてみたらお母さんがエイリアンであるっていうことになる、そういう関係だと思うんですよ。
川嵜　ははあ。それは新鮮な視点です。
皆藤　《夢１》との絡みで言えば、神の世界、彼方の世界から見たら、人間的な俗の世界というのはそれはエイリアンやね。この人はそれはわかっている。だけども育てなきゃいけないとこの人は思っているわけやね。
　この人は、恐怖を感じている。この恐怖こそがこの人を人間界で生かしめている力なんだろうと思う。さっきのご主人に対する訳のわからない恐怖っていうのと繋がる感じがするね。ご主人はやっぱりエイリアン的だから。ともすれば、《夢１》の世界の方が現実の世界だとか人間の世界だという印象を与えるけれど、そしてそういう世界が整合的に辻褄があっているという印象を与えるけれど、そうじゃなくて《夢１》が見せる世界の方が根源の世界、始源の世界だと思う。ここからすべてが始まる世界。この人はもうそこにいるわけで、その世界から見たら長男ていうのはエイリアンでしょ。でもこの人は、その長男を育てていかねばならない。そこにこの人のテーマがあるんだろうという気がする。
川嵜　あー、おもしろいですね。《夢1》が見せる世界が根源的だというのはまったく同じ印象です。ただ、そこから見たら、人間である長男の方がエイリアンだという発想は私にはなかったので新鮮ですね。私は少し逆のベクトルからこの夢を見てたので。
皆藤　うん……。売店で長男が勝手なことをするのでたしなめるというのもすごくおもしろいなあ。というのは、この世のルールにこの人の方が従っていこうとしているからです。長男の方は従おうとしない。この人は長男にだめだよと怒る。この辺りの動きもおもしろい。そうするとエイリアンは歯をむいて噛み付いてきて、この人は頭を殴られて深い傷を負い、出血する。この人は、人間界のからくりやルールみたいなもののなかで長男を育てていこうと思うんだけど、そういうことっていうのは、この人にとっては、長男が母親であるこの人に「ありがとう」っていうふうに感謝して育っていくプロセスでは全然なくて、エイリアンを手なづけてこの世のルールに従わせていくプロセスなんだと感じる。
夢には長男がエイリアンとして出てきているけども、現実の長男がエイリアンなのではなくって、この人がエイリアン的な「何か」を抱えて生きていて、その「何か」をこの世に生きるために手なづけていかねばならない、育てていかねばならない、そういうテーマだと思う。
川嵜　そうそう。
皆藤　しかし、それに対してエイリアンはものすごく頑強に抵抗している。辛いなあ。こんな辛い思いをしているなんて誰もわからないだろうなあ。あるポイントから見たら、ほんま誰もわからない。けれども、夢から見たらとんでもないことが起こっている。

本当はこの人は《夢1》のところで生きていったらいいのにと思う。《夢1》のところで生きたいんじゃないのかなあって思う。だけど《夢2》の世界を生きねばならない。僕は、この人がこの世に位置づいていく仕事が着実に始まっていて、そしてそれはほとんど誰にも理解されない途方もなく辛い仕事なんだなあということを感じる。それはこの人も思っている。この人はこういうエイリアンの夢っていうのはよく見るのかなあ……。こういう状況が生じるコンステレーションみたいなそういうものの一翼を担っているのがセラピストですね。
川嵜　一翼を担っている、というと？
皆藤　つまり心理療法に来なければ、こういうふうに夢は展開しないだろうって思うんですよ。僕は《夢2》を見た瞬間、「長男は実はエイリアンであり」っていうところ、この人にとっての長男は実はセラピストだって思いました。「私は知っていて育てている」と夢は語る。セラピストは人間界に生きているじゃない。
川嵜　ええ、ええ。
皆藤　でも心理療法のトポスでこの人と会っている。これは言ってみれば、この人とセラピストは表裏一体だなあということじゃないかな。この人にとっての先生というのはエイリアンで、でも「私は知ってて育てている」、つまりこの人はセラピストに会っている。そんなイメージで最初は聴いていたけどね。
川嵜　ははあ。それはすごく面白いですね。
皆藤　でも、基本的には一番最初に言ったことがこの夢から感じたことですね。恐怖を感じることの大切さとか……。
川嵜　この人自身が長男のことを語るかどうかというと？
皆藤　つまり、ほら、昔々に夢分析のプロセスを理解する理屈でさ、当初はシャドウがやって来てそれを超えるとアニマの四段階が来てとか、そういうような脈絡で夢を見ていくと、ここで出てきている長男ていうのはこの人にとっての今育ちつつあるアニムス・イメージみたいに捕らえる人もいるのかなあと、僕はそういう見方をまったくしませんけど。
川嵜　ははあ。そりゃそうでしょうね。今言われたら逆にすごく新鮮でした。ちょっと、そういうことは思ってもなかったので。
皆藤　この夢がそんなことを微塵も思わせないっていうのは、なんだかこの人の生きている世界の重厚さっていう感じがするね。この人は地表面にも生きているし、ずーっと奥のマグマの世界にも生きているし……。この重厚さは、地表面での人間関係がどうこうっていうよりも、深淵のマグマのところのテーマを感じさせるなあ。
ほら、ユングは「普遍的無意識」っていうことを言ったけれど、それにしたって、結局は人間界のことでしょ、突き詰めて言えば。つまり、普遍的無意識ってなんだかたいそうな世界のように思うけど、でもそれは人の世のお話じゃない。この人はそれを超えてるんじゃないかなあって思うよ。「宇宙的」って言ってもええんやないかなあ。人間関係の次元じゃないところが動いてる。
川嵜　人間関係も、普遍的無意識も超えている……。
皆藤　そういうところで人の世を見たら、みんなエイリアンに見えるんじゃないかなあ。そうやね、セラピストはこのあたりでどんなふうに思ったんだろうね……。これは僕の個性かもしれないけれど、一方でこの人にとっては、この世で生きていかなくてはいけないということが不可避的にあるわけであって、この人の辛さっていうか、途方もなさっていうことをセラピストも抱きつつ会っていくという感じになるのかなあ。エイリアンって、ひっくり返しだと思わない？　こっちから見たらあっちはエイリアンで、あっちから見たらこっちはエイリアンで。
川嵜　皆藤さんは、人間関係とか普遍的無意識とか、そんなもんを全部超えたところからみた、この世をエイリアンと見るわけですね。私はこの夢に関して思っていたのは、ベクトルが逆で、人間的な世界に生きようとしているクライエントの視線から見て、そのシャーマン的な彼女の資質が――この人はそういう資質をもっている人だと思うのですが――エイリアンに映るという感じでとらえていたんです。でも、皆藤さんが最後に言われたように、あっちから見たらこっちはエイリアンで、逆にこっちから見たらあっちがエイリアンという風にある種、相対化すると、そう言えるわけで、その意味ではいずれにせよ、その二つの領域がエイリアン（異質なもの）になっていることが、この人の大変さだということとは一致しますね。
皆藤　相対化してみるというのは、ラベル化、概念化された既成の在りようを崩すことでもあると思う。その意味では、この人はたしかにシャーマン的資質を抱えているわけだけれども、それを「シャーマン的」と呼ぶのはこちらの世界の既成の在りようであって、この人からしたら「シャーマン的」じゃなくて「奇妙で異様な感じ」でもいいわけですよね。ですから、川嵜さんが言うように「シャーマン的な彼女の資質がエイリアンに映る」というのはよくわかります。
ところで、この人が恐怖を感じるのは人に対してだけですかね？　この夢では子どもに対して感じているけれど……。不安発作っていうのは？
川嵜　特に風邪を引いたりしたときに、居ても立ってもいられないくらいにバーっと不安になる。パニックになるという状態があります。
皆藤　はぁはぁ、それと恐怖は違うなあ。
川嵜　ああ、そうですね。恐怖っていう感じじゃない、不安発作的ですね。恐怖に関しては、なにか。
皆藤　いやあ、この人の恐怖の在りようがちょっと気になったので。
それはそうと、川嵜さんがこの人と夢を中心に会っていこうと思ったのは、やっぱり《夢1》がきっかけなの？
川嵜　《夢1》はご自分から語られたんだけど、そうですねえ、やっぱり印象的だったからというのはありますね。
皆藤　この人と心理療法のトポスで会っていこうと思ったら、やっぱり夢以外にないんじゃないかな。言語っていうか、ことばでやり取りしていくような形でやっていったらこの人は発症するような気がする。たとえば強迫神経症のようなものでもいいけど、そういう症状レベルのものがどんどん高まっていくような気がするけどね。
川嵜　そうですね。そういうふうに言えるかもしれない。また、この人自身も夢が自分にとってすごい意味があることをわかっているところがあると思います。
この人自身の発症ではないけれど、治療過程のなかでだんだんとご主人や彼女の両親の仲が揺れたり、いろんな問題を生じさせるようにはなってきてました。もちろん、そういう現実の話をすることもありますが、基本的にはずっと夢を聞いてやってきた方ですね。
皆藤　なんかやっぱり自我というか自分を超えた何かによって生かしめられるような、川嵜さんのことばで言うと「他力」になるのかな。そういうようなことをすごくわかっている人だなあ。夢の重要性っていうことも当然ながらすごくわかっているだろうという感じがするね。

《夢3》——次男の事故の夢（三頁参照）

皆藤　僕が《夢1》で語ったことが起こったなあ。《夢1》は始まりであり終わりなのかな。こういうプロセスは当然のように通っていかざるを得ない。この人がさっき言っていた、この世界にスタンスを定めてっていうのは、サイコロジカルな言葉を使っていえばリアライゼイションということだと思うんですよ。リアライズするプロセスとして必要なテーマは着実に出てきている。だけどここではいかだではなくヨットで、人間がたくさん出てきてるね。この人と次男と中年男性。このヨットを運転していた中年男性というのは何者なのかというのは非常に気にかかるわけですけども。ヨットを動かしているわけだから。委ねているわけだからね、この人に。それが非常に人間的になったと言ってもいいかもしれない、太陽から中年男性にと言ってもいいし、山からと言ってもいいし。人間になるとこういうことが起こるとも言える。
川嵜　ああ。人間になるとこういうことが起こるということばは、印象的ですね。なるほど。

皆藤　それはしかし不可避のプロセスなんだろうとも思います。大きな波が来て、岩にぶつかって海に放り出されて、このプロセスのなかでこの人は必死に頑張っているよね。なんとかしようとものすごい頑張っている。そこに、トンネルの向こうから夫が探している。トンネルだからぐるぐるというようなイメージなんだろうけれど、そこへ行くと次男と夫がいて次男の心臓が止まりかけている、というシチュエーションですよね。
川嵜　そうですね。
皆藤　この人は夫にもたれかかって泣いている、これはとても大切やね。こういうことをこの人は積み重ねていくしかないのかな、と思う。
川嵜　そこらへんをもう少し話していただけますか。
皆藤　さっき、恐怖を感じるのは人に対してだけですかって尋ねたけれど、これも人に対する感情ですよね。次男の心臓が止まりかけて、ついに脈が止まる。悲しくて夫にもたれかかって泣いている、その恐怖とか悲しみとかは通常ならネガティヴと言ってもいいかな、すごく辛い体験をしている。しかしこういう感情体験がこの人をリアライズさせていく。それを通してこの人は人間になっていくと言ってもいいのかな。ここを通らなかったら、この人のリアライゼーションはないんだってことを僕は思っている。
川嵜　なるほど。
皆藤　そして、このときに夫にもたれかかってというのは大切なことだったんじゃないかなあと思っています。それはこの人の情動体験を共にしてくれる存在が夢の要素として出てきたとも言えるからで、それからひょっとして中年男性は夫だったのかもしれない、あるいはセラピストだったのかもしれない。この夢では、この人以外は全員男性ですよね。そういう要素がかき乱してるよね。《夢1》のようにいかだに乗ってこの人がいたら何も乱れないのに、男性がいたらこの人はたちまちに次男が死ぬほどかき乱されていく。
川嵜　それは、男性がいたら？　それとも人間がいたら？

皆藤　特に男性にかぎらず人間がいたらと思ったりもするけど、やはり男性はこの人にとっては異質な在りようをしているという意味でエイリアンですよね。異質なものにかき乱されるっていう感じが強いなあ。
ただそういうなかでも、救急車を呼ぼうとトンネルのなかに入って電話したり、この人は必死になってものすごく頑張って動いてる。そこでご主人に出会って、ご主人にもたれかかって泣くという体験が起こった。それはこの人にとって大切なことだったと僕は思います。つまり中年男性が夫だって言ったのは、この人の主訴にあった夫に対する恐怖とも関係するし、セラピストだって言ったのは心理療法のプロセスをともに歩んでいる人物というところからのイメージから来るわけです。どちらにせよ夫とセラピストは、この人の心理療法の作業に不可避に関わっている二人の人物と言える。だから運転してぶつかって。たとえば、「ボートに乗っていて軽やかに波を避けて中年男性はヨットを運転して、港に戻ってくれた」なんて夢を見るんだったら心理療法には来ない。ところで、この次男は死んだのかなあ。
川嵜　脈が止まる、という表現ですから……。
皆藤　僕は……これは……一年前の夢を思い出しますね。何と言うか……。すごくこだわっているけど、《夢1》って始まりであって終わりであるっていうイメージがすごく強くあるんです。ですから、僕なら、この夢から、この辺りまで来ましたねって伝えたくなって、そういう仕出かしをするかもしれない。ただ、まあそんなことしなくてもこの人はわかってるっていうのは言える。川嵜さんがセレクトしたとはいえ、《夢1》～《夢3》はほとんどギクシャクせずに繋がっている。こういうときは夢に任せておけばいいとも言える。だから何も訊かないかもしれない。ところで、なぜ長男じゃなくて次男なんだろう？
川嵜　この後の夢には、次男が割りとよく出てくるんです。
皆藤　長男はエイリアンだからなあ。
川嵜　長男は最初のころ、すごくお父さんと仲が悪かったんです。お父さんは強迫的で、一方、長男の方は部屋も散らかし放題で自然児みたいな人なんです。お父さんは「人間ていうのは自然のままではいけない」と長男にネガティヴだったんです。次男の方は、シャーマン的というか、もしかしたらAさんよりもそういう資質をもってるんじゃないかというような感じの人です。たとえば、葬式をやっているところを通りがかったら何かを「受けて」しまって、二、三日しんどくなって寝込んでしまうとか。だけど、次男は「自分はそういうのでいいんだ」とそれを引き受けてるところがあるようです。
それから、だんだん、この方の家はセノイ族みたいというか、夢を家族の間で話すようになっていって。普通なら私も少し危惧するかと思うんですけど、この人の場合は、まあええんちゃうかなという感じもあって。そのなかで次男さんは、Aさんの夢とかを聞いたときに、ちょっと「お告げ」みたいな感覚で非常に的を射抜くようなことばがポンと口から出ていくようなことが多いようです。
皆藤　さっき、お葬式のところを通りかかったら後で身体に変調が起きるとか、受けてしまうという言い方をされてましたけど、それはなぜだと思います？　一般論でもいいけれど。
川嵜　うーん、シンプルな考えですけど、シャーマン的な人ってそういう面をもってますよね。まさしく委ねているというか。自我というよりは自然に起こることに開かれてるわけで。だから、そういう「何か」が来ちゃうんだろうな、と。
皆藤　それはそう思う。でも、たとえば同じそういう素質をもっている人でも、お葬式の前を通って受ける人と受けない人がいるでしょ、その違いはなんだと思う？
川嵜　そう、それが、このクライエントさんのテーマにもなってくるわけです。やはり、「守り」があるかないかの違いだと私は思いますが。その「守り」というときに、一つは、自分の守りというのがあると思うんです。超越性に開かれてるんだけども、日常で生きるときは閉じるっていうのかな、そういうコントロールができるようになる。それは、心理療法家もある種似ているところがありますよね。夢を聞いたりとか、あるいは現実の話でも夢を聞いてるように聴くことがありますよね。でも、そういう聞き方をそのまま日常に持ち込むと混乱を招くことがある、と。だから、日常においては、そういう態度は閉ざしておくことが大事だという、そういうことはよく言われるわけです……。
皆藤　それはそう思うけど。僕が余計にそう感じたのは、家族で夢を話し合うというようなところからなんだけど、要するに受けてしまうという意味では、そういう世界との通路ができているというのかな、開かれてるわけだね、そういう世界に。そのときに僕はすごく大事だなと思うのは、同じ開かれてる人でも、そういうものを受けるときと受けないときっていうのは人によって違いが出てくるということなんです。たとえば受けない人は、そういう世界に開かれていない。それは鈍いっていうのも変だけど、鈍いというのとはむしろ逆で、そのときに閉じてくれる「何か」をもっているということ、その人は。マウとかマナってあるでしょ、自分を守ってくれる神だね。神が閉じる。たとえばこの人、恐怖を感じたりとかすごく泣いたりとかありますが、この人にとってそういう世界に開かれているっていうことは、一方でこの人にとってのマナをこの人は自分のものとしなくちゃいけないというのかな。そうしないと守られないから。シャーマン的な動きは、自分が何かによって守られていないとできないだろうって思う。その守りは、この人にとってなんだろう？　そういうテーマはあるなあって思う。
川嵜　ええ、ええ。それは僕もさっき話していた続きとして言いたかったことに繋がっています。さっき、僕が言ったのは、要するに自我が閉じることをコントロールしようとすることですよね。ただ、原理的な問題としてそういう方法がうまくいくのかどうか、疑問なわけです。皆藤さんが今言われたように「神が閉じる」。それは大事な視点で興味深いです。
皆藤　しかし、それはすご〜くむずかしいんじゃないかなあ。
川嵜　そうでしょうね。以前なら、共同体が「守り」の機能ももっていたわけでしょう。シャーマンは、共同体のなかのある特殊な機能としてきちんと認められていた。そういうのは、今はないもんね。というか、シャーマン的なもので表象されるような位相を消去することで出てきた均質な世界が近代社会なんだから、そういう社会において「未だ」に超越性に触れようとすることは社会や世界との間に軋轢を産み出して当然というか。僕らが言う意味での心理療法家も同じ面があるかと思いますが。そこには、「守り」がない。
皆藤　あるとすれば、症状だよ。
川嵜　うん。同感ですね。
皆藤　たとえば強迫なんてそうかもしれない。ご主人の強迫症状はひょっとしたらそうかもしれない。こういう人に出会ったときには、当たり前だけど、症状の解消を目指して頑張りましょうねなんてやってたら大変だという気がするよね。せっかく守られてるところを開けてしまうんだから。一方で、夢でそういう恐怖を感じたりとか泣いたりというのはものすごく大事なんじゃないかなと思う。「これ」を、現実にやるにはまだこの人は自分のマナみたいなものをもっていない。マナを共にしていないというか。
川嵜　これをやるには、の「これ」ってなんですか。
皆藤　人間的な感情の層を生きるっていうことでしょうか。いまはまだ、それが症状になってる。
川嵜　あっちの世界から、むしろ人間の世界に来るためにマナが必要だということですか。
皆藤　うんうん。この《夢3》のころは、この人は、次男が自分と近しいような世界を生きてるというか体験していることも知っているし、それから夢も家族で話したりしているし。長男には殺されかかって次男は死ぬんだね。
神主の血筋の女性ってどういう生を生きるんだろう。女性の神官てあんまりいないでしょ。
川嵜　そうですね。なんでかな。
皆藤　女性の神官に最近会って来ました。
川嵜　ほー、どういう方なんですか。

皆藤　その女性の神官は、一時期はやっぱり不浄のものっていうことで、学校の先生かなにかをしていたんだけど、途中から神官になった。その目的は、神と仏は一体だということを神官になることを通してやり抜こうということだったそうです。そして、その神社は水を祭ってる神なんです。龍神。そういうテーマは『陰陽師』に出てくるんじゃないかなあ。私の『陰陽師』の原点は、安倍晴明が生きた世界を岡野玲子が描いた漫画からですけど、そこにはそういう聖なる水の湧き出るところにある神社が出てくるんだけど、その水で世界を整える。実に不思議だよね、女性の神官て。
川嵜　神社に行ったら巫女さんはおられますよね。そういう方たちとはもちろんまた違うんですよね？
皆藤　違うね、全然違う。
川嵜　たしかに男性が多いっていうか、女性があんまりいない領域ですよね。
皆藤　しかし、天照大神って女性神だけどね。ちょっと話が逸れちゃったけど……。次に行きましょうか。

《夢4》——島・トイレの夢（三頁参照）

皆藤　この夢を聴いたときに、さっきの次男のシャーマン的な在りようを含んで連想したんだけれど、「私と次男がどこか知らない島にいる。宇宙からの侵略者に統治されている」というところ。テーマとしてはなんて言うかな、〈エイリアンとこの世〉とか〈人間世界とシャーマン的世界〉とか、そういう図式を抱かせる感じのところから夢が始まりながら、「トイレに行きたくなる」という事態が起こってくるのがすごく大事だなあと思う。これは身体性ですね。そして、トイレに行くんだけれど「とてもひどいトイレで隣との仕切りもない」。なかなか身体性が生きられないと言うか、実現できない。「近くのとっても立派なトイレに行くが、そこにいる人に、あなたの入るトイレは汚いトイレだと言われる」。ここで仕方なく家に帰るので、トイレに行ったかどうかはちょっと不明なんですが、脈絡としては行かなかったのかなあっていう感じがします。

それから、たとえばね、「とってもひどいトイレで隣との敷居もない」、そういうトイレがあなたの入るトイレなんだって言われ、そして自分はそこに戻って、とても汚いトイレに戻って用を足すというふうに夢は展開しませんね。そこがすごくおもしろいと言えばおもしろいし、そういう必要性があると言えばあるなあと思う。
川嵜　それは、展開しない必要性があるということですか。
皆藤　えっと、夢の意図は何かという質問だと思うんだけど、汚いトイレに行って用を足すっていうことが夢のなかで成就することは、身体性を生きるってことじゃないのかと思います。この人は連想で「これからこういう汚いどろどろしたものを見ていかなきゃいけないのかも」と語っておられますが、このことはまだ夢のなかでは生ききれていない。夢のテーマは、帰ると、「次男が学校に行っていない」ということで、その理由は「侵略者に逆らっているので」ということ。どう逆らっているのかよくはわからないけれど、内容的に捉えるとトイレの脈絡に戻るんだよね。この島は宇宙からの侵略者に統治されていて、階級で入るトイレが違うらしいというふうに。それでこの人は仕方なく家に帰る。階級を守って汚いトイレで用を足すことをしないで逆らっている。だから学校に行けない。ちょっと因果論的だけど、この人が身体性を生き抜くっていうことと、夢のなかで次男が学校に行くということは、ひょっとしたらパラレルなテーマとしてあるかもしれない。「私たち二人は侵略者に逆らっているので評価が低くそれで次男が学校に行けない。私は悔しい思いをするがそれでもいいかと思う」。この辺りはとても、なんて言うか……かけがえなく大切なところだって感じがするけどね。「悔しいって思うこと」と「それでもいいって思うこと」が一緒になってるっていうのはすごいなあと思う。
川嵜　ええ、その二つが大事なテーマですよね。
皆藤　次男もそれに対して、僕は学校に行かなくてもいいというふうに語っていますが、これは次男が自ら自己の行動を宣言していると同時に、母親の、この人の覚悟をサポートしているように思える。「僕はやっぱり学校に行きたい」とかいうんじゃなくてサポートしているというふうにも言えると思う。すごく大切なことが起こっている。ここには、《夢3》で死んだ次男とは違う次男がいると言えるかもしれない。《夢3》では中年男性の運転するヨットで海に投げ出されて後頭部を打って亡くなってしまうわけで、やられているわけですよね。でもこの夢の次男は、宇宙からの侵略者に統治されていながら、「僕は学校に行かない」といってるわけです。《夢3》とは違う。この人をサポートする。それは、この人のなかに生きる次男性みたいなものでしょうか。「同行二人」のような感じです。そんなことがこの夢では起こっているなあと思うと、《夢3》とも繋がるし《夢4》の流れとも繋がる。僕だったら、「悔しい思いをするがそれでもいいかと思うというのは大事なところですねえ」って語るかもしれないな。これ、この人の連想があるんですよね。
川嵜　そうですね。「小さい頃滑り台から落ちた例の事件が何か私の原点という感じがする」と。
皆藤　川嵜さんは、この人の症状がぶり返してきてというのを聴いてどんなふうに感じましたか。
川嵜　この後で、ご主人も頭を壁に打ちつけて怪我をしたりとかするんですが、そういう事や症状のぶり返しを含めて、クライエントが言われるこの人の「原体験」の意味を把握する作業のためにというのかな、その作業を行なう舞台として、いろんなものがコンステレートしてきているなと思っていたと思います。
皆藤　偏頭痛がひどくなってぶり返してきているということについては、面接のなかで話し合ったりしていた？
川嵜　話し合っているっていうのは？
皆藤　たとえば、「この面接がうまくいってないからですか」とか……。
川嵜　いや、そういうことは話していません。皆藤さんなら訊いてますか。
皆藤　もちろん訊いていません。が、もしこの人が偏頭痛をそれ自体で受け止めているようだったら気になるなあと思って。もしそうだったら川嵜さんは訊いているんじゃないかと思ったので……。もうこの人はわかっているっていう感じですか。
川嵜　そうですね。とても意味のあることが起こってるみたいなことをわかっておられる感じはありました。

皆藤　僕もそういう感じがするね。症状としては偏頭痛とは違うと思うよ。身体性としての偏頭痛という感じがする。「痛みが蘇ってきている感覚がする」というのもすごく大切だと思うけれど、今回は以前の偏頭痛とは違う在りようとしてこの人に生きているという感じがする。たとえば夢のなかで悲しむとか恐怖を感じることの大事さみたいな話をしていたけれど、現実のところでそれが偏頭痛を生きる、身体性としての偏頭痛というか、そういうふうなことして起こったのかなあって思う。
川嵜　身体の偏頭痛と身体性の偏頭痛というのは、どのように違うんですか。
皆藤　偏頭痛を当人がどのように引き受けているかということでしょうね。ただ頭が痛くて早く何とかしたいと思っているか、この頭痛から自身の在りように思いを馳せて痛みを生きているか、後者は身体性の偏頭痛だと僕は思っている。
それから、ご主人が怪我をしているのね。ものすごく印象深いできごとだなあ。現実も符合してきている。この夢の体験が生きている感じがするな。僕は、ひょっとしたらちょっと語るかもしれない。
川嵜　どんな風に？
皆藤　「偏頭痛がぶり返してきてるっていうことですけど、最初の頃とどこか違う感じはありませんか」とか、そういう語りかな。あるいは、「ご主人に、偶然ですけど大変なことが起こりましたね。これって偶然かなあ」と、独り言のように語ってみたりとか。
川嵜　なるほど。
皆藤　……いろいろと考えてたら思い浮かぶね。「どこか知らない島にいる」っていうのも《夢1》の海の周囲にある山々に辿り着いたのかなあとか。そしたらようやくそこまで辿り着いて、そしてそこでこの島を統治している侵略者って、それは多分この人にとって宇宙からって表現になるけれど、おそらくはこの世の秩序だと思うね。「階級によって」とかね。こういう世界を僕らは生きざるを得ない。学校とか。そういう秩序世界みたいなものと向き合っていくような、そういうことが、始まりで終わりである《夢1》がここまで展開してやってきたとも言えるしなあと思った。
川嵜　なるほど。この島をこの世の秩序とみる見方は、僕の見方と少し逆にクロスするんですけど、にもかかわらず、皆藤さんが言われてることの全体は、僕が考えているこのクライエントさんの流れと矛盾せずに、すんなり納得して受け入れられるというのは個人的に面白いですね。ああ、皆藤さんはそういうところからこの夢に入るんやなぁ、という感じで。そのルートは私と違うところもあるんだけど、どっちが正しいとか間違ってるとかではもちろんなくって、なんというのかな、登山のルートみたいな感じですかね。同じ山を登っていて、ああ、そういうルートもあるのか、という感じの。もちろん、夢の解釈はなんでもいいというわけではなくって、あ、そのルート行くと袋小路に入るぞ、とか、危ないぞ、間違ってるぞというようなルートもあるわけです。正解はないけど、間違いは厳然とあるという感じで。この夢の解釈をお聞きしてて、そういうところが印象深かったです。
皆藤　僕は夢を「解釈」したつもりはないんだけど（笑）。夢を聴いて、夢見者が生きている在りように触れた感触をことばにしているっていう感じです。でもというか、だからというか、川嵜さんが言うことはほんと同感なんです。こうやって夢を間にしていろいろ話し合うことは、僕にとってもとても大切です。夢や川嵜さんのコミットが、僕が登っている登山のルートをクリアにして見せてくれているからだと思う。そのルートのことだけど、袋小路に入ったり危なかったり間違ったりするルートを登っているその当人はそのことに気づけないんじゃないだろうか。そこが夢の恐ろしさというか途方もなさで、そんなとき夢は正しいルートを登っている気にさせてしまう、いわば幻惑するパワーをもっているように思う。河合隼雄は「夢を生きる」って言ったけれど、それがいかにとんでもないことかは『明恵　夢を生きる』を読むと感じるよね。また、だからこそリアリティというか現実が大切だとも言えるんじゃないかな。

《夢5》——雪山と黒い雲の夢（四頁参照）

皆藤　なんか、……この辺りは川嵜さんが相当にエネルギーを込めて会っている感じじゃないでしょうかね。
川嵜　それはどこら辺からそう思われるんですか。
皆藤　この人が川嵜さんとやっていることってなんだろう。ご主人もおられて、子どもさんもおられて、そりゃ偏頭痛と不安発作なんかはあるんだけど、そこそこにやっているわけじゃないですか。それが、心理療法が始まって、この人はわかってるんだけども、一般読者からみたら、毎週川嵜さんに会いに来てこの人が夢を語ることって、つまり心理療法ってどんな仕事なんだろうって思うんじゃないかな。これに対して、それはこの人のリアライゼイションだという言い方をしたけれど、この《夢5》を聴いたときには、「この人は十牛図のプロセスを生きてるのかな」と思った。つまり、家に帰ろうとするけども黒雲があって、青空が出てくるけど黒雲があって、また青空が出てくるんだけど黒雲があってという、そういうことを体験しながら家に帰ろうとする。これってすごくシンプルに言うと生きてるってことでしょ。そして目的はただ一つ、家に帰ろうとすること。
川嵜　ああ、なるほど。たしかに「家に帰ろう」としてるんですよね。僕、今お話を聞くまで、その部分、失念していた。そうですね。「家に帰ろう」としている。これ、大事ですね。
皆藤　「失念していた」ってことは、登っているルートが違うってことでしょう。川嵜さんに見透かされる気がしてなんだか語るのが怖くなってくるなあ、この企画は大切だけど怖い（笑）。
それはともかく、えっと、この夢を聴いて十牛図の内容とフッと符合したんです。この夢からの連想では、十牛図で言えば、この人は牛の足跡を見つける「見跡」の段階を生きているのかなあと思った。そして、ここをやり抜かないと牛が見えないので、ここはちょっと川嵜さんもエネルギーを込めるところだなあと思ったわけです。

川嵜　皆藤さんは、風景構成法と十牛図を絡めて論じておられたことがありますよね。そこら辺含めて、この《夢5》のことや、特に「見跡」とどのように繋がるのかをお話していただけますか。
皆藤　風景構成法はいまは置いておいて、僕は「家に帰ろうとする」というところで十牛図を連想したんだけど、それは僕の直観です。で、僕が連想した十牛図は、『さがしてごらん君の牛』という詩歌十牛図なんです。十牛図って簡単に言うと、仏教の世界で悟りに到るプロセスを牛を探すというテーマとして十枚の絵にしたものだけど、詩歌十牛図もおんなじ具合です。牛を探しに出た主人公は苦労してようやく牛の足跡を見つけるんです。「見跡」です。で、ここまでのプロセスが川嵜さんとこの人が心理療法でここまでやってきたプロセスに重なった。僕は、この人が見つけた牛の足跡というのは偏頭痛じゃないかと思った。症状がぶり返してきたのは牛の足跡を見つけたということ。だから偏頭痛が一気になくなると牛の足跡も見失うことになって、心理療法としては大変なことになる。牛っていうのはこの人に症状を出さしめているもの、この人を生かしめている根源のパワーと言えるかな。心理療法としてはそこまで行くことをイメージするから、足跡は見失ってはならないと思ったんです。《夢5》はそんなことをふつふつと連想させる内容だと感じたわけ。それから、十牛図の主人公は、牛の足跡は見つけたけれどどこから牛を見つけるまでが本当に途方もない苦労をするんです。足跡を見つけたばっかりに、諦めることができなくなるんです。この意味では、この人の偏頭痛はイニシエートされる必要があるわけで、そのプロセスは途方もない苦労が予感される。でもそれをやるのが心理療法ですよね。
まわりくどい話になったけれど、もしこの人でなければ、あんまりしんどかったら「もう止めます」っていうことになるんじゃないかなあ。だって主訴がぶり返してるわけだから、夢をもってきて語って何になるんやろうと思って不思議はない。だから川嵜さんはエネルギーを相当に込めて会ってるのかなあと。
川嵜　なるほど。
皆藤　それから前半部分の「私は川を挟んで向こうにある雪山を見ている」っていうところだけど、海の向こうの太陽が照る、あの《夢1》の山から雪山になったんだなあと思った。「この人見つけたなあ」っていう感じがしたんですよ。この人にとっての感情の根源みたいなところに触れたんだなあと。
川嵜　なるほど……。これはお聞きしてみたかったんですけど、この《夢5》では、川を挟んで此岸にいる夢見者の足元に雪が現われますよね。これはどのようにお考えになりますか。今、言われた「感情の根源みたいなところに触れた」ということになるんでしょうか。
皆藤　この人らしいなあと思うのは、《夢1》では「ふと上を見上げる」んだけど、この夢では「足下をみる」っていうところ。この人が垂直軸（spirituality）を生きていることをクリアに感じる。雪もおんなじですよね、空から降ってくる。一方で、川の彼岸と此岸は雪で繋がっている。雪は世界を繋いでいる。そんな感じがしますね。そういう雪にこの人が気づく。大事なことだけど、これは目的ではけっしてなかった。ふと気づく感じ。自我的じゃあない。だから、世界の方がこの人にやって来たという表現になるかな。そういう在りようをこの人は生きている。そのことにどうもこの人は触れたように感じるなあ。
ところで、この人と会っていて、川嵜さんはどういう思いなんだろうな……。僕が会ってたら会い方は全然ちがうだろうなあと思うんだけど。
川嵜　それは、もちろん、そうでしょうね。人が違うと先ほど言った例で言えばルートも異なってくるんでしょうし。その辺り、ご自分ではどんな会い方になってるだろうかとかありますか。
皆藤　それはわからないけど（笑）、僕も特に何も言わないでお会いしてると思うけど、でもコミットは川嵜さんとはたしかに違うでしょうね。

《夢6》――川の中の家の夢（五頁参照）

皆藤　《夢1》との関連で思ったのは、海が川になったんだなということと、いかだが家になったのかなあということかな。《夢1》ではニライカナイの話とか自然とか全体のなかでの一体感みたいな話をしたと思うけれど、そういう次元からするとこの夢は現実的だなあ。家に着いて、その家の家族が建築士の話を聞いている、ここに人のやりとりが起こっている。それとか、家という人間の手によって建てられるものとか、居場所や居住空間がテーマとしてあるから、《夢1》とはかなり離れたところにきているなあという印象を真っ先に受けました。
実際にこういう夢を聴いたときに夢の内容だけで考えていくっていうか、連想していくということと、それから現実のこの人を巡る家族の状況というようなことに少しコミットしてこの人と話をしていくということはあるかもしれないなと思いますね。前者のほうで、夢の内容だけから見て連想していくという感じで言うと、この家は夢み手の家ではないという状況なんですね、まず。で、この家族は建築士のアドバイスを聞いてそれに割に従うんだけれども、唯一もっとも危ないと思われるところに、「この部屋だけは家族の楽しみなのでアドヴァイスを聞くことはできないと言う」と答えているのはすごく印象深い。
川嵜　ええ、ええ。
皆藤　一番最後の「私はすぐに我に返り、危ない危ないと思う」。この危ないはどういう意味で思っているのかなあ。
川嵜　文字通りにとるならば、建築の構造として水の重みで天井が凹んできているというか、部屋がかっちりしてないので、それで危ないということだと思いましたが。水が漏れてきてたりとか、水の重みで部屋自体がきしんできている。建築士はそれを指して危ないと言ってるのかと。
皆藤　そしたら家族にとってもっとも楽しみなことがもっとも危険であるということ、両面性みたいなことを夢は伝えてるのかかな。
川嵜　ああ、なるほどね。そうなりますね。

皆藤　それからちょっと変な連想かもしれないけれど、道から見ると一階建てで川から見ると三階建てというのはバランスとしては悪い。表向き、文化とか社会とかに開かれているところは一階建てなんだけれどもまだ自然の残っているようなそういう領域の側面からみると三階建てという意味でのバランスの悪さ。より自然、シャーマン的な方向にまだ重みがあるんだなということを思いましたね。
川嵜　そうそう。私もそう思いました。だからこそ、たぶん、部屋に水が染み込んでくる。
皆藤　そして、そこからじゃないと家族の楽しみだとか、いわゆる現実的なものが見えない。しかしそのことと楽しみと危険性の表裏一体性・両面性みたいなこともある。こっちから見ると家族の楽しみみたいなものも見えるけれどもそれは見えるが故にとても危険だとも言えるかな。
それからこのおばあさんがガラス張りのところに魚を集めているというのは、構造からして危険なことをしているんですかね。
川嵜　このおばあさんは、もう家の構造とか関係ないところで水中を泳いでいるんではないですかね。そんな感じがしましたけど。
皆藤　なんだか導いているって感じがするね、何かを。鯉、魚に象徴される何かを導いている感じがして、こういうところを見てると、たとえば建築士は一見科学的にここはこうしてこうしなさいっていうようなことを言ってますが、でも易学的な感じがしてくるね。
川嵜　易学的？
皆藤　風水とか、ちょっとその辺が混ざってるなあって思います。建築士はいわば道の方から入ってきている混ざり方で、おばあさんはシャーマン的な方から入ってきている混ざり方、そんな気がする。
最初の印象に戻るけど、文化といってもいいのかな、この人が川嵜さんとの間で築いてきた、あるいは家族を生きる、ご主人との関係を生きるなかで築いてきたこの人なりの家というか、そういう意味でのこの人の文化というかな、テーマはその辺りになってきているのかな。あんまりうまく言えないけれど。
川嵜　そこをあえてもう少し言っていただくと（笑）。
皆藤　いやいや、あんまりうまく言えません。ただ、この人の文化といった領域で何かが動いているとは思う。
川嵜　それから、先ほど、この家の構造に関して、「まだ」という表現をされたと思うんですけれど。つまり、「より自然、シャーマン的な方向にまだ重みがあるんだな」と言われたところですけれど、皆藤さんは、このクライエントのプロセスとしてシャーマン的な方から日常の方へに向かうベクトルが中心としてあるとみておられますか。
皆藤　それは思ってますが、さっき説明したように、「私はすぐに我に帰り、危ない危ないと思う」ってあるでしょ。これは危ないと思うのは建築士の指摘する危なさのことですよね。そしたら夢自我は我に返ってそっちの方にシフトしてるから、そういう意味では、重みはまだシャーマン的な世界にあるにせよ、ベクトルとしては日常性みたいな方向性に向いている。ただ我に返るとそうなんだっていう感じで。ああ、そうか、これは一階建てなのか。そうすると、やっぱりまだシャーマン的な世界に軸足があるんだろうなあ、と。
川嵜　ここら辺は、僕の問題意識と関わっているので、しつこく、「まだ」にこだわるんですけど、夢の方向がシャーマン性の方から人間性の方に、つまり地下三階から地上一階の方に向かっていると皆藤さんは考えておられて、それをポジティヴにみているというか、その方向性を応援しているということになるんでしょうか。
皆藤　ではなくて、応援するというのではなくて、むしろ今の文脈で言うと、シャーマン的な世界と日常性の世界との対話みたいなものが始まったというような感じがする。だから、どちらも主張しているなあと。どちらも語ってるし、その語りをみながらこの人は魚の群れに一瞬目を奪われるんだけど、ふっと我に返って危ない危ないと、どちらのほうにも引き受けようとしているっていう感じがある。
川嵜　なるほど。それはとてもよくわかります。

皆藤　だからシャーマン的な世界から日常性のベクトルを進むということがこの治療の目的だというふうにはあまり思ってなくて、むしろこちらの世界（シャーマン的な世界）はこちらの世界としてあって、日常性の世界は日常性の世界としてあって、そのようにあるんだけれども、でも日常性の世界を体験する在りようというかな、体験の次元としてすごく弱いように体験されているというかな、あるいは苦しいように、たとえば症状でもいいけど、頭痛でも不安発作でも、そういうふうな形で体験されていると言ったらいいかな。こっちからこっち、というよりも、こっちとこっちっていうふうな。日常性とシャーマン性みたいなものが対話を始めたというか、そんなふうな感じがする。ただ《夢1》なんか完全に、ほぼ完全にシャーマン性の世界って感じがする。だから、この辺りでは、この人の現実っていうのはこれまでの見え方とは違う見え方をしてきたのかなっていうようなことを思いながら聴いているかな。
川嵜　なるほど。よくわかります。よくわかりました。
皆藤　やっぱりこのおばあさんも目的意識をもっているよね。すごいなあと思う。
川嵜　ええ、このおばあさんはすごいですよね。でも、目的意識というのは？
皆藤　たとえば、どうしてもシャーマン的なイメージで言うと、シャーマンのカミダーリーの状態ってあるじゃない。ああいう状態っていうのは目的意識っていうのはもちようがないわけで、そうすると対話の起こりようがないわけでしょ。ただそれは降ってくる、入ってくる体験を語っているというだけになってしまう。それは対話ではない。このおばあさんは目的意識をもっている。だから対話というかそういう次元のところに生きてるんだなっていう意味でのすごさです。
　思い出したけど、《夢1》では「ふと上を見上げると」ってあって、で他の夢でも、《夢6》とか「足下を見ると」とか垂直軸が動いてた夢があった。この夢もそうだなあという感じがする。この人が赤い鯉の美しい魚の群れに目を奪われるんだけど、建築士は上を見てこれは危ないですよって言ってるっていう。美しい魚がいるのに。で、美しい魚のところにはおばあさんがいて。《夢1》だったら上を見上げたら太陽が燦燦と、かな。何にもなく太陽が暖かい。この夢は上を見たら天井が凹んで水が漏れてるっていう危なさが。下を見ると美しくて目を奪われるような、っていう逆転してるような感じがある。その辺が現実との兼ね合いでどんな感じなんだろうというのはわからないけれども、そういうこと思いましたね。
川嵜　ふーむ。おもしろいですね。
皆藤　《夢6》では川が出てきてるんだね。川を挟んで向こうの雪山を見てるんだね。この夢は川沿いの家を見ている。たぶん向こうの家ではなくてこちら側の家だと思うんだけど。自分と同じポジションの家なんだと思う。足下を見ると雪がある云々という、この動きと連動してるなあというのは思うね。
それから「衣服が汚れるが楽しい」という夢を見るのはなんかこの《夢6》に置き換えると、「天井が凹んで水が漏れているが美しい」「大事な家族の楽しみの部屋だ」という、ちょっと装いを変えて同じテーマを出しているというのかな。
こんなふうに、夢のストーリー性は内容として思うけれど、やはり《夢1》がすごく印象深いから、《夢1》の迫力はこの《夢6》では大分弱まってるなという感じがする。夢そのものがもっている迫力が、ということです。
川嵜　同感です。だんだん、ヒューマナイズしていく方向が現われているのはたしかだと思います。ただ、そのまま、素直に人間世界に着地していくというほどシンプルではないわけですが。

《夢7》——両親への怒り・剃刀の夢（五頁参照）

皆藤　瀉血か……。　川嵜さんがクライエントの夢に登場してきたのははじめて？
川嵜　今回、選んだ夢のなかでは初めてですけれど、他の夢には出てくることはありました。そんなに多くはないけど。

皆藤　川嵜さんはこういう夢を聴いてどう思うんだろうというのがまっ先に浮かんだことだったけどね。この辺りは、たとえば夢の前半で両親に怒りを爆発させる。そのわけが語られてるけれども、この辺の具体的なことは面接のなかでも語られているんですかね。
川嵜　ええ、語られています。この夢が報告されるもっと以前からですが、この方は、自分で自分の今までの歴史の年表を書いてこられるようになるんです。自分史というか。そのなかで、このとき自分はどうだったとか、どう思ったとかかなり丹念に語られました。
皆藤　そうじゃなかったら、次のシーンで川嵜さんは出てこないのかなあ。
この両親の味方をする女性三人がどんな人かはわからないけれど、でもクライエントと同じ同性三人をクライエントは黙らせることができる。しかし、それはそれだけのことで両親には悲しみの思いは通じない。ここがこの人のすごく苦しい辛いどうにもならないところの一つなのかもしれない。怒りを爆発させてあとの方では剃刀を持ってということが起こってるけれど、どうしてこの人は両親を殺そうとしなかったんだろうかとか、通じなければ殺すしかないじゃないかというような感じがしなくはないけど、ただ、もう一段階そこに必要な何かがあるんだろうという感じですね。そうして若い男性が現われてきたとも言えるかな。もしかすると、殺すというふうにいかずに夢のなかで別の展開をもたらす可能性を夢は秘めているのかもしれない。その流れで若い男性が出てきているのかな。ただこの男性は夢見者に危険を抱かせるほどの強さをもっている。両親のクライエントに対する関わり方の集合体としての人格化という感じもしないでもない。剃刀を持っていて、すごく男性なるものという感じですね。
川嵜　ええ、ええ。そういう感じしました。
皆藤　そして、ここですごく面白いことが起こるのは、川嵜さんが助っ人になってその男性と同じ剃刀を持って向き合うのね。そして、男性が首を切ろうとすると川嵜さんは無抵抗で首を差し出すというこのやり方が印象深い。川嵜さんの向き合い方って言ってもいいかな。たとえば、川嵜さんがその男性の前に現われて鉄砲で撃ち殺すっていうふうには夢は展開せずに、ここである種のやりとりみたいなことが起こっている。それは、この人の夢と同じ次元に川嵜さんも立っているっていうことじゃないだろうか。まだ可能性があるということを、夢のなかの川嵜さんも感じているんだというふうに読めるかな。
川嵜　可能性っていうのは、殺すとかではなく、別の可能性ということですか。
皆藤　そう。それで、この「先生は自分の首を相手に切ってくれと言わんばかりに無抵抗で差し出す」っていうのは、川嵜さんのこの人に対する向き会い方なのかもしれないなあと思いましたね。なぜ首なんだろう、ってこともすごく感じました。バタイユの「無頭人」からの連想で、本能欲求と言うか、溢れるエモーションの流れを生き抜くことこそが人間性の証だということとの象徴性のイメージも思った。いわゆる理性と本能を繋ぐものが首だということです。そこを切ろうとしている。そんなことも首からの連想で思いました。
川嵜　その場合、つまり、理性と本能を繋ぐものを切るということは、もう少し言っていただくと、どういうことになるんですか。
皆藤　僕は、この人と川嵜さんの関係そのものが、理性と本能とを繋ぐ首を切ろうとしていると思います。つまりそれは、心理療法の関係そのものが、夢そのものが理性と本能の繋がりを再創造しようとしているのではないかと思うんです。そのためには死に近いところまで行かなければならない。
それから、ひょっとしたら、両親に味方する若い男性はエモーションの人格化であるとともにクライエントを助ける川嵜先生に対する敵対心あるいは嫉妬心の人格化であるかもしれない。敵対心というとちょっと違うかな、何だろう。
たとえば、川嵜さんはこの夢を聴いたとき、「無抵抗で首を差し出したときの夢のなかの僕はどんな気持ちでしたかね?」とか訊かなかった?

川嵜　訊いてないです。というか、そういう発想は出てこなかったですね。それはどういうところからくる質問なんですか。
皆藤　というのは、やっぱりこれは死と繋がるんだと思うのね。僕が思い出したのは「みにくいあひるの子」の最後のシーンです。「みにくいあひるの子」は、もう辛くて苦しくてしょうがないのね。寒くて寒くて、いじめられて。身体は完全に白鳥になってるんだけどそれを知らない。そして自分はもう生きていけないと思う。そのときに池に戻ってきた美しい白鳥を見る。こんな美しい鳥に殺されるんだったら本望だと思って、白鳥に近づいていって「どうか僕を殺して下さい」と頭をうなだれるんです。そのとき、水面に自分の姿を見る。そして自分が白鳥であると知る。
川嵜　それはすごく印象深い話ですね。白鳥と「みにくいあひるの子」という「美醜」の違い。それと同じく、この夢では、最初、夢見者の視点からすると、若い男性と治療者は彼女の両親をめぐって、「敵‐味方」とまったく異なる表象として現われる。でも、今の皆藤さんの話のように、死に限りなく接近するような次元に入ることによって、また、「どうか僕を殺してください」と言うような、受け身、他力、手放しによって、違うと思っていた他者が自分になっていることに気づく。すごく印象深い話ですよね。この男性二人による剃刀での切り合い、それは、とても同じような印象を受けます。
皆藤　「みにくいあひるの子」の場合も死を覚悟した瞬間だね。そういう死と、死の覚悟を体験することによってもたらされる世界、そういうふうなことを川嵜さんはこの男性との間でやろうとしているのかなと思った。まあ、儀式的といえば儀式的だけど、命がけでやってるわけだから。
若い男性が倒れて、クライエントはなんで救急車呼ぶんですかね。どうしようもない男性なのに。川嵜さんと一緒に男性を運ぶ。なぜそういうふうに夢は展開するんだろう。その前に、川嵜さんとの間でやりとりされたこの壮絶なシーン、この体験をして救急車を呼ばしめたという感じかなあ。ここでこのまま息を引き取って死んでしまうということではない。これもクライエントの夢自我と川嵜さんの動きがとても歩調を合わせていて治療関係がすごく深いところで良好に進んでいるという印象を強く抱かせる。
ひっくり返して言えば、川嵜さんもまたこの男性と同じように、いったんその傷から出血してしまえば……というプロセスを歩んでいく宿命みたいなものをこのクライエントとの間でもっているのかなと思ったね。それはこの男性がまず川嵜さんの首を真横に切ろうとするところからの連想です。川嵜さんが切ろうとするんではなく、という意味です。
こういう夢を見てクライエントはどんな連想をするのかな。もし僕が川嵜さんの立場だったらけっこう訊いているかもしれません。前にも言ったけど、わかってる人だって言えばわかってる人なんだろうとは思うけどね。
川嵜　そうですね、そういう感じはあります。
皆藤　川嵜さんはどう思ったの？
川嵜　さっき、皆藤さんが言われた「みにくいあひるの子」と同じような感触をもってこの夢を思っていたと思いますよ。もちろん、その話を思い出してこの夢を聞いていたわけではないですが、この話の底に流れている話の展開と同じ構造を想い描いて、この夢を聞いていたように思います。
私は夢の前半部は、なんか、両親への固着というか、夢見者の個人的なコンプレックスが現われて行き詰まっている感じがしてたんです。しかし、後半は、それが深い水準で展開していき、相当にそういうコンプレックスから解放される印象がありました。
皆藤　なるほど。ところで、瀉血ってどうするんだろう。汚い血を出すんだろうね。
川嵜　そうなんでしょうね。このクライエントさんは、シャーマン的なものを含めて、血筋問題もありますし。血の刷新なんでしょうかね？

《夢8》——熊の母子の夢（六頁参照）

皆藤　この夢の続きはどうなんだろう？
川嵜　？
皆藤　熊か……。このクライエントはとてもすばらしいと思った。こういう夢を見るということそのものがそうです。それと、熊にすごく神聖なイメージを、僕はこの夢で見ていました。この仔熊はたましいだと感じました。まだ仔熊だけれども、それでもここまでになったたましい。それが二階へ上がろうと階段を上りはじめる。まさにシャーマン性の世界と、階段を上りはじめるっていう日常性の世界とがシチュエーションとして同時に在るんだという感じがする。
川嵜　その同時に在るというところを、もう少し……。
皆藤　仔熊が、たましいが上昇しようとしているというのは、すごく神聖なイメージです。シャーマン性の世界体験と言えると思う。垂直軸がここでも活性化している。そういうことが「家の階段を昇り始める」といういきわめて日常的な空間で展開されている。だから、家の階段は日常性の世界であるけれどもシャーマン性を帯びている。そういう意味です。
それから、この仔熊はこのクライエント自身じゃないかなあとも思いましたね。
川嵜　それはすごく感じます。
皆藤　仔熊が五～六段目のところで背中からばたっと下に落ちるっていうところは、聖なるものと日常性の世界がいまはまだ共存しないっていう感じがする。そして、クライエントが仔熊を助けようとすると仔熊は女の子に変わる。昔話で、動物が人間に変わるっていうテーマはよくあるけれども、ここもそういうテーマなのかもしれないし、何よりこの女の子はクライエント自身だっていうふうにも思いました。

川嵜　ええ、ええ。
皆藤　そして、その女の子の後頭部に手を当てて治療をする。このクライエントは日常でもこういうことをしているのかもしれない。シャーマン的な能力を使っているのかもしれない。でも、この女の子は死ぬかもしれないと思う。そういう脈絡から、この女の子はどうなったのか続きを知りたいなと思ったことが、最初に夢の続きはどうなんだろうと感じがことと繋がっています。
川嵜　ああ、なるほど、最初に言われた、夢の続きというのはそういう意味で。この女の子がどうなったのか、というのは、死んでしまったのかどうかということですか。それとも、死んだ後にどうなったのかなぁということですか。
皆藤　僕自身が夢に強く影響されていたのかもしれないけれど、この女の子が死んでしまったのだったら、その後はどうなったのかということ。あるいは助かったのだとしたら、その後はどうなったのかということ。
それから、母熊と仔熊が家に侵入してくる。母熊はどこかへ行ってしまい、仔熊だけが家に残される。この仔熊を大事にすると危ないなあと思いました。シンプルに、母熊が戻って来たらこのクライエントは殺されるというストーリーの展開はありうるから。
川嵜　ははあ、おもしろいですね。そんな発想はなかったけど、おもしろい。なるほど。
皆藤　だから、この仔熊をあまり可愛がりすぎると危ない。「小さくて見かけはかわいいが、足の爪は長く鋭く伸びて危険」。このあたりは、このクライエントの夢の特徴でもあるけど、可愛さと危険性とが共存している。そして、こういうふうに夢が在ることは大事なことかもしれないとも思う。熊ってものすごく母子関係の緊密な愛情で繋がってる動物やね。
川嵜　そう、そうですよね。
皆藤　だから《夢7》に出てきた両親との関係とか、ああいうところでもいつの間にか仔熊だけが残され死んでしまうかもしれないという世界を生きておられるのかなあと感じた。このクライエントの生育史にみる母親との関係みたいなことも象徴してるかなと。
川嵜　そう、それなんですが。この夢の連想としてクライエント自身も言ってるし、僕らもたぶん、すぐにそういう視点をまず取ると思うんですが、この方は小さいころに滑り台から落ちて頭を打って、なのに母親がちゃんと心配してケアしてくれなかったことに強い思いがあるわけですよね。もしかすると、自分の耳鳴りや偏頭痛はそれが原因で起こっているのではないかとか。その辺りの「現実」との関連で、何かおっしゃっていただくことはありますか。
皆藤　この人が自身の耳鳴りや偏頭痛を生育史と関連づけようとすること、つまり母親との関係に起因するのではないかと思うことは、とても自然だ。そういうこの人の思いがこの夢を産んだとも言える。けれどもそれは、「現実」がこうだったからこの夢が出てきたみたいな軽薄な因果論だと思うんですよね。誤解のないようにしておきたいけれど、この人がそう思うのはとても自然なんです。でもその「現実」と夢を因果論的に繋げるのは軽薄だと思うんです。現実との関連がどうであれ、耳鳴りや偏頭痛をこの人は自身のこととして引き受けて生きていかねばならない。精神分析でいうような「内在化」のテーマとして捉えてもいい。そのときに、耳鳴りや偏頭痛という「現実」は、この人のリアライゼイションをいかに生きようとするのかという視点が不可欠だと思う。そのようにみると、リアライゼイションのところからみると、耳鳴りや偏頭痛がそう簡単に消失してもらっては困るわけです。むしろ耳鳴りや偏頭痛は折に触れてこの人を襲い、その体験を通してこの人がこの「現実」をいかにリアライズしていくのか、そこにコミットするのが心理療法だと思う。まあ、そんなことを思います。わかってもらいにくいかもしれないけど。
それはそうと、川嵜さんは、この女の子は死なねばならないという感じですか。
川嵜　ねばならない、とは思わないですけれども、ある種の必然性はあるのかなと思いました。なんていうのかな、仔熊から少女になるって、あの世からこの世に来たみたいなイメージがあって。でも、それで普通の人間として地に立って生活していくのではなく、また、死という「あっち」の世界に戻ることの必然性というか。そういうテーマを生きておられるクライエントなんだろうなという思いはありました。皆藤さんは、「この子は死なねばならない」という感じなんですか。
皆藤　ねばならない、とは思わないですけれども（笑）、必然かなあと思います。リアライゼイションにとっては、そう思います。

《夢9》——白装束の人の夢（七頁参照）

皆藤　最後の方は夢っていうことなのかな。それとも、起きてから思ったことなのかな。
川嵜　面接もこの辺りになると、クライエントさんは夢を紙に書いて持ってこられてるんですが、それをそのまま記述しているので、最後の方も夢に含まれることになりますかね。
皆藤　水に親和性があるね。そのこととこの人の家系が神官であったことと関係してるかもしれないね。水の夢が多いよね。その一方で火の夢っていうのはすごく少ないね。
川嵜　なくはないけど、たしかに、水の方が多いですね。桜の樹に落雷して桜がバッと燃え散って、街中が火事になる夢とか、そういう夢もありますけど……。水の流動性というか、そういう質感のものがとてもこの人にとって大事なんだろうなという印象はあります。
皆藤　「これは誰かに試されている修行のようなもので最初に落とされた場所に戻らなければいけないことを知る」。これはすごいね。というのは、知らなければ顔を出して助かったわけでしょ。知るから戻らなければならない。
川嵜　ああ、なるほど、そうですね。この人は、「知ってしまう」からそういう課題が出てくるともいえますね。

皆藤　そして、「女の人は白装束を着けている」。これは神的な人やね。聖なる何か。この夢はこの夢そのものでそうだろうなっていうか、すごいなあと感じます。ともに味わいたい夢だなあと思う。また、導いてくれるのってすごいなあって思うね。親鸞が六角堂で夢告を得た体験を思い出した。観音様が出てきて、親鸞を導いてくれますよね。そんなに性のことで悩んでるのなら自分が人間になっておまえに抱かれてやろうと観音様が語りかける。そして、親鸞を宗教の根元の世界に導いていく。知っていると思うけど、親鸞は性のことで深く深く苦悩していた。仏門に生きるためには、女犯の戒を守らねばならない。けれども親鸞はそれができなかった。通常であれば、そしたら僧侶になるのを止めればいいと思うけど、親鸞は深く深く悩み、とうとう夢告を得ようと六角堂に篭るんです。つまり自我ではない在りようの世界に自身の生を委ねるわけです。この辺りはわれわれがイメージする心理療法に近いスタンスだろうと思う。そうしてさっき言ったようなお告げを得る。その体験がきわめて宗教的なわけです。つまり親鸞はクリエイティヴに再生した。ああいう夢に通じる感じがある。
川嵜　ええ。親鸞もそうだったと思いますが、ぎりぎりの淵際でそういう存在が現われる。この夢見者もそうですね。もう、動けないと思ったときに白装束の女性が現われる。
皆藤　ところで、この人の夢体験の意識化はどんな感じだったのかな。つまりシャーマン的な世界と日常性の世界ということで言うと、この人の夢体験の意識化は、シャーマン的な世界の方に一気に比重が傾くようなものでもありうるでしょ。しかし、この夢の冒頭は中学時代の友人だった人と旅行に行っているという、ごく日常性に近いところから始まっているわけで、後半にあるように元の場所に戻るっていうのも日常性の方向にベクトルがある感じがする。
川嵜　そうそう。それ、思いますね。元の場所に戻るために水平移動するところもそんな感じです。
皆藤　あんたはどっちも生きられるのかっていうことを試されているのかもしれない。そういうふうな意識化だったら、シャーマン的な世界への比重はそんなに傾かないんだろうけど……。

川嵜　その「あんたはどっちも生きられるのかっていうことを試されている」というのは、もう少し、ことばになりますか。どういう風な？
皆藤　つまり、この世で生きていくには日常性の世界体験の在りようが必要とされる。けれどもそれだけで生きていくことはおそらくこの人のリアライゼイションではないだろうと思う。シャーマン的な世界体験の在りようもこの人には不可欠である。だから、日常性を生きながらシャーマン性も生きる在りようがこの人にいかに見出されていくか、そういうことを川嵜さんとの心理療法はやっているのだと思うし、夢がそれに応えようとしているのだと思う。《夢7》も、さっきは理性と本能を繫ぐ首という言い方をしたけれど、この脈絡では日常性とシャーマン性を繫ぐ首というイメージで捉えられるんじゃあないかな。
僕は、この夢をこの人はどう体験したんだろうなっていうのは気になりますね。これは誰に試されているんだろうか。
川嵜　この人の語りのなかでは出てこないですね。
皆藤　川嵜さんはどんなふうに思った？
川嵜　うーん、やっぱり超越的なものでしょうね。それは、彼女をいったん上に持ち上げて、下に落としたものともいえますが……。皆藤さんが訊いてるのはそういう意味じゃなくって？　皆藤さんはどう思われたんですか。
皆藤　これもやっぱり垂直軸の動きだよね。仔熊が落ちたのも家が危ないのも垂直軸だけど、垂直軸をスピリチュアリティの軸っていうふうに一義的に考えてしまうのもどうかと思うけど、でもやっぱりこの人の精神性っていうのは夢を軸にして展開している感じがしますよね。それで、首を切るというのも仔熊の治療もそうだったし、滑り台から落ちてっていう現実もそうだけど、この人はスピリチュアリティの軸を生きるときに、夢のなかでも現実でも身体ということとの関連があるんだなということを思いました。たとえば《夢8》だったら垂直軸を登ろうとした仔熊が後頭部を打ち意識がなくなる。ここには身体のテーマが入ってきている。この《夢9》でも吊り上げられて落とされている。宗教世界にある苦行とか修験とかを思いますね。
川嵜　以前に、身体と身体像との話をされてたと思うんですが、今言われた、この人がスピリチュアリティの軸を生きるときに、現実でも夢のなかでも「身体」との関連があるということをもう少し説明していただけますか。
皆藤　つまりスピリチュアリティの軸を生きるときには、「身体」は邪魔なわけです。身体は肉ですからそういう肉体性の世界を捨てたところに精神性の世界が開けてくる。けれども身体はまさに肉体としてわれわれを生かしめているので、身体を捨て去ることもできない。摂食障害のテーマはそのことと性が絡み合っているね。この人はスピリチュアリティの軸を生きるとき、身体をどうするかが一つのポイントになるんじゃないかなと思う。この身体が限りなく死に近づき、死んでそして再生するような、そういうイメージがあります。その意味でもこの人の夢は、すごくコレクティヴな感じがするんですよね。おとぎ話とか神話とかに出てくるテーマが盛り込まれてるって感じもあるし。

《夢10》——超能力・巨大な竜の夢（八頁参照）

皆藤　これは龍神でしょ。水を司る神。そう、私、この前、龍神祭に行ってきました。秩父の今宮神社です。関西人の私がどうして秩父までと思うかもしれないですが、実はシャーマン的な女性に導かれました。この秩父行きはその後、私が神社仏閣巡りをする一つのきっかけになった体験です。それはともかく、そうそうこの今宮神社に女性の神官がいるんです。話が横道に入りそうですので置いておいて、龍神は聖なる水と関連しています。この人にとっての大きな一つのテーマだし、この龍神はこの人自身の守護神、もっと言うと、この人は龍神じゃあないかな。龍っていうのは垂直軸で昇ったり降りたりするイメージがあると思うんだけど、この夢では龍は低空に蠢いているんやね。まだ生き生きしていない。まだ水をコントロールするところまでいっていないっていう感じだね。だからこの人はそれが苦しそうに見えている。これはとても大事なテーマだなって思いますね。
川嵜　ええ、ええ。この低空でうごめく龍は苦しそうです。
皆藤　そして、行者と滝行する。これは龍を自分の守護神にするために行をしているっていう感じがする。水を受け止めるっていうのはそういうことだろう。最初の印象はそれで、そのイメージが強いからそうしか見えないけども。
川嵜　その、守護神にするというのは、どういう？
皆藤　正確には守護神になるという表現だと思う。イニシエーション的な感じですね。
　水のことですけど、さっき話した『陰陽師』にも出てきたけど、関西に丹生川上神社っていうのがあるんです。これも水と関係がある地名。で、そこがなんとダムで水没する。それでもっと上のほうに神社を移しかえるっていう儀式が必要で、その儀式のために必要な水を秩父の今宮神社から運んで来て丹生川上神社の水と混ぜて、神官が儀式を執り行う。この前、秩父の今宮神社に行ってきたと言いましたが、龍神祭っていうのは水を司る神の祭りです。そこでは憑依体験のようになって身体が動き出す人がいたり、ユタのような人がいたりしました。
川嵜　ほう。
皆藤　龍神祭の後に行われるのは水配り（みくまり）祭って言います。それは、こちらの地方の田んぼもこちらの田んぼもともに豊かになるために水を分けるわけです。そういう神事を見てきましたが、なかなか意味深い体験をしました。そういうふうなことがこの夢を見ているとすごく連想されますね。
川嵜　その連想とこの夢とを関連づけていただくと、どういう……？
皆藤　龍が低空で蠢くんじゃなくて自由自在に上昇下降し動き回る。その姿はつまり龍が水を司る在りようです。この夢の龍はこの意味ではまだ水を司っていない。この人は低空に蠢く龍を自由にする必要があると思う。そのために行をしているのだと。それはこの人にとってのリアライゼイションに繋がる。僕は、この人にとって水はいのちじゃないかと思う。この人は龍神じゃないかと思ったのもこの脈絡です。あんまりうまく言えませんけど。

それから、ご主人と一緒に行ってるっていうのもおもしろいですね。

川嵜　皆藤さんが言われる「おもしろい」というのはどういう？

皆藤　日常性とシャーマン性のことはさっき話しましたけど、ここにも日常性が入り込んできているから。

あと、いろいろ言いたいことはあります。たとえば、夢の最後に行者と滝行をするシーンは心理療法を連想させる。行者は川嵜さんだなあと思った。「夢ではなく、超能力で見える」というところなんかは、この人は通常だったら見えない世界が実際に見えるんだろうと思うし、また夢って考えてみれば超能力じゃないかとも思う。「夢を見る」って言うけど、自我が夢を見ているわけじゃないですよね。じゃあ何が夢を見ているんだろうなんて考えていくと、夢の不可思議さを実感する。われわれは日常、夢を見たからといってそれで現実がすぐにどうこうなるわけじゃないから、夢を忘れてしまうけど、それって考えてみれば超能力を活かしていないいって言うことじゃないかな（笑）。日常性とシャーマン性というテーマを命がけて生きているこの人から学ぶことは多いよね。われわれはそれぞれの内なるシャーマン性をどう生きようとしているのだろう。「夢を生きる」ことの大変さをさっき話したけど、人間が存在全体として生きることをもっと真剣に考えるべきだと思う。

こうして川嵜さんと夢を間においていろいろ話をしましたけど、とても勉強になり、おもしろかったです。普段の心理療法の実際ではあまり意識したり気づいたりはしないけど、自分の夢へのコミットのスタンスもあらためて知ることができたし、意味深かったです。どうもありがとうございました。

第7章 河合俊雄による夢の解釈：コメント

《夢1》——反復夢・いかだの夢（二頁参照）

河合　反復夢が変わるのはすごいですね。
川嵜　そうですね。二十年くらいの間、かなり頻繁にみていた夢ですから、なおのこと。
河合　しかも、結婚以来この反復夢がはじまっているというのがすごいと思うのです。結婚というのは誰かと一緒に暮らすということでしょう。でもこの夢は一人というのを強調している。
川嵜　あぁ、なるほど。
河合　いかだの上。いかだというのは、あまり方向がないでしょう。船というのは、前後ろがあるけれども、いかだはまさに漂流するし、方向がない。だから、最初からいかだに乗る人もあまりないと思うのです。船が沈んだりして、仕方なくとか、何かの非常事態で乗るものでしょう。だけど、こう方向がなく、非常に広いところに、どこに行くのもわからず一人で行くって感じ……。この夢のすごいのは、山と沈むことという上下ができたことだと思うね。山があって、ある程度のオリエンテーションができる。これまでたぶん全然なかったのだろうね。
川嵜　ええ、今まではただただ果てしなく。
河合　果てしないよね。それがこの夢では果てしないけど、何か少しオリエンテーションができた感じだね。いかだ自体も一応オリエンテーションだけど、山があってオリエンテーションができて、山の高さというのもあるかな。水は非常にすんでいてきれい。
川嵜　そうですね
河合　しかも落ちて沈んでも見えると言っている。この人は、たぶんひっかかりのない人だね。この場合にも　も水が汚いとか、何かが落ちているとかが夢に出てくると、自分のひっかかりがある感じがする。たいていの人の場合沈もうと思っても、ビニールとか藻があったりして引っかかるわけで、それはコンプレックス的なものと考えられます。でも、この人は引っ掛かりがない。すとーんと行く。そういう意味で、神経症圏をどこか越しているところがある。それからこれは一人の状況でしょう。神経症って、圧倒的に対人葛藤でしょう。中井久夫が、神経症と統合失調症とのどちらに、治療者が向いているかという基準として考えたのは、雑踏の中にいるのが好きか、南極でひとり氷の上に座っているのが好きかという問いだったと思うのです。
川嵜　そうですね。この人の場合は、明らかに……。
河合　この人は南極の氷の上だね。やっぱり統合失調症の世界に近いというか、人間を越しているというか。ひっかかりがないので、すとーんと行ける人だね。
川嵜　水が濁っていて中には何があるのだろうという不安が出てきたり、潜ろうと思っても何かに引っかかって潜れなかったりとか、そういうのは引っかかるという意味で神経症的ということですね。
河合　そうそう。それはもっと神経症圏に近い人だね。お風呂に入ろうとするけれども、お風呂が汚いとかね。そういう夢はよくあるけど、これはひっかかりがない。
それでこの人の世界は、水平の軸でみると、苦しいのと違うかな。果てしない、寂しい。けれども、そーっと下を見て、今度ぱっと上を見上げると太陽がある、……これがこの人の住んでいる次元じゃないかな？　すごい深さと高さがあって。そうすると、たぶん場所は同じで変わらないけれども、暖かいのじゃないかな。だけど、それは人の暖かさじゃない。宇宙の暖かさというか、それがこの人の次元だと思うね。いい感じの夢だね。
川嵜　ええ、そう思います。
河合　たぶん、山が見えたというのは、治療者がいるというか、治療が始まるということだと思うな。この人の面白いのは、いきなり「山」と始まらない。あの山の方を目指そうとかにならない。オリエンテーションが、ポイントができることによって、逆に自分の上下が見えるというのがおもしろい。普通の人は、山とか見えたらいきなり行きたがる。
川嵜　同感です。いかだに乗って漂っているわけですからね。
河合　そう。なのに、全然そちらに行こうとしない。オリエンテーションがつくと、自分の世界が全然違うように展開していく。おもしろい人だと思う。山をいきなり目指し始めるならば分かりやすいと思うけど、その分ひっかかりが増えてしまう。変化とか出来事に対して、これは治療者のせいじゃないかとかクライエントが思うようになって、それはわかりやすいけど、おもしろくない。でもこの人は、ぱっと見えることによって、逆に自分の世界が転換するというか、こう高さとか深さとかが見えてくる。だから、暖かくいい気持ちになって、これに満足できるというかね。すごいね。まだ言えるけど、ちょっと邪推になってくるし……。
川嵜　邪推のほうもぜひ聞きたいのですけど（笑）。
河合　邪推（笑）。どうなるのだろうかとか、そういう問いがあまり意味を持たないのです。これはもう完結したすばらしい世界なのです。けれども、これから治療が進むわけでしょう？　そしたら、どういう可能性があるのだろうとかね。沈んだ自分を見た、というのは、もうこの人死んでいるのではないのかな、とかね。
川嵜　あぁ。
河合　だから、もう死んだから怖くないのかな、とかね。落ちてしまうのも見えるな、と思うときには、もう死んでしまっているわけで。死んでいない限りは怖いわけで、死んでしまったら怖くないというかな（笑）。

川嵜　この時点で死んでいる、という点をもうちょっと言っていただけますか。
河合　自分が落ちて沈んでいくのが見えるというのは、水中に落ちている自分を見ているわけで、それはもう死んでしまっているというか。落ちるのじゃないかーと思うと怖いけど、もう落ちてしまっている人だから怖くないという感じがする。
川嵜　さっき言われたのは、そういう意味でこの夢はもう完結しているみたいな感じと。
河合　うん。すっごく完結しているね。
川嵜　それにもかかわらず、これから治療が始まるのだけど、そしたらどうなるのだろうと？
河合　うん、どうなるのだろう、と思うね。逆に、どう動くのだろうと。これで満足して横になるわけではないでしょう。やっぱり、耳鳴りがあるあたりとか、ちょっと統合失調症に近いのかなとか、身体の方に近いのと統合失調症の方に近いのと両方あるな、とか。しかし、これは見事な夢だね。こんなクライエントだったらうれしいね。ちゃんとわかっていて、自分の世界があるし、それでいて、治療が始まっている感じがするし。
川嵜　ええ、お会いしていてすごく魅力的な方ですね。話が少し違いますが、いわゆるイニシャルドリームというのがありますね。初回の夢に後の分析過程みたいなのがかなり含まれているというような意味合いの。今、言われたのはそういうことにもつながりますか。
河合　そういうのとちょっと違うね。どう展開するというか、そういう感じはしなくて。何かもっと超越しているよね。でもたしかに、イニシャルドリームに近いところはあると思うけどね。

《夢2》――長男がエイリアンの夢（二一頁参照）

河合　長男は実際いるのですか。
川嵜　長男と次男が実際おられます。この時点では中学生です。

河合　ちょっと外側から見るようになるけど、この人ご主人がものすごく怖いでしょ？　でも結婚しているよね。なんか、この人は、怖がりながらも、怖いものと結びついて生きているというあり方をする人だと思うね。だからまた、そこにこの人のチャンスがあると思う。これも同じで、エイリアンということを知っていて育てているのだよね。怖いのだけれども、私はこの怖いものとしか生きられないというか、こういうあり方はたぶん共通しているのでしょう。だけど、長男がエイリアンというのは、自分の生み出したものがエイリアンというのか。
川嵜　あぁ、なるほど。
河合　自分が生んだものというのは、自分と同じというか、そう思いたいよね。でも、自分から生み出たものが、自分とはまったく違うもの、エイリアンであると。じゃあ、自分とは違ったらそれを突き放したらいいと思うところだけど、そうではなくて、それを知っていて育てている。それはすごいと思うけどねー。こんな子だけど育てていかなければならない。この人の背負っている課題かな。
川嵜　それはこの人にお会いしていてすごくぴったりくる印象ですね。
河合　自分の一番近いはずのものというのが、自分にとってエイリアンであるし、攻撃的だし、それこそ育てないといけない、ずっとそれに付き合っていかねばならない。ものすごく怖いのだろうけれども。この最後は殴られるよね。
川嵜　はい。
河合　噛みつくまでは、やっぱり近さが感じられる。噛みつくというのは微妙というか、肉薄してきて近いし、愛情表現的でもある。攻撃しているのだけど、それは同時に近づくということがある。それは二人の関係を示しているのでしょうが。ところが頭を殴るでしょう？　これがこの人のテーマなのだけど。
川嵜　そうですね。頭を打つということがつきまとうというか、コンステレートしているというか。それはこの人にとってとても大切なことだと思いますね。

河合　ここが超越なのだろうね。ここで起こっているのが本当の超越なのか、それとも防衛的な解離なのだろうか、微妙なところだと思うな。エイリアンと分かっていながら育てるというのは、矛盾したあり方だよね。かわいいから育てる、エイリアンだから捨てるだと矛盾していない。だけど、エイリアンだからこそ育てるというのは矛盾するし、嚙み付いてくるというのも、愛情と憎しみが混ざったような感じがするし。
殴るというところで飛躍があるよね。飛躍したら気を失うわけでしょ。そして子どもは逃げていくね。逃げていくというのは、ここで分離がある。だから、この愛憎というぐるぐる回っている関係が、殴るということで切れる。あるいは自分にとって一番大事なものというのが自分にとってエイリアンであるという、苦しさとか恐怖というのが、ここでちぎれることになる。それは、どうでもいいとか、もう育てない、という感じにもとれるし、だけどそのややこしいのがここで飛躍するというか、超越するとかいう感じもある。それで、この人がすごいと思うのは、気が遠くなりながら、みんなは私がこんなに辛い思いをしてエイリアンの子どもを育てているなんて知らないだろうな、と思うところです。知ることへのこだわりがあって、みんなは知らないだろうけれども、私は知っていて育てている。気を失うという、知ることが不可能になるときにさえそう思っている。
川嵜　あぁ、なるほど、そうですね。
河合　そのときでさえ、知ることへのこだわりがある。すごいと思うね。何か知らないといけない、知っていてやらないといけないという。
川嵜　ここは、「私だけ」という、私は知っていてやっているけれどもみんなは知らないというか、その孤独さみたいなニュアンスを私なんかは思うんですけど、今言われたように知るということが強調されているという感じですか。
河合　うん、それは僕の好みかもしれないね。孤独というのは、言われてみたらそれもあるかなと思うのだけど。しかし、寂しいにひっかかると、さっきの夢でいくと、いかだの上でさみしいになってしまうのではないかな。この人は知るとか、もっと違う次元で生きているような気がする。だから、夢の中のみんなが知るということは、心全体にとっての事実になるというか、心全体にとって認識されるということだからね。私がこそこそしていることではなくて。やっぱり、私がこっそり育てている限りは解離していることになるからね。みんなが知ることが大事だと思うのです。みんなが知ってしまったときに、このエイリアンがというのも変わるかもしれないとかね。
川嵜　なるほど……。さっき言われた、超越していくのか解離なのかどっちだろうみたいなことと、今言われた、みんながまだ知っていないということとは関連することなんでしょうか。
河合　あぁ……僕の中であんまりつながってなかったね。でもみんなが知っちゃうと解離はできないだろうとは思うけどね。おもしろいね。頭を打つのはわかる気がするけど。だから、ここら辺がぎりぎりのところで、頭を殴られるとか、身体化するとか、もう少しで精神病の世界にいくぎりぎりのところだろうね。偏頭痛、耳鳴りとかね。
川嵜　身体化するか、発病するか、あるいは超越的な方向へ行くか。
河合　そうそう、もう発病するとかね。一線をこしちゃう。
川嵜　発病というのも、ある種、超越の方ではありますよね。
河合　それもある。だからこそ、頭打つのはイニシエーションとも言える。

《夢3》――次男の事故の夢　（三頁参照）

河合　ふーん。連想からみると、この人はすごく家族関係でこの夢を受けとめているね。
川嵜　そうですね。
河合　中年男性については何も？

川嵜　そうですね、特にあんまり何にも言わなかったと思いますね。
河合　これは、三人の関係なのだけどね、クライエント、次男、中年男性ってね。ただ、この中年男性は後で出てこないのだよね。しかもこの人が運転しているでしょ？　ヨットというのは、風で動いて、すごく自然に依存しつつ、その自然の力を上手く受けるというありかたをしている。ところが、これはコントロールしきれないのだろうね、ぶつかって。
川嵜　ええ、ええ。
河合　ここで後頭部を打つのだよね。う––ん……。このようなのは、夢の中で一番難しいな。外から見ているのか、内から見ているのか、ちょっと分かりにくいせいだろうね。自分が頭を打って意識が変わったとかじゃなくて、次男になっている。それでこれ次男のことなのだろうか、自分のことなのだろうか、わかりにくい。まあこの人は助けようとしている。このコミットしている感じはすごくいいけどね。海に放り出されたのを引っ張りあげて、救急車を呼ぼうとして。何がメインなのだろうな–、と思うね。場合によっては、次男の犠牲とか、死によって夫とつながるとかいう感じにも読める。この恐ろしいやつというか、夫というか、につながるというか、気持ちが通じるというか。
強調されているのは、心臓が止まるとか、やっぱりこう気持ちに重点があるような気がする。頭打ったのが中心なはずなのに、出血多量とかの描写はなくて、強調しているのは心臓の部分で、やっぱりイメージとしてはハートという気持ちの部分かな。それで夫とつながる感じがする。この人は次男との関係で夢を受け取っているよね。次男が自分から去っていくとか、次男を失うとか。ただ、勘のいい人はうまい勘違いをするもので、夢でも完全に内在的には捉えないのです。それで、ものすごく具体的なことに勘違いして関連づけたりする。けれども、それがうまい勘違いになる。この人がうまい勘違いをしているとすると、次男を失ってさびしいと勘違いするから、夫に近づくという、自分の本来の課題を満たしているのではないかな、という気がするね。けれども、もう一歩内在的に見て、次男が頭を打つ。頭を打って死ぬというのはどういうことだろう、と考えてもわからない。犠牲とか、生贄とかいう視点は、まだ外から見ているからね。
川嵜　生贄にするっていうことは、外から見ている？
河合　まだ外から見ている気がする。何かをするために犠牲にするという感じが少しする。そうではなくて、次男自体ということから見ていくと、読み切れないね。
川嵜　外からみているというのは、夢に対していわゆる現実の外界からみるとかそういう意味ではないですよね？
河合　うん。イメージに対して外からという感じだね。本当の内から見たらどうなのだろうとか思う。それがもう一つつかめないね。
川嵜　少し話がずれますが、ユングが言っている客体水準と主体水準というのがありますよね。たとえば、次男だったら、現実の次男に関することなのか、あるいは内界の何かが次男として表象されているとみるのかという。河合先生の場合、あんまりそういう区別をつけないんだろうなという気がしてるんですが。
河合　ほとんどないね。
川嵜　客体主体も主体水準もほとんど一緒というか。
河合　うん。そうね。むしろ、夢の中に現実が入っているから。現実と夢というのがあるのと違うからね。夢の中から見ているからそういう区別は生じない。現実があって夢があるとすると、どうしてもそういう区別が出てくるのだけどね。
川嵜　それはぼくなりによくわかります。
河合　神話ではこの場合、絶対に次男が主人公になるわけですよ。まあ、少し違う物語だけど、たとえば殺されたオシリスの話とか。イシスがなんとかしてオシリスを救おうとするわけで、この夢もそう見ると、次男が主人公なのね。自分を導いてくれるはずの人がいて、ヨットに乗っているのだけど、頭を打つわけでしょ。それで放り出される。ひっぱりあげられてトンネルの中へ入ってく。もう、これはあの世だと思うね。トンネルというのは、あの世への道というイメージだと思うのです。だって、海にトンネルがあるというのはすごくおかしいですよ。
川嵜　たしかに。
河合　これ、あの世のビジョンだと思うのです。電話というのも、向こうの世界とつなぐものだと思うのだけど。それで、これもすごく変だけど、トンネルの向こうから夫が探しているでしょう。そこに次男といる。それでこの夢の中のクライエントから見ると、息子のためにあの世に入っていく。そしてずーっと行ったら、向こうに夫がいて、そこに亡くなろうとしている息子がいるわけです。なんとかして救いたいと、マッサージをする。そしたらどうなるかというと、この人がそれによってあの世への旅をすることになるわけです。逆に言うとね、次男が頭を打ってからあとの話というのは、次男が見ているビジョンとも言えるわけです。
川嵜　ああ、おもしろいですね。
河合　自分を救うために起こっていることだね。次男の見ているビジョンでもあるわけです。だから、結局このクライエントさんからすると、この人とあの世との関係が問題ということになる。やっぱり一人じゃなかなかあの世に行けない。だから、オルペウスもそうだけれども、愛する人を救うために行く。そんな感じがするね。それで、行ったら夫がいるのですよ。それぐらいして、あの世に行って初めて夫とつながるというかね。たぶん、もともとあの世にいるのだと思う。
川嵜　それは、夫が？
河合　うん。ハデスみたいなやつで。あの世の王様みたいな感じ。そこで初めてつながるという感じがする。実際の夫もそうだし、この人の思っている怖いとか、恐るべきものというのは、冥界の王様みたいなやつ。そこに行くっていうか。だけど、愛するものを失うから初めて行けるというか、そんな感じがする。こっちの解釈の方が、さっきのより少し近い気がする。
川嵜　次男が見ているビジョンでもあるというのは、やっぱり死にかけているというか、すでに向こうの世界に行っている。
河合　うん、そうそう。臨死体験の人がね、見ているビジョン、みたいな感じで。こう海に放り出されたあたりから。
川嵜　よくありますよね、確かに。事故とかで死にそうになっているときに心臓マッサージしてもらっている自分の姿を上の方から見ているとか。
河合　そう。そんな感じとも言える。ここはね、いろいろ錯綜していて、この人の視点から見たらこうでとか。
川嵜　この次男はかなりシャーマン的な資質をもっている人なんです。
河合　ああ、そうなのですか。うんうん。そういう感じする。それから、このへんはあんまり言ってしまうとおもしろくないのだけれどね。ヨットを操縦している中年男性には、若干、治療者のイメージが入っているとかね。
川嵜　はいはい。
河合　ただ、治療者の思っているようにはいかないのです。治療者が導いてくれて、どこかにヨットを導いてくれてとか、助けてくれてとかではない。治療者が運転しているのだけど、それをはるかに超えることが起こる感じがおもしろいなぁ。

《夢4》——島とトイレの夢（三頁参照）

河合　どっか知らないとこにいるのね。

川嵜　そうですね。
河合　島っていうこと自体が何かの一部なのです。例えば，出島もそうだし。これは宇宙からの侵略者に統治されている。だから，宇宙からの侵略者の出先というかね。
川嵜　島って言うのは，私のイメージでは離れ小島とか，むしろ孤立している感じもあるのですけど。そうじゃなくて，どこかの一部。
河合　うん。これそういう感じもあるのだけどね。孤立している感じ……。どちらから見たらいいのか。宇宙から見た方がいいのか，もとから離れていたほうから見たらいいのか。宇宙から見るとその一部で，手先になる。もとから見ると離れているかな。汚いトイレが出てきて，このトイレ避けようとするのだけど，絶対避けられないという感じだね。階級で入るトイレが違うというのは，あなたの運命だという感じ。このトイレというのがね。
川嵜　この汚いトイレの方が，この人の運命。
河合　そう，汚いトイレの方がね。でもね，たぶんその汚いトイレでいいのだと肯定すると，汚いトイレでなくなるかもしれないね。それが最後の感じにつながっていて，もう学校に行かなくてもいい，とかになる。だから，そういう意味で，独特の自分のあり方だと思うね。離れ小島に行くのも一つの自分のあり方でしょう。住み慣れたところを離れて，離れ小島に。それは孤独で，ひとつの思春期的なあり方でしょう。『二年間の休暇（十五少年漂流記）』とか，ロビンソン・クルーソもそうだけど。だけど，離れ小島に行ってしまうと，それはまた侵略者たちのところなのだというところが難しいね。それにまた逆らっていくのだけど，どう自分があるのか，自分は逆らって生きるしかない，もうそれでもいいのだ，という感じでしょうね。自分のあり方としては独特だけどね。もう，かなり自分というものを覚悟しているという感じがする。自分というのは，この汚いトイレなのだ，逆らうしかない，もう行かなくてもいい，とかね。変わった存在というのを引き受けようという感じがあるよね。

それで次男もいて、たぶん家族的なものと関係している。
川嵜　学校とか階級とかいうのは、ある種の秩序ともいえると思うんですが、それに対してこの人はちょっとアンチみたいな感じで。そこで、逆らうというところに、この人のあり方が現れている？
河合　そうそう。ある意味では引き受けてしまっている、とも言える。やっぱりこういう階級だ、とかね。すごく不思議だね。この人自身の夢ともいえるし、家族的な夢という感じもするね。この家族の背負っているものというか。
川嵜　汚いトイレに入る階級というのは、マージナルな印象しますよね。マレビトというか、マージナルなところにいる家族。
河合　うん、そういう感じがあるよね。

《夢5》——雪山と黒い雲の夢（四頁参照）

河合　川をはさんで向こうにある雪山というのは、超越した世界なはずなのです。ところがね、溶けかかっているでしょ。
川嵜　はいはい。
河合　雪遊びしているでしょ。
川嵜　ええ。
河合　超越ではなくなってきていると思う。だから、その冷たさとかもなくなってきている。それで、ずーっと遠く見ていて、ふと足元見ると、かなり積もっているので、わざとずぼっとはまってみて……。んー、やっぱり、雪自体は向こうの超越という感じじゃないのかな。ここにずぼーって入ってみたりして、自覚的に汚れているでしょ。綺麗な雪ではなく、自分が汚れるのがいやというのじゃなくて。もう、汚れてそれを楽しもうとかね。あの、ジェットコースターと似ていると思う。
川嵜　ああ。スリル的というか。フィロバテッィクというか。
河合　そう。こう、超越じゃないのだよね。汚れるけど、それが楽しい。
川嵜　「汚れるからいや」というと、それはまた神経症的な感じに。
河合　そう、そうなってくると神経症ね、うん。
川嵜　で、そうじゃないけど、なんかそれこそジェットコースター的な感じ。
河合　うん、そうね。スリルであったり面白さであったり。後半は、前半と同じことだね。この、青空って言うのがね、向こうにある雪山と同じでね。それで、ずぼって入っているというのが黒い雲だと思う。それで、私はどうもそこから逃れられない。
川嵜　はいはい。
河合　もう、それがこの世に生きるっていうことだと思うのだけどね。どうしても雨にもぬれるし、汚くはなるし。だからといって、向こうの世界はなくなる訳ではない。だけど、とりあえず私の生きているところはこんなところ。青空と思っていても、必ずこういうのがでてきて、汚れてしまうし濡れてしまう。すごい意識だね。一回向こう側とこっち側に離してみたのだけど、必ずしもそうではなくて、向こう側とこっち側、青空と黒い雲が同時にあるのだ、というのが意識に入るのだね。
川嵜　青い空もあるということを意識している。
河合　うん。青い空もあるし、でも、私は黒い雲の下に入っている。移っても汚いトイレというのと同じ。いくら動いてもやっぱり濡れるのは変わらない。だからといって、青空は変わらない。面白い夢だね。とんでもない人だね。
川嵜　この黒い雲に全面覆われてしまったとかじゃなく、青い空が在ることは分かっているわけですよね、この人は。
河合　分かっている。そこらへんが普通の人と違うね。普通の人は、あー私は青い空に住んでいたけど黒いとこに行ってしまったとか、落ちてしまったとか、思うのだけど、この人には残っているね。でも、とりあえずそれしかないっていうかね。
川嵜　青空があるのを知っていて、でも頭に上は雲がある。これは、この方にとって何となく残念な感じもあるんですかね？
河合　そうね。でも、この人としてはすごく分かっていると思う。もしそうじゃなかったら、どうして私の行くところはいつも雨が降っているのだろうとか思うわけ。この人のすごいのは、上にある青空が見えているところだね。

《夢6》——川のなかの家の夢（五頁参照）

河合　建築士という、はっきり専門性を持った人がいるのはすごく面白いと思うね。何でもない人でなくて、専門性を持っているというか、技能や知識がある人。そういう人に聞くことによって、どこが問題であるかわかったり、過去の事を知ったりとかする。この場合は家がこれでいいのかどうかを聞いている。
川嵜　はい。
河合　で、この家がまためちゃくちゃおもしろいのだけど。こっちから見ると一階建てなのだけど、じつはもっと深いところにつながっていると言うかね（笑）。それだけじゃなくて、直に川に面しているというか川の中に面しているというか、深いところとつながっているというか、深いところが見えるというかな。
川嵜　ええ、ええ。
河合　こういう世界におそらくクライエントは生きているのだろうね。普通に生きている時は、片面、一階建てだけど、実は三階建て。しかも、ただ暗く深くなっていくだけじゃなくて、それは美しい世界というか。水の中、水の底の世界に開いているのだね。それで、一箇所だけは家族の楽しみなのでアドヴァイスできない、と言うね。
川嵜　そうですね。
河合　でもこれは、あんまりにも綺麗だから忘れそうになるのだけれども、危ないというか、ある種の狭間にいることになるね。これが一番おもしろいところ。この川の中の魚の美しさを取ると、危なくなるし、それをちょっと直してしまうと、一番の楽しみがなくなっちゃう。この狭間にいるのだね。でも、この人はどうも〝危ない〟の方をちゃんと選ぶみたいな感じ……。
川嵜　そうそう。
河合　だから、本当に美しい世界というのは、炎が燃えるとか、崩れてしまうとかで危ない。それで、やっぱりそれはできなくなってきていると思うな。これはもう見事に構造化された夢だと思うね。
川嵜　ほんとうのというか、シャーマン的、そっちの方の本当に危ない世界に行っちゃう人もいるわけですよね。そういう人は、なんでしょう。発病する人はともかくとして、そっちの方に行く人はどこで保つというか、どういう構造をもって保つのか。
河合　わからないねー。もう、それはまた全然違う家の構造になっているかもしれないし。なんとも言えない。そういう人は、もう守るべき家もないこともあるし。
川嵜　ああ、なるほど。それはぴったりきますね。
河合　やっぱり最初から守るべきものがある人は（シャーマンとしては）だめだと、思うよ。やっぱり捨てていとね。だから、この人の場合、こういったリアリティーが出てきて、守らざるを得なくなってきていると思うな。

川嵜　家族とかこの世で生きることとか。
河合　うん、そうだね。それでこの人は、何か問題があっても部分と言う気がするね。ここが危ないですよとか、それから子宮もここが悪いところだ、とかね。やっぱり部分であって、全体が崩壊するという感じがしない。はっきりどこが危ないとか、どこがだめとか、知っている人だと思う。
川嵜　この、知っているとか、部分というのは、何と言うのでしょう……ポジ・ネガどっちかわからないですけど、部分だからこそ守られているともいえるし、全部悪かったらあっちの方に行っちゃっている。
河合　全部悪かったらもう捨て身だね。でも、全部悪い人は全部悪いと言う意識はないと思う。ぐちゃぐちゃなわけだから。
川嵜　なるほど、部分と言う感じがでてきている、ということ自体が、もうかなりこの世的とも言える。
河合　そう思うね。確かにあの世とつながってはいる。ここでは川の世界というのかな。いい感じで治療は進んでいる。
川嵜　このクライエントは、前の夢でも空とかすごく上の方の世界を志向するというのが一つありますよね。ある意味、この川の中と言うのもそれに対応していると思うのですけど、川は下ですよね。その辺の「上」「下」などについてはなにか考えられますか？
河合　僕はね、この人の超越はむしろ「下」じゃないかなー、と思う。飛び降りる、とかね。それから、最初の夢でも山が見えるのだけど、すぐその次に海の深さに行くでしょ。だから、この人の超越は下じゃないかな、という気がするのだけどね。
川嵜　上の超越と下の超越、というのはどう違うんですか？
河合　なんとも言いようがないけどね。でも、やっぱり、上の方がスピリットという面が強く、抽象度も高いだろうし。だからもっと、光とか、言葉とか、そういうのにつながっている。この人はもっと身体であり、だから排泄物と言うのは、僕は下への超越だと思うのね。ルターの話ってすごいよ。
川嵜　どんな話ですか？
河合　山折哲雄が書いているのだけど。ルターはね、便秘がちで、排泄する瞬間と言うのはもう至福。それによって悪魔を捨て去ると思っていた。山折哲雄は上への超越は射精なのに対して、下への超越は排泄だと書いている。この人は排泄なのだと思う。
川嵜　おもしろい。排泄と言われてちょっと思い出したのが、このクライエントが言ってたんですけど、この人が便秘かどうかは記憶にないんですが、排泄する時ってコントロール手放して身をゆだねるという感覚がある、と。それが、落ちるというか、死ぬというか、そういう感覚に近いと言っておられたことがありましたね。
河合　そうだね。それはすごくあると思うよ。だから、この人には排泄にその両方があると思うよ。いやだというのと同時に……。鎌田東二がどっか本に書いていたと思うのだけど。僕直接にも聞いたのだけど、彼が阪急河原町線の特急に乗っていて、すごいもうお腹の調子悪くて、ずっと我慢していてね。
川嵜　ほうほう。
河合　桂駅あたり通るときに、終に我慢できなくて、ざーーっとね、ジーパンのすそから出てきたらしいけどね。
川嵜　下への超越（笑）。
河合　もうその瞬間、至福だったそう。何かが切れたっていうか。我慢しなくてはいけないとかね、すべてそういうのが切れてしまった瞬間。それは、大聖堂に排泄物が降ってきたというユングのバーゼルのヴィジョンもそうだね。このクライエントの中ではやっぱり二重に作られていて、それはいやなものとしているのだけど、実は違うのかもしれないね。

《夢7》――両親への怒り・剃刀の夢（五頁参照）

河合　この時は何にもいわなかった？　彼女。
川嵜　これはどうだったかな……。前半はわりと親に対する腹立ちみたいのを語られていたのですけど、後半はなんか怖いというくらいでよくわからん、とか言われていたと記憶していますが。
河合　うーん。不思議だねー。前半は、両親に味方する女性が出てくる。最初、言葉でやりあって。この女性三人というのは、たぶん、社会の見方だろうなー、と思うけど。社会的な常識でしょ。あのころはそんなもんよー、とかね。でもそういうレベルに対しては勝てる。けれども本当の解決には全然ならないところで、親に思いが通じなくていったん行き詰まるよね。
川嵜　ええ、ええ。
河合　ここからは言葉では完璧にダメで。どういうことだろなぁ。同じ剃刀を持っているから、同じということだと思うのだけどね。だからどちらも自分で、どこまでも自分に深く切っていって、それを防いだりとかしても意味がないのだよね。だから、本当に勝とうと思うなら、どこまでもそれを自分に受けないといけないよね。切らせるというか。こっちにもだし向こうにも、どこまでも深く入る。
川嵜　はい、そうですね。
河合　逆説的だと思うなー。どこまでもそれに浸透させられる。これ、一種の一体化だね。うん。この場面に関すると。治療者のやっていることかな。もう一緒になっている、というか。前半にあった、恨みとかは全然ない。血は憎むけどこの男は憎まないという感じ。人としてのこの男の人は憎くないわけ。すごくサイコロジカルだと思う。
川嵜　あー、なるほど。

河合　だから、よく人を恨むけど、それは心理学にとってあんまり意味ないのだよね。問題になるのはその人の内容であって、この夢でいうと血になる。だから別に、その人はどうでもよくなる。だから血というか、全然違うレベルにいて、人のレベルにもういないのじゃないかなー。
川嵜　この人は別の夢でもわりと血の入れ替えとか血の浄化とか、そういうのが出てきます。
河合　そういう意味で人間を越しているのと違うかな。前半は人間レベルで、人間レベルは、この邪魔な3人には通じるのだけど、親には通じないね。だから、親も人間のレベルにはいないと思うよ。
川嵜　ふーむ。
河合　戦うとか、そこまで自分が開いてこそ相手も開いてくれるって感じ。首を切らすというかな。自分は切られなくて相手だけ切ろうと思っても無理。佐々木小次郎の燕返しみたいだけど（笑）。自分も切られるのだけど相手を切る。
川嵜　人間超えてる、って言われましたけど、普通の人っていうのはやっぱり血じゃなくてその人にこだわりますよね。
河合　うん、そう。人にこだわるね、どこまでもね。でも場合によっては部分化するというのは防衛である時もあるよね。その人のことが問題なのだけど、その人の何か一部だけ取り上げるときには、むしろ防衛である。だけど、これはそんな感じしなくて、血を換えないといけないというように、違う次元を見通している、という感じがするね。たぶん、この人の川嵜さんという治療者像もちょっと入っているのかもしれないね。単純に戦うのじゃなくて、入り込ませる、というあり方ね。自分の中に入り込ませることによって相手を変えたりとか、剃刀を奪ったりとかかね。相手に切られないようにして自分だけは切ろうではなくて、どこまでも入り込ませるのだけど強い、というね。この人の治療者像だし、川嵜さんという治療者のあり方も入っているのかもしれない。
川嵜　境界がないというか（笑）。

河合　そうそう、川嵜さん、境界がないからね（笑）。うん。でも大きいのはやっぱり、血だというところかな、と思うね。その両方あるな。もうほとんどね、共に死ぬ、というイメージだね。刺し違えるというかね。また、最後の心理学的な洞察がいいと思うね。血が問題で、出血してしまえばよくなるということ。人でこだわると終わらないと思うよ。
川嵜　血とか、今言われた心理学的っていうことをもう少し説明していただくとありがたいのですが。
河合　あのね、この人がこういうことをしたからとか、ああいうことをしたからとかと全然違うレベルと言うかな。その人のあり方とか、その人の性質とかが変わらないといけないという感じ……栄養素の話しているときに、食べておいしいかどうかは関係ないでしょ。
川嵜　ええ、ええ。
河合　それと同じでね。やっぱりその人というと、食べておいしいかどうかのレベルになるのだけど、心理学と言うのはもっと違うレベルの分析だと思う。だから心理学は、血液検査のように、してみたら成分がおかしいとか、そういうレベルの話だと思うよ。だから、それをみて腹が立ったりしてもしょうがないと思うね。だけどそこを、血というレベル、いわばその人の根本的なあり方とかね、そういう違うレベルを見ているなー、という感じがする。そうすると、血を憎んでその人を恨まず、ということになる。これはすごく大事だ思うのだけどね。だから逆に、血は好きでもその人は好きじゃないとかね、そういう違いって言うかな。そういうのが感じられるけどね。
川嵜　それは、視点の持ち方みたいなのとのつながりもありますかね。血の視点といえばいいのか。
河合　うん。そうそう。血の視点だね。元型的心理学でよく、人間と魂の区別ということが言われるでしょう。ここで言っている人と血の違いというのも、人間と魂の区別にあたると思うんです。

《夢8》――熊の母子の夢（六頁参照）

河合　母熊と仔熊。仔熊がいると、母熊はかなり獰猛だよね。子ども守ろうとして。母熊と仔熊のコンビって言うのは、よくでてくるなぁ。星座もそうだしね。
川嵜　そうですね。熊って母子関係が強いイメージがありますね。
河合　そう。それから、宮沢賢治の「なめとこやま」とかにも出てくる。それから、熊自身がすごく母親のイメージだよね。まあ、ヨーロッパじゃ特にそう。アルテミスとか。
川嵜　この夢を語られたときの連想ですが、このクライエントさんが小さいころ、幼稚園のころに滑り台から落ちて頭を強く打ったという出来事があるんです。で、幼稚園の先生はすごく心配したので、早く家に帰って病院へということで送ってくれたのだけど、お母さんが全然ほったらかしだったのですね。それで、子供心に、頭を打ったらとてもこわいことで、病院でみてもらわないといけないのにとか思っていたそうです。自分の偏頭痛がこの辺からきているのじゃないかと思ったりすると、そういうことも言われていました。ここらへんも含めてお母さんに対する恨みみたいなものがあると。それで、落ちるっていうことがかなり頻繁に出てくる人なのですけど、かなり最初のころの記憶として、この時も連想としてそれを語られていたと思います。
河合　そうですか。それにしても、不思議ですよね。お母さんがどっかへ行ってしまうというのがね。まあ考えにくいね。巣に仔熊だけ残るとかね。たとえば冬眠中とか、なんかで残ることは考えられるのだけど。お母さんがどっかに行って、仔熊だけ残していなくなるというのは、すごく不思議だねー。熊の習性として。
川嵜　言われてみればそうですね。
河合　それから、こう見かけはかわいいのだけど、危険な爪が長く伸びているのだよね。それから、これも不思議なのだけど、向こうが、熊が侵入者でしょ。こっちを脅かしているはずなのだけど、それがかわいかったり、こっちがそれをケアしないといけなかったりね。それがもうすごく微妙だね。
川嵜　その、微妙というのは？
河合　侵入者でこわいとかはっきりしていたら、こっちもそれに対してはっきりできるけれども、なんか侵入者のくせにかわいかったり、侵入者のくせに捨てられていたり。侵入者のくせにこっちがそれをケアしている感じがして、不思議だよね。二階へあがろうとする仔熊を、そっとつけたりするでしょ。これも何かケアしている感じだね。動物というのはね、人間よりはるかに本能が強い世界で生きていると思うのだよね。たとえば母性本能とかね。そういうことを考えても。まあ、サルにはすでに神経症があるって言う話も……。
川嵜　ああ、聞いたことある。
河合　それこそ爪嚙みとかね。そういうすごく不思議な行動をするサルいたり、動物園の動物って子育てができなかったりとかはあるのだけど、普通は本能というのが強くて、まあ人間が本能から離れるような自由というのはないはずなのだから。
川嵜　そうですね。
河合　それなのにお母さんはいなくなっちゃう。どういうことだろうっていうと、人間のお母さんがフッといなくなるのは十分考えられることで、パチンコに行っている間に子どもが死んだとかね。そういうのはあるのだけど。たぶん熊で示されているのは、すごく本能的な部分のお母さんだろうね。もう絶対安全なところのはずのお母さんというか、すごくベーシックなはずのお母さんというのが、何かいなかったり不在だったりするのだろうね。こう、人間のお母さんがいなくなって子どもが怪我するというのはあると思う。
川嵜　ええ、ええ。
河合　だけど、熊のお母さんがいなくなるというのはね、ありえないと思う。だから、人間のお母さんは子どもが危なくっても、思わず自分のほうが大事で、手が出せなかったりして罪悪感に悩むとかね。だけど、動物というのはそういうのを忘れて、たとえ自分が死んでもという本能があると思うのだけど。何かその、本能が欠けている、というかなぁ。すごく本能的なところが欠けているのと違うかな。そういう感じがするけどねー。同じ母性の守りがないにしてもね。で、二階に上がるでしょ。
川嵜　そうです。
河合　熊って木登りできるのだけど、でも二階というのは、やっぱり安定した大地を離れることかな。どうして後ろにクライエントがいるのに落ちてしまうのだろうねぇ。後ろにいたら防げそうな気もするのだけどなー。……何で女の子なのだろうなー。うーん。人間というのは一番だめだからねぇ。
川嵜　だめっていうと？
河合　動物って、たとえば生まれてすぐ立てたりする。自分でできるとか、仔熊なのだけどすでに爪があるとかね。そういうのが一番ないのが人間だと思うのだけど。
川嵜　ああ、なるほど。
河合　で、倒れてみると、女の子に会う。何か本当に自分からできるというのがない、全部世話してもらわないといけない、という感じかなぁ。何で女の子なんやろなぁ。カエルの王様の話あるね。カエルの王様で、最後壁にぶつけるでしょ。
川嵜　ありますね。グリム童話の。ガマ王子とか。
河合　そう。壁にぶつけたらカエルが王子様に。
川嵜　変わる。
河合　あれもすごいイニシエーションだと思う。壁にたたきつけられることによって、人に変わるって言う。
川嵜　うんうん。何かが何かに変化するというのは、夢でわりとありますよね。で、イニシエーション的な変化というのは生から死へと境界を越えるというか。カエルでも壁に叩きつけられて死ぬことによって王子に変わるわけで、それはわかるのですが、この場合、そういう風なのでもなく突然にぱっと最初仔熊だったものが女の子になったりするとかいうのはどう考えられますか？
河合　僕が思うのは、これがね、人間の誕生と違うかな。この無力さというかね。そんなちゃんとしてないわけよ。仔熊は木から落ちない。サルも木から落ちると言うけど、それはありえないのです。仔熊はいくらお母さんいなくても二階から落ちないと思う。
川嵜　ええ。
河合　本能があるわけ。ところが、もうお母さんがいないというように、本能的なレベルのお母さんがこの人にはない。それで本能的な守りというのがなくて落ちる。意図的ではないけれども。でもね、だいたいこういう風に意図的でないように見えても意図しているわけです。つまり、どうして二階に上ったのということになる。だから、眠りの森の美女でもなんか知らなくて部屋に行くわけでしょ。
川嵜　そうですね。
河合　だから特にああいう話は禁止されている場合もあるよね。この夢は禁止も何もないけれども、上がって落ちる。これが人間の誕生だと思う。落ちるやつこそ人間になるとか。
川嵜　それはまったく同感ですね。
河合　落ちるやつこそ人間で、そういう人間がここで生まれた。結局、人間には本能的な力がないからね。その分、本能から切れている人間の自由がある。またその分、もっと守りを要するところがあると思うな。でもそれはすごくきれい事で、その反面で死ぬかもしれないというかな、そういう守りのなさって、すごく怖いと思う。だけど、カエルが王子様になった、というのには、もっと意志が入っているし、それまでの話しの流れとかが全部ある。そういう意味では、この人のイニシエーションというか、本能とかから切れて、守られなくなって、だからこそ、人間のケア、というのを必要とするようになった。

川嵜　とてもおもしろくって、すごく納得できます。
河合　こう生きていかないといけない、という感じがすごくするよね。だから、そういう意味では頭を打つというのはすごくマイナスなのだけどね。それこそお母さんの守りがなかったというかね。だけど、この人の人間としての誕生になっているかな。
川嵜　ええ、ええ。単に守りが薄かったからこの人が傷ついたというだけではない。
河合　うんうん。だから、単純に見ると、外傷の繰り返しとか、やっぱりこの人守りが薄いとかいう結論になるかもしれないけれども、むしろ人間の誕生という感じがするけどね。
川嵜　夢の最後の「この子は死ぬかもしれないな」っていうのは、そんな危険なことでもある、という感じでしょうか？
河合　危険なことである、と思うけどね。
川嵜　今言われている人間であることってこの人の一連のテーマだと思います。動物というのは超越的な存在とも言えると思うのですが、そういった超越性との関わりを持っている在り方と、それから近代的な人は、だんだんそういう超越性がなくなりますよね。そうして人間になるというか。
河合　そうね。だから人間であるからこその自由というか、人間であるからこその精神の自由というか、そういうのもあるからおもしろいと思うのだけど。動物から人間に落ちてきたしね。畜生道に落ちる、という言い方あるけど、この人は、動物から人間に落ちてきた。川嵜さんが言われるように、動物というのは本能でもあり神様でもある、という感じもあると思うね。
川嵜　ええ。
河合　だけど、それを落差や違いとして知っているということがあると思う。すごく喪失として、超越の世界を知っているのではないかなという感じがします。動物の世界から人間の世界に落ちてきたというのは、そういう感じがするね。
川嵜　そういう意味じゃ、動物というのはある意味、死というものがない存在ともいえますよね。自意識がなければ死はないわけで。それで、この人が動物から人間になって。だからこそ、人間となった女の子がまた死ぬって言うのは……。
河合　そう、あると思うよ。死ぬということも含まれる、というか守られてない、というのと同じだよ。死を意識せざるをえないというかな。そういうことだと思うけどね。
川嵜　ちょっとこの夢からはなれるのですが、夢の中でいきなり自分が昆虫になっているのとかありますよね。
河合　うーん。
川嵜　いや、そういう夢をぼくがみるとかではなくて（笑）。つまり、夢の中で熊が女の子になるとかいうのは、まあまあありうるとは思うのですね。しかし、自分が石ころや昆虫になっているとかなると少しニュアンスが違ってくると思うのですが、その辺りはどうですかね？
河合　やっぱりそれはね、相当に現代人的なアイデンティティのセンスを壊している、というか。そういう人でないと無理だと思う。
川嵜　そうですね。
河合　うん。横尾忠則がね、帯かなんかになった夢とかあるのだけど。やっぱりあそこくらいまで行こうと思ったらね、よっぽどこの自分は自分と思っているのが壊れてないとできないと思う。それが壊れたらね、何にでもなれると思う。もう、ユングの、自分はこの石なのだろうか、それともユングなのだろうか、という感じ。そういうのに似ていると思うのだけど。それを壊さないとできない。
川嵜　普通はあんまりそこまで壊れてないから、そこまでは見ない。
河合　あんまりそこまで壊れないと思う。そして、やっぱり自分から離れれば離れるほど難しくなる。やっぱりこう、男の人でも女になれるという人はまだいるだろうけど。
川嵜　あぁ、そうですね。
河合　現実は大人なのだけど夢では子どもになれる。それはまだ簡単で、動物もね、やっぱりまだ近い。ロールシャッハの理論みたいだけど。まあ、ロールシャッハも夢からでてきた理論だからね。だけど、昆虫とか石とかにまで行ける人というのは、だいぶ減ると思うよ。
川嵜　そうでしょうね。
河合　西洋近代の自我意識って、もうたぶん十九世紀二十世紀だけの狂い咲きかもしれないのだけど、もう壊れているよね。男である、女である、というのは、クライエントの夢を聞いていたらほとんど意味をもたない。他の性になる人なんていくらでもいるじゃない。性の区別なんて今の世の中でもう、ほとんど意味を持っていないと思うよ。だけど、もう少し進めて、人間と動物の区別とか物との区別とかまでいくと、まだそこには線引きのある人は多いのと違うかな。
川嵜　それは、ポストモダン的な意識の場合もあれば、統合失調症圏に近い意識なんかの場合もある？
河合　ああ、あるね。ポストモダン的にいくと、そりゃもう十分ありえる。理論的にはね、ラカンが完璧にそれを示しているね。一つのシニフィアンは別のシニフィアンに主体を表象すると。そしたら、私なんてなくて、熊、昆虫、石で全然かまわないわけ。実は私が語っている時に、そういうことが起こっているのだけど。
川嵜　シニフィアンの連鎖自体が主体であるみたいなことをラカンは言っていましたね。
河合　うん、そう。連鎖が主体なので、だから、その瞬間ごとに、私は熊だし、昆虫だし。だからまたそれを逆に、イメージに見てもぜんぜん不思議じゃない。私の実体性はない。
川嵜　近代において普通だと思われている自我のあり方、つまり、一つのアイデンティティで固定しているあり方が、十九世紀的に特有の現象であって、それはもしかしたら狂い咲きかもしれないというのはすごく面白い視点ですね。
河合　ニーチェは、人間とのは動物から超人に至る間の橋なのだと言っているよね。近代意識っていうのはその意味で「人間」だと。ギーゲリッヒはそれを「動物からテクノロジー」という言葉で表現しているわけ。それが主体。人間なんて何の意味もないわけよ。ほんとは。で、ニーチェは気が狂っちゃった。彼は、神がもう一度到来すると思って待ち続けて、それが来ないとわかった時に気が狂っちゃった……。

《夢9》——白装束の人の夢（七頁参照）

河合　この友人は女、男？
川嵜　女の人だったと思います。
河合　これ、共に歩んでゆく人のイメージなのだろうな。こうやって修行とか何かを求めてね、人生を歩んでゆくとか。それで、高い山に登るというのは、やっぱりクラシックなイニシエーションでしょう。高い山に精神的なものがあるという感じなのだけど、ここではボートに乗る。
川嵜　そうそう。
河合　やっぱりこの人の希求している超越性というのは、「下」なのだなと思う。でも、本来の超越性は山だというのがわかっているよね。本来は山を目指すはずなのだけれども、なぜかこの人の場合は海か湖になる。そこでは、当然「下」の方向が開けている。そういうなかで、この人はボートに乗る。これは表面にとどまっているあり方だね。普通のあり方、普通の意識だと思うね。
川嵜　それは、海あるいは湖の中に潜っていず、水面にいるという意味で普通と？
河合　そうそう。それで、つり上げられて落とされるでしょ。これは素晴らしいと思ったのだけどね。つまりこれが海でなかったら、また頭打つことになる。

川嵜　あぁ、そうですよね。
河合　それで結局、何のために持ち上げられるかと言うと、どうも自分は高いところにいくために持ち上げられるのでなくて、そこから下に降りるためだと。深く潜るためというか、それがこの人の超越。それが、もしここから「下」が開けなかったら、たたきつけられるだけで、もうそれは傷つくだけだったりする。だけど、海で下が開けるから、底まで行く。これはこの人の超越だろうね。最初の夢でもあったと思うけど、向こうに山が見えるのだけれども、この人は下を見るでしょ。
川嵜　ええ、そうでした。
河合　これは本当に下に入っていく。そこで元の場所に戻るというのが出てくる。普通イニシエーションとかも、行って戻ってきて初めて意味があって、同じところに戻ってくる。違うふうにはならない。たとえば座禅をしていても、目の前のものは変わってしまうのだろうけれども、戻ってきたときには、やっぱり違うものにはならない。同じものとして戻るというか、言語に戻るというか。それでこの夢でどこにポイントがあるかというと、海の底でなにを取ってくるかとか、そういうところにはないよね。
川嵜　そうですね。
河合　戻ってくるところにポイントがあるね。イニシエーションとみるとおもしろいと思うな。やっぱり、向こうで取ってくるというのがない。いくら「下」に超越があっても、下から取ってくることがない。それで、徹底して戻ることに価値がある。その元に戻るところで助けてくれる人がいる。
海の底にばーっと落とされて、ぱーっと浮かんでくるというのは、たぶん第二の誕生だと思う。それで同じところに戻らないといけないのを助けてくれる人がいる。これはすごいと思うね。何かこう、自分とともに進むものができているのじゃないかな。ソウルメイトという感じ。何もかも全部自分ではできないよね。そこを何かに委ねないといけないのだけど、それがうまくできてきている。これはさっきの熊の夢と、対照的だね。

川嵜　対照的というのは？
河合　熊の夢では、たたきつけられるわけよ。それは人間の誕生でもあったわけだけど、それには傷を伴う。なぜかというと、もっと深い世界に入るというか、人間として生まれるということは違う次元を持つことなのだけど、それはあまりポジとしてでてこず、傷ということになる。ところがこの夢では別の次元がポジとして出てきて、それが落ちて深く入ることとしてイメージになっている。
川嵜　ええ、ええ。
河合　それから熊の夢でもケアされているのだけど、ほんとにそれで助かるかどうかわからない。それに対してこの夢では、はっきりと誕生してくるときに守られている感じがあるね。でもすごく似ていると思うよ。ほとんど繰り返しているとも言えるけど、こっちの方が、傷というのが癒えているかな。
川嵜　なるほど。
河合　だから前の夢にはやっぱり、お母さんに守られていないということだわりがある。でも、この夢にはそれがないと思う。これは人間としての誕生だと思うね。やっぱり私のアイデンティティというのは大事で、一回毎に底に降りて、同じ場所に戻ってこなくちゃならない。
川嵜　その意味で、元に戻るということが強調されている夢だと。元の場所という同一性。固定した地点。つまり、アイデンティティ。
河合　そうそう、何にでもなれるわけじゃない。海に関するからおもしろいのだけどね。たとえば陸とかだったらすごくはっきりするのだけど、海にはある意味で全然オリエンテーションがない。だから、どこでもいいみたいなのだけれども、何かはっきりと〝ここ〟という場所があるのがおもしろいね。たとえばこれがもっとはっきりとした現実的な言い方したら、家族であるとか、職業であるとか、そんなはっきりしたものじゃない。だけども、これが自分の場所というのがすごくはっきりしている。

川嵜　なるほど。そういう意味では、高い山とかあるいは海の底という位相と比べたら水面というのはこの世的ですよね。そこは大地ほど固定していなくて流動的なところがこの人らしいわけですけど。
河合　うん。そう。水面だからある意味ですごいフレキシブルなのです。ハードじゃなくて、こう、なんとなくあるところ。
川嵜　そうそう。
河合　それで、少し行ったら、もう深くて、下に入っちゃう。でもそのぶん、たとえ落ちても全然危なくない。それをしっかり受け止めてくれるとかね。こう、どう言ったらいいのだろう……意識がもっとやわらかくなった、とかね。
川嵜　それはこの方と会っていてとてもよくわかりますね。
河合　おもしろいねー。一ヶ月半の間なのに、ものすごく進歩していると思うね。考えられない人だね。でもやっぱりこの夢見ていても、力点はこっち側だね。
川嵜　この世側というか。
河合　うん。やっぱり海の底にある竜宮城とかに行って、何か持って帰ってくるとかいうのは、あんまり意味もたないね。この人は、次男さんに「どうして夢の中で死なないか」と怒られたらしいけど、やっぱりものすごくこっち側に焦点を合わせている。向こうのこともよく知ってはいるけど。
川嵜　いわゆる普通のというか、普通のシャーマンというのも変なのですけど（笑）。まあ、普通のシャーマン的な人というのは「向こう」が強いと言っていいのでしょうか。
河合　そうだね。その場合には、向こうへ行くことが大事だし、向こうから何をもたらすかということが大事だしね。でもこの人は戻ってくることが大事。別に何ももたらさない。同じところに戻る、というかな。そういう感じがする。

《夢10》――超能力・巨大な竜の夢（八頁参照）

河合　最初は夢だと思ったのが超能力とわかるのだよね。この感じって、よく変わった人であると思うのだけど。みんなも同じようにしていると思ったらそうじゃなかったとかね。
川嵜　ああ。ありますね、そういうこと。
河合　そうでしょ（笑）。これも、自分にとっては当たり前のことで、それが夢だと思っていた。だけど、どうも世の中からすると超能力なのだと気づいた感じ。何か変わったこと、自分にそういう能力があるというのをね。
川嵜　実際、このころからこの人は時々ヴィジョンを見るということを報告されます。アメリカのテロ事件を予知的に髣髴とさせるようなヴィジョンとか。
河合　へぇ、本当。この、もう自分には見えているのだということを偽ってはいけないし、やっぱりそれをしっかりと見なきゃいけないとか、そんな感じがあるね。竜は世界という意味もある。蛇とも同じだし、羽のある蛇なわけだし、そういう意味では、すごく上下の軸に関わっている。
川嵜　ええ、ええ。
河合　宇宙を囲むものというのもあるし。宇宙の蛇を見たという三島由紀夫の話はすごいけどね。鎌田東二の『身体の宇宙誌』で、たまたま読んだのだけど、三島由紀夫は戦闘機に乗るのが好きだったでしょ。戦闘機で音速を出しているときに、ああいうとこがやっぱりすごくて、一種の超能力だと思うのだけど、地球を囲んでいる蛇が見えたらしい。ギーゲリッヒがあちこちに書いているけど、海の神オケアノスというのが、世界を囲む蛇だったとかね。ゲルマン神話のミドガルトの蛇とかね。
川嵜　ええ、オケアノス。世界を取り囲む川であり、蛇であり。

河合　そうそう。そういのがやっぱり超能力で見えるのだね。そんな感じだと思う。この人もこの宇宙の正体というか、それを見たという感じだね。ただね、私の宇宙の正体だね。
川嵜　この竜のとっているポジションというか、それはどうですか？
河合　やっぱりねえ、上に上ることもなく、地面につくこともなく、低空でうごめくというのがこの人らしいと思う。なんとなく、超越しきるのではない。たとえば、泉鏡花の『夜叉ヶ池』にでてくる龍神というのは、最後天に昇る。これは超越で、そしたら、洪水が起こって村が流されてしまう。そういう超越した蛇や竜ではないし。地面につく、地面を這う蛇、もっと土に根ざしたとか、そういう感じでもなくて、低空をうごめく。このあたりが、この人らしいのだろうね。それをどうしたらいいのだろうというか。でも、それがこの人なのかもわからないし。なんかこの低空の苦しさ。
川嵜　ええ、それ、感じますね。
河合　その次はねえ、一種の解決だろうね。やっぱり上から落ちる世界だね。これが竜だと思うのだけど。上から落ちてくる滝って言うのがね。
川嵜　滝ってさんずいの竜ですからね。
河合　あ、ほんとだ。なるほど。それが上から落ちてきて、それを受けるというのがいいのと違うかな。自分が上へあがってたたきつけられるというのはね、ちょっとそれがわかっていない。こう、龍というのは上の方から下に座っている私に降ってくるのだという感じ。こう、苦しかったコスモロジーというのが、ちょっと開いている感じがするものね。
川嵜　ええ、ええ。
河合　わりとちゃんと上下あるね。なかなかねえ、上下ありそうで上下できない人なのだと思うけれども、これはちゃんと座って上から受けるというかたちで竜を受け止めているのと違うかな。那智の滝も龍なんだよね。

川嵜　そうですね。
河合　どわーって、龍が降りてくる。あまり上るというのはないのと違うかな。やっぱりこう、降りてくる。滝が降りるときには、本当は逆の上るのもあると思うのだけどね。これはいい感じやね。
川嵜　最後でちょっと解決というか、低空で蠢いていたのがちょっと進んだみたいな感じ。
河合　感じはする。それから、癒しというのは同じ形でしかわからない、というかね。頭を打つのはどうやったら治るのかというと、頭を打つことでしか治らない。
川嵜　興味深いですね。それは詳しくおっしゃってください。
河合　頭を打ったのに対して、なぜたり、薬を塗ったりというのは医学の方法で、心理学的な癒しはね、同じことをしないといけない。この夢はそれだと思う。滝が落ちてくるというのはね、頭を打っているのだけど、癒しとして起きている気がするね。
川嵜　すごくしますね。
河合　だから、傷つけたものが癒すというか、同じイメージしか癒してくれないというのがあって。これはかなりぴったりといっていると思うな。
川嵜　子どものプレイセラピィの中でも、また夢の中でも実際そういうことがよくありますよね。たとえば虐待なり事故なりで頭を打って傷ついた人がもう一度今度は能動的に頭を打つとか。
河合　うん。そうそうそう。
川嵜　その場合、プレイなんかでよくあると思うのですけれども、逆にというか、自分ではなくてセラピストの頭を殴るとかそういう形もありますよね。
河合　ある。そういう場面を見るとかね。いろいろありうる。だから、内側からしか解決がないわけ。だけど、それは下手すると反復になる。

川嵜　ええ、ええ。
河合　だから、そういう意味でも、この人はまだまだこの形で行くのだろうね。
川嵜　いかだに乗っているという最初の夢を聞いていただいたときに、あれはもうすごい完結した夢だって言われてましたよね。
河合　うん。
川嵜　だから逆に、こういう夢かららどう進んでいくのだろうみたいなこと言われてましたけれども、そういう完結している夢からこういう感じに進んでいくというのはどう思われますか？
河合　うん。あの海がものすごく深くきれいで底が見える夢。
川嵜　そうですね。水がすごくきれいで、これなら落ちても大丈夫だなと思う。で、それからすっと上を見ると太陽があって、ぽかぽかしてあったかいので、ごろっと横になる、という……。
河合　うんうん。ものすごく自足しているよね。一つは、あれだけ自足している、むしろ、くもりがないとものに、治療が進むにつれてくもりが見えてくる。人間臭さが見えてくるというか。でも、それも別にたいした事ないのだという感じにもう一回なるところがあるね。お母さんのこととかね。それから、必然的に下に向かっているのだけど、やっぱり本当に行ってみるとかね。
川嵜　ああ。実際に水に潜って。
河合　そう。そういうのが出てきたりとか。実際に行ってみるとどうなのだろうというのが出てきたりとかね。それから、龍って水の正体でしょう。
川嵜　あー、なるほど。
河合　これも、どこまで正体を見るか、とかいう動きと考えられる。そうするとね、どこまでも終わりはないよね。それから、本質的にそんなに問題を持ってない人だね。

川嵜　そうですね。
河合　だから、そういう意味で焦点付けにくい。もっと症状抱えていたらそれを解決したいというのがあるでしょ。それがあんまりないからね。余計にこうそこでずーっとまわるという感じかな。だけど、途中でやっぱり問題は出てくるわけでしょう。お母さんのこととかね。
川嵜　そうですねぇ。ご主人が途中で鬱的になったりとか。あるいは、いろんな人がこの人に相談しにくるようになるのですが、なかには、なかなか難しい人もいてその対応でまた悩みが生じてくるとか。
河合　むしろ治療者として成長している感じかなぁ。
川嵜　ええ、そうですね。それはとても感じます。

第8章 夢イメージにおける、多元性と多視点性

川嵜 克哲

1 はじめに

本書の構成としては、報告された夢に対する個々の分析家の解釈が記載されている第3章から第7章にかけてがメインディッシュとなっている。十個の夢という素材に対して筆者以外の四名がなされたそのメインディッシュであるコメントについて、事例提供者としての筆者の主観をまず最初に述べておくと、非常に「美味で滋養にあふれる」ものであった、という一言に尽きる。主観をあまり述べられても……という意見もあるかと思われるが、事例検討会などで事例を発表した経験がある臨床家であれば、そこでなされる良質の「主観的」な議論やコメントがいかに発表者の事例に対する見方を豊かにし、それ以降の治療プロセスを実りの多いものにしていくかを納得されるだろう。

そして言うまでもなく、今回のメインディッシュである各夢分析家のそれぞれの「読み」もまた、見事に「主観」にほかならない。しかし、筆者だけはなく、第3章以降の各インタビューを読まれた読者は、それぞれの夢の「読み」が各々の分析家の強い個性を反映しながらも、ある視点やその構成はとても近似しており、だが、そ

の一方で別の場所では、まったく相互に矛盾する見解を提示しつつ、にもかかわらず、それぞれの「読み」が一貫性を保ちながらも、しかも、各分析家の数だけの複数の視点が共存、共立していることを理解されるだろうと思われる。

いま、一つの文章中に、「だが」「その一方で」「しつつ」「にもかかわらず」「ながらも」「しかも」といった語句を日本語としてはまことに不細工に並べてみたが、夢の「読み」という作業が本来的に、そのようなリニアではない、蛇行して異質なポイントをところどころに穿っていくようなことばを要請するのだともいえよう。つまりは、夢は多視点的で主観的な解釈を要請する。ちなみに、客観性とは、「単一視点的」解釈にほかならない。詳述する余裕がないので、ここでは、客観性を重視する「西欧近代科学」的世界観が、この「単一視点」とパラレルな「一神教」としてのキリスト教という背景があって初めて成立しえたものであること、および、この「単一視点」的解釈は「多視点」的解釈の一つの特殊な形態にすぎないことだけを指摘しておきたい。それは、たとえば、$f(x)=ax(3)+bx(2)+cx+d$といった三次関数の定数a、b、dに0を代入した場合に、一次関数、$f(x)=x$が現われるようなものである。一次関数は、さまざまな曲線を描く三次関数のなかで、定数にある数値を代入すると現われてくる一つの特殊な三次関数（あるいはそれ以下）の高次関数にほかならない。一次関数が三次関数に包含されるように、「単一視点」という特殊な形態は「多視点」という普遍的形態に包含されている。

もちろん、夢が「多視点的」解釈を要請するということは、夢に対してどのような「読み」でも許容されるというようなことではまったくない。たとえば、音楽の楽譜と演奏の関係が、夢とその読みに対応しているといえるかもしれない。ある楽曲を楽譜に基づいてどのように演奏するかというのは、その楽譜の解釈、演奏家の個性などによってきわめて多彩なものとなろう。しかし、それは楽譜が構成している世界から半歩でもはずれれば、それはもうすでに「その楽曲」の「演奏」とは言えない。同じことが夢にも言えるだろう。夢の解釈の自由度は無限に高いといえる一方で、それは厳密に夢テキストの引力圏に縛られており、その外に出ることは許されていない。その意味では、夢の解釈とはきわめて禁欲的な作業だといえる。

本書の第3章以降に述べられている夢解釈は、それぞれ個性が異なる複数の夢分析家の「読み」が並べられているわけで、この構成自体がもちろん多視点的になっている。また、それぞれの読みが相互に無関係に独立しており、互いにばらばらに好き勝手なことを言っているのではないような、つまり、ある種の整合性をもつような多視点であることも納得されよう。さらにまた、それぞれの夢解釈を注意深く読むならば、一人の夢分析家の一つの解釈のなかに、すでに多視点的で多義的な指摘が含まれていることを見出されるだろう。夢のこのような特徴、つまり、多視点の解釈を許す多元性をもちながらも、その一貫性をあくまで保っているという特徴をどのように考えればよいだろうか。

このような、各夢分析家個人における一連の夢解釈、および、それぞれの夢分析家による複数の夢解釈のなかにみられる、錯綜した多元的な構造やその構造間における類似と差異を、たとえば、レヴィ＝ストロースがその親族構造や神話体系を分析する際に用いたような手法でもって分析していくことも可能かと思われる。実際、初歩的で未完性のものとはいえ、それに近い試みもすでになされているし[1]、それはとても魅力的な方向性をもつものだと思われる。しかし、紙幅の関係もあり、ここではそれについては論じない。ここでは、多視点的な解釈を許す夢というものをどのように考えればよいかという、より原理的な側面をごく素描しておくにとどめたい。

2　夢イメージの流動性と固定化

まず、最初に夢のなかで展開されるイメージの特徴を検討していくにあたって、そのイメージの動き方の特徴を風景構成法や箱庭療法と比較して検討しておこう。もちろん、これらすべての技法において、そこに現われてくるイメージ自体が、多義的、多層的、多視点的な特徴をもっており、さまざまな角度からその相違を検討することが可能であるわけだが、ここでは、特にイメージの流動性と固定化ということにテーマを絞って比較していきたい。

最初に風景構成法を取り上げよう。周知のように中井久夫が考案したこのテストは、提示される、川、山、田、道、家、木、人、花、動物、石、という項目をこの順番に一枚の紙に描いていき、最終的に一つの風景が構成されるという手順からできあがっている。

ここでの眼目は、それぞれの項目に関して何が描かれるかという、その「内容」(たとえば、「動物」が提示された際に、ハリネズミが描かれる場合と竜が描かれる場合では、そこに差異があり、その差異は被験者の何らかの心的な特徴を反映していると通常考えられる)と、その項目がどこにどのように描かれるかという、その「配置」(たとえば、隅の方に小さく描かれた川と、大きく用紙をまん中から二分する大河では、また大きな違いがあるだろう)との二点である。むろん、この「内容」と「配置」は実際の描画のなかでは明確に区別できるものではないが、以下の考察をみていただくとわかるように、この二軸を理念的に設定しておくといろいろと有益な視点がもたらされるため、一つのモデルとして提示しておきたい。

さて、シンプルな事実であり、かつ重要なことは、風景構成法においては、いったん描かれた項目は通常、消せず、動かせないということである。たとえば、最初に提示される「川」の際に、画面いっぱいに川を描いた場合などには、次に「山」が提示されたときに、川の中に山を描くわけにはいかないので(川中の山をなんの躊躇もなく描く人は、それはそれでその人の特徴がそこにたぶん顕著に現われていることになろう)、少し変だなと自分でも思いつつ、用紙の上の方にある余白に小さく山を描かざるをえないというような状況がよく生じてくることになる。ここでは、イメージの「内容」も「配置」も固定化されている。さらに、いったん画用紙のなかに置かれたイメージの「配置」は次に描かれるイメージの「内容」とその「配置」にしわ寄せをおよぼす。これは、次のような文章の構成とパラレルな関係にある。

■僕は、八百屋で大根を買った。

冒頭の「僕」が、風景構成法における「川」に対応している。この位置には「僕」以外に「君」でも「姉」でもさまざまなことばが入りうる。風景構成法で、最初に、大きな幅太い川を描いても、小さな曲がりくねった川を描いてもよいのと同じで、ここでの自由度は高い。しかし、いったん、冒頭に「僕は」が置かれると、次に「八百屋」が入っても違和感はないが、たとえば、ここに「姉は」ということばを入れるのは相当にむずかしくなるだろう。さらに、「僕は、八百屋で」となると、その後に「落ちた」とか「割れる」などのことばを入れるのは通常無理があるだろうし、ましてや、「僕は、八百屋で大根を」までくると、その後に、「死んだ」などとは置きにくくなる。すなわち、順々に語句が配置されると、その後の自由度は下がっていくわけである。これは、風景構成法において、川を特定の場所に描いてしまうと、後の「山」や、さらには「道」「田」……にしわ寄せがいくのと同様である。

ここで、箱庭に目を転じてみよう。風景構成法が本来は精神病圏の患者に箱庭療法を適用できるかどうかを判断するために考案されたテストであるという出自から考えても、この両者に類似性があるのは当然といえば、当然であるが、風景構成法同様、箱庭においても最初の段階では、箱の中になにを置くか、あるいは箱の中の地形をどのようにするか（たとえば、砂を掘って川を作るなど）という自由度は高い。もちろん、川をどこにどのように描くかの自由度は確保されているにせよ、風景構成法においては、最初に提示されるのが「川」と決まっているのに対して、箱庭の場合は、なにをどのように置くかは作成者にまったくまかされている点でその自由度ははるかに高い。もっとも、自由度が高いということは、ミニチュアが並べられている棚から何を「選んで」、どのように箱のなかに「置く」かが、作成者の意識的・無意識的な選択にまったくまかされているわけで、そこには逆にある種の「必然」が働くことになるだろう。つまり、作成者の心のなかのなにかに「ひっかかる」からこそ、彼はたくさんあるミニチュアのなかからある特定のものを「選ぶ」わけである。これはロールシャッハ図版に何を見るかという心理過程類似である。そこに意図的に何かを見るのではなく、それは「見えてしまう」のである。その意味で、箱庭は自由度が高いようで、作成者の心理過程からみれば、それはきわめて「限定」された選択をうながすともいえよう。極端にいえば（あるいは、心理学的にいえば）、彼は、必然的にそのものを選ばざるをえず、置かざるをえなかったわけである。

さらにいえば、この「置かざるをえなかったもの」は、彼の問題・症状（とくに神経症のそれ）に深く関連するものだといえる。強迫神経症や恐怖症に端的にみられるように、彼らは自分の思惑に反して、たとえば、何回も手を「洗わざるをえなかった」り、高いところを「怖がらざるをえなかった」りする。このような症状は、もちろん、彼らの意識的な世界のなかに「違和」を持ち込む。そんなに何回も手を洗っても仕方ないと、意識的には思っていても、しかし、その行為を「せざるをえない」のである。これは、先の例文でいえば、「僕は、八百屋で大根を買った」という文章であれば、なんら問題もなく、スムーズなのに、そのような統制のとれた文章の世界に、「火が燃えて」というフレーズをどうしても「入れざるをえない」ようなものだ。

■僕は、八百屋で火が燃えて、大根を買った。

なんとも収まりのつかない文章である。しかし、この収まりのつかなさは、たぶん、強迫神経症者が抱く収まりのつかなさに構造的に近いはずである。収まりが悪いのに、彼らはこの「火が燃えて」というフレーズを捨てることはできない（プログラムを組んで、このフレーズを徐々に消去にしていこうとするのが行動療法の思考である）。それは、このフレーズに、彼らの無意識的な何かがひっかかっているからである（というのが、深層心理学派の思考である)。

話を箱庭に戻そう。さきに、風景構成法に比して自由度が高い箱庭療法であると述べたが、本章でとくに注目したい自由度の高さは、上記の点にもまして、「置いたものを後から変えることができる」という自由度の方である。この自由度の高さは、風景構成法における、いったん描かれたものの動かしにくさと対比的である。この特徴は、実際の臨床場面で箱庭が作成されるときに、ふつうによくみられるものであろう。たとえば、ある人が最初に、箱の中に川を作って、それからそのそばに女の子の人形を置く。それから、棚にあるライオンを手に取り、それを箱の中の女の子の隣にいったん置くが、やや考えてから、ライオンをまた棚に戻したり、川の向こう岸に置きなおしたりするといった光景である。

小川のそばにたたずむ女の子というのどかな風景のなかにライオンという「違和」的なものが置かれようとする。この「ライオン」は先の文章でいえば、「火が燃えて」という語句に相当している。あるいはまた、それは症状に相当しているともいえる。しかし、前述したように、箱庭の自由度の高さゆえに、作成者はライオンを置くのをやめたり、置く場所を変えたり、あるいは、女の子の周囲に柵をめぐらしたりすることができる。つまり、ライオンという「内容」がもたらされることで、箱庭のなかの「配置」が変化するのである。さきほどの例文でいえば、「火が燃えて」という語句を入れても文意が成り立つように、文章の文体や構成要素が変わるのと同じである。

■僕は、火が燃えている上で煮立っている鍋の中の大根を八百屋で買った。

行動療法が、全体としてすでに成立していた文章に「違和」をもたらす「ライオン」や「火が燃えている」という語句を消去し、元のすっきりとした文章に戻そうとするのに対して、ここでは、「違和」をもたらすものを文章のなかに入れ込むことによって、文章全体の方が変化を起こし、以前とは異なる整合性をもった新たな文章が生み出されている。「違和」をもたらすもの（＝症状）に、このような全体的な変容をうながす可能性をみておくことは心理療法的に大切な視点であると思われる。もちろん、このような「違和」を排除するのではなく、含み込むことによって、全体的な変容へと進んでいくプロセスは簡単に直線的に進んでいくものではない。だからこそ、たとえば、箱庭であれば、患者はその治療過程のなかで通常、何度も箱庭を試行錯誤しながら作成していくのである。

箱庭療法におけるイメージの動き方は、今述べたように非常に力動的である。この力動性の高さが、一般に精神病圏の患者には箱庭は危険であり適用しない方がよいとしばしばいわれる所以である。つまり、彼らの「自我の脆弱さ」が箱庭の力動性に耐えられないというわけだ。その「自我の脆弱さ」ということを、本論での文脈で換言すれば、作成される箱庭の統合度や文章の構成度の脆さということになろう。たとえば、それは、さきの箱庭でライオンを置いたことで、女の子が食べられる可能性が生じて（このことはある面、治療的可能性をもっている）、それを避けようとする力動が現われてくる。しかし、人によってはそこでパニックになって混乱してしまい、女の子を遠ざけようとする動きが川や町の崩壊を巻き込む動きとなって収集がつかなくなり、女の子は砂に半ば飲み込まれ、ライオンは箱の枠を超えて床に放り投げられてしまうというような光景である。

このような箱庭の危険さ（それは裏を返せば、すぐれた治療可能性でもある）は、そのイメージの動き方の力動性を一つの要因としている。すなわち、箱庭においては、箱のなかに置かれたミニチュアというイメージの「内容」や、複数個のその「内容」間の関係によって、その「配置」が相当に変化する。これは、例文を示してきたような文章でいえば、その文体や文型が変わることと同じである。文型が変化するということは、文脈が変化するということであり、その場合、語句は同一のものであっても、文章が異なれば、その「意味」は変わる。

心理療法において、たとえば、幼い頃に母親が自分を見捨てて家を出て行ったというようなことが主訴とされることがあるが、そのような「現実における出来事」は変わりようがないにもかかわらず、来談者が心理療法に通い続け、それ相応の意義を見出すことになるのは、「語句」としての事実は変わらなくても、当事者にとってのその事実の「意味」が変わるからである。心理療法の本質を、いわゆる環境調整などの現実への具体的働きかけ（たとえば、いじめられるという主訴に対して、いじめっ子に会って彼をいじめないように説得するなど）ではなく、このような「意味」の変化の方にみるならば、箱庭のもつこの「配置」変化という力動性の治療的意義がよくわかると思われる。
ちなみに、風景構成法はすでに述べたように、「配置」の変化が生じにくい。それゆえ、そこでは、いったん描かれたイメージの「内容」とその後に描かれる「内容」とが、配置的にせめぎ合って描画空間のなかに「歪み」が生じることになる。逆からいえば、風景構成法における「歪み」は箱庭における力動的な動きの、静的な二次元平面における等価物である。それはまた、彼の症状や心理的課題に対応するものでもある。この「歪み」という二次元平面に表象された「静的な力動性」は、たとえば、一連の風景構成法のシリーズのなかで描画空間内において「解け」（ほどけ）て治療的に展開していく場合も多い。

さて、夢であるが、夢は箱庭よりも自由度が高い。そこには、具象的な「箱」がないのはもちろんのこと、素材として選ばれる「選択肢」も限りがない。風景構成法が十個の項目、箱庭ならばせいぜい数百個のミニチュアが「選択肢」として提示されるとして、夢の場合、その「選択肢」は無限である。いや、「選択肢」という意識的な関与にからむ語句は、夢にはふさわしくないだろう。夢は意識的にみようと思って見るものではなく、「見てしまう」ものだからである。箱庭の自由度の高さは逆説的に、きわめて作成者の心理的な「ひっかかり」の表現を「限定的」にうながすと先に述べたが、夢のさらなる自由度の高さはより「限定的」に夢見者の心理的な課題（ひっかかり）を表象すると言えよう。ロールシャッハなどの投影法が曖昧な刺激図版を提示することで、そこに何かを投影させようとするものに対して、夢はそのような刺激図版など何もない空間を「投影」される元の何か自体が展開したものと言えよう。あるいは、そのようにつくり出されたイメージに対して自己言及的にさらに投影がなされて結晶化したものだ、とも。

しかし、ここで中心的に述べたいのは、夢の「選択肢」の自由度の高さではなく、夢のなかにおける、イメージの「内容」と「配置」の自由度の高さである。風景構成法と箱庭と比較しつつ、結論から述べておくと次のようになる。風景構成法では、描かれるイメージの「内容」とその「配置」は変化しにくいので、両者の間の力動は描画空間内の「歪み」となって示された。箱庭の場合は、箱内に置かれたミニチュアというイメージ「内容」は変化しにくいが、イメージの「配置」の変化は相当に許容される。だから、イメージの「内容」とその「配置」の間のせめぎ合いは箱のなかでダイナミックに展開されていく。むろん、箱庭の場合でも、イメージの「内容」がある程度変化することは可能である（いったん置いたミニチュアを取り除いて、棚にある別のものと取り替えるなど）が、この運動はあまりフレキシブルなものではないのが普通であろう。だから、少々粗く、図式的に言い切ってしまうならば、箱庭においては、そのイメージの「内容」はほぼ固定しているが、その「配置」は力動的に変化するといえる。さて、夢であるが、夢においては、そのイメージの「内容」も「配置」も自由度が高く、変化し、流動的となる。

	イメージ内容	イメージ配置	その結果現れる特徴
風景構成法	変化（－）	変化（－）	歪み
箱庭	変化（－）	変化（＋）	力動
夢	変化（＋）	変化（＋）	生成

たとえば、箱庭の場合であれば、川を挟んで向こう岸にいたライオンが、川を越えてこちら岸にある村に入ってくるような場面であっても、ライオンのミニチュアはそのまま変わらずライオンのままである（もちろん、渡川した段階で別のミニチュアと取り替えるということはありうるけれど）。これが、夢の場合であれば、ある境界（たとえば「川」）を超えようとしているあるイメージが、境界を超えたということと即応的にその形象を変えるということはよく生じると思われる。ドアの向こうに何か恐ろしい顔をした妖怪がいて、ドアを開くことが夢見者には怖いのだが、思い切ってドアを開けて向こうに飛び込んでみると、怖いと思っていた妖怪が実は友人だったというような場面も同様だ。

あるいは、本書の企画における、Aさんの《夢8》に関する筆者のコメントなどにも、この視点が含まれている。つまり、《夢8》では仔熊が階段から落ちた後に人間の女の子に変化するのだが、この女の子のイメージは、仔熊が垂直軸上方にある動物の世界から下方にある人間の世界へと、境界を超えて落ちてきたことによって、そのイメージ自体が変化したとみる見方である。ここでは、あるイメージが、はじめに位置するある場所から境界を超えて別の場に移行するという「配置」の変化が起こるとともに、そのイメージの「内容」そのものも変化を生じている。

このような流動性の高さは夢の顕著な特徴の一つである。しかも、今述べたように、この流動性はイメージの「配置」と「内容」の両者に関わる。後にもう少し詳しく述べるが、「配置」の変化が「内容」の変化に結びつき、さらに、それがまた新たに「配置」を変化させる場合も考えられる。つまり、夢の「変化」自体がイメージ化し、その夢のなかに反映されるということである。たとえば、物理学における、一つの単位である「速度」を考えてみよう。「速度」の変化を示すために新たな単位が作られる。それが「加速度」である。後者は前者のメタレベルに位置し、その論理階型を異にしている。だから、通常、この両者が同一の平面で直接的に交わることはない（両者の数値を足したり引いたりはできない）。しかし、夢の場合には、前者的なイメージと後者的なイメージが一つの夢のなかで関わりをもち、その影響がさらに前者と後者を含めた全体の変化へと展開していくことがありうる。これは、馬、牛、狐などが森の中でおしゃべりしていると、そこに「動物」という一段上の論理水準の不可思議な形象のものがやってきて、そのおしゃべりに加わるようなものである。夢とは、このようにメタレベルの表象がオブジェクトレベルに下降することさえ、許容するような、フレキシブルな生成変化の「場」なのである。

　このような流動性の高さが夢イメージの豊かさであるとともに、夢を解釈することのむずかしさの一因にもなっていよう。これに関しては後述するとして、もっと単純な相に話を限っても、夢イメージは多義的である。たとえば、犬でもあるようで、同時にライオンでもあるような動物といったイメージは夢のなかに頻出しよう。また、それがシンプルにライオンとしてのみ現われるにせよ、それを象徴とみるかぎり、その意味は一義的には定まらない。このような、多義的、多層的、多元的、かつ錯綜した力動をもつ夢を、次章では、意識の分節作用という視点から少しモデル化して検討しておこう。

3　分節化の起点としての夢

　前章で検討したように、夢が多視点的な解釈を許すような多元的な構造をもっているということを認めるならば、それは、夢のもっとも単純な相だけをとっても、夢の論理はアリストテレス論理学に従わないということにほかならない。アリストテレス論理の根本的な前提は、「A＝／非A」という矛盾律で示される。つまり、Aは、Aでないものとは異なるということだ。しごく、当たり前のことではないかと思われるかもしれないが、それは、現在のわれわれがそのような論理構成によって成り立っている世界のなかに生きているからこそである。われわれの現実世界においては、通常、机と猫はまったく異なるものとして認識される。あるいは、A大学を受験

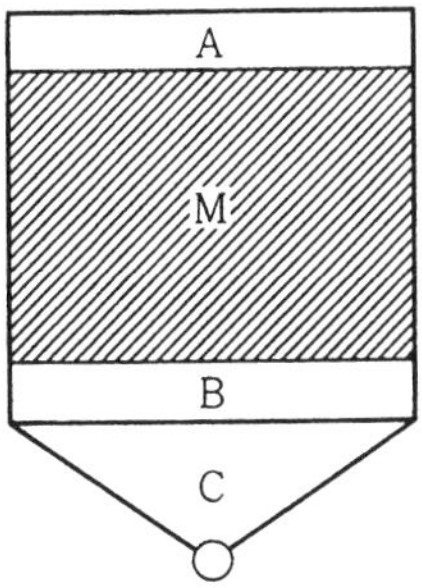

図1
(井筒俊彦『意識と本質』222頁より)

する際に、B大学の試験会場に行ってしまえば、悲惨な目に合うだろう。あるものは、あるものとしての「同一性」をもっており、それは他のものとは異なる。後述するように、仏教的観点からみれば、そのような見方は「無明」であり、そのような世界は「迷妄」的であるということになるにせよ、一般常識的にはこのような世界こそが、われわれの「現実世界」とみなされる。ここでは、「私」は決して「他者」ではありえない。

しかし、前章で風景構成法や箱庭療法との比較においてみてきたように、夢のなかにおいては、この「A＝／非A」という論理はいろいろなレベルにおいて流動化し、無化される。夢のなかに現われた男性は、父のようでもあり同時にまた恋人のようでもある。あるいは、猫をかわいがって撫でていると、いつのまにかそれは気持ちの悪い昆虫に変化していることもある。現実においては明確な差異を形成し、その同一性が固定化され、決して混淆することのない、父／恋人、猫／昆虫、といった区別が、夢という位相においては流動化し、多義的なイメージを形成する。

このような夢の位相の特徴を考えていく際の見取り図として、さまざまなところで引用され、もはや「古典的」名著に属しているともいえる井筒俊彦の著作のなかから、意識の構造モデルをここでも引用しておこう[2](図1)。

Aは表層意識、つまり通常のわれわれの日常意識を示している。Aの下はすべて深層意識であるが、井筒は「東洋哲学全体の共時論的構造化」の見地から、それを便宜上三つの領域に分けて、B、C、Mとする。Cの下にある最下点は通常、仏教でいわれる「空」「無」に相当する「意識のゼロポイント」である。それに続くCは無意識領域であり、Bに近づくにつれて次第に意識化への胎動を示す。

B領域は唯識哲学での「アラヤ識」に相当している。井筒はこの層を、ソシュール的な意味での言語的記号体系のさらにその底にある、複雑な可能的意味連鎖の深層意識的空間とみなしている。周知のように、外的事物をこれこれのものとして認識し意識することは、ソシュール言語学やそれ以降の構造主義の流れにおいて、ことばの意味分節作用に基づくものとされており、また、唯識論を含めた仏教哲学においても、存在分節は意識分節に即応しているとみなされ、言語的分節に大きな役割をみる。その意味で、井筒はこのB領域を「言語アラヤ識」と呼ぶ。ここは、意味的「種子」（ビージャ）が「種子」特有の潜勢性において隠在する場所であり、ユングのいう「普遍的無意識」あるいは「元型」（元型イメージではなくて、その元になる元型）にほぼ相当している。

さらに、AとBの中間地帯としてあるのがM領域である。ここは、「想像的」イマージュの場所であり、B領域で成立した「元型」は、このMという場でさまざまなイマージュとして生起することになる。

この意識構造論に基づいて述べれば、井筒も指摘しているように、夢という現象は主にM領域に関わっている。このモデルを実際の心理療法のプロセスに照らしてみるならば、重要なことの一つは、夢の位相（M）における分節が展開されていく方向性に従って、表層意識の位相（A）もまた分節化されていくということである。さらに、すでに少し触れたように、存在分節と意識分節を即応的にみるならば、いわゆる外界の現実（の分節）と表層意識（A）の分節のあり方とは同一の現象にほかならず、ならば、現実の分節のあり方もまた、夢（M）の分節のあり方によって方向づけられていることになる。

夢に関してこのような視点をもつことの射程は深く広いものになると思われるが、そのうちのきわめて単純な側面の一つだけを取り上げても、「夢を現実に照らして解釈するのではなく、現実を夢に照らして解釈する」ことが、その本質に沿った見方だといえるだろう。たとえば、プレイセラピィなどで、子どもが二つの人形をぶつけあったりして戦わせる遊びをしたときに、治療者がその子の両親が不仲であることを「外的情報」として知っていた場合に、この人形遊びは子どもの両親の不仲を表象していると解釈されることはとても多い。このような見方に臨床的な意味がないなどとは筆者はまったく思っていないが、原理的にはこれは見方が逆転しているといわざるをえない。

プレイ空間という「自由にして保護された空間」は、もし、それが真にそのような空間として現出されるならば、それは夢の位相ととても近似する場を患児に提供することになるだろう。そこにおいて現われてくる子どもの遊びもまた夢に近いものとなる（これは、一見、言語化優位にみえる成人の心理療法場面でも実は同じである）。この位相において、先ほどの子どもの人形遊びが示しているのは、「何か二つに差異化されたものが、違和的な形で互いに関わりをもっている」という分節化が生じているということだけである。それが何を「表わして」いるのかは、原理的には表層意識（A）には決定できない。ただ、その形態の相似などから、この子どもの人形遊びが、両親の不仲と関係をもっているらしいということはできよう。しかし、その場合でも、その人形遊びという分節のあり方（M）が外的現実（A）を両親の不仲という形に分節化するように方向づけている、という見方になろう。前者と後者は決して一対一に対応しているのではない。後者が一義的な特徴の分節化をもっているのに対して、前者は多義的だからである。もし、両者が一対一に対応しているならば、何もプレイという形態を通して子どもの遊びの変化をみていかなくても、現実の不仲な両親に調停を働きかける方が理にかなっているだろう。そのような治療法はありうるし、また、現にある（というか、現代においてはこちらの治療法の方が優勢であろう）。本章はその有効性を否定するものではない。ただ、本章で示している原理的な観点からいえば、それらは治療のなかでのイメージと現実との関係を逆転して見ているということはいえよう。

M領域からA領域を見るという視点は、《夢8》に関する筆者のコメントのなかでも示されている。そこでは、夢のなかにおける仔熊の転落を夢見者が幼少の頃に滑り台から落ちたという「現実の外傷」から解釈するのではなく、逆に、夢において生じている分節のあり方を吟味していくことによって、人間が人間として誕生するあり方やそのなかでの夢見者のシャーマン的特質が示されるような深みをもった解釈が現われることになった（ここでいう「深み」とは、価値的な意味ではなくA領域に対して深層にあるM領域という意味以上でも意味以下でもない)。この夢に照らされて、現実の外傷体験の方がその意味を変えていく(つまりは、その分節線の引き方が変わる)ことになる。

夢から現実を見ることで、現実における「意味」が変化する。換言すれば、「現実」にとって、夢はその分節化の起点となっている。その意味では、巷でときに言われるように、夢分析は現実から乖離したものなどではまったくなく、夢に入っていくことは、即、現実へと出ていくことなのである。

このように考えると、ここで、先ほどの意識構造モデルに関して、井筒は用いていない用語であるが、「メタレベル」という概念をこのモデルに導入しておきたい誘惑にかられる。つまり、Aに対してのM、あるいは、Mに対してのB、Bに対してのCなどの層構造に関して、後者は前者のメタレベルに位置するととりあえずみなしておこうということだ。このような見方が許される根拠は、後者の分節化のあり方が、位相の異なる前者の分節のあり方を方向づけていることにある。「メタレベル」という概念を導入することで、下位(オブジェクト)にある、ある「項」は変わらなくても、その上位(メタ)にある分節が変化すれば、その「項」の「意味」が変わることを理解しやすくなると思われる。たとえば、同じ「きれいですね」という言葉でも、その文脈が変われば、それが賞賛を意味することもあれば、皮肉を意味することがあるように。これは、A領域とM領域との関係に対応している。いわば、後者は前者の「文脈」と考えることが可能である。

このようなA領域とM領域との間の関係とその変化は、たとえば、先の《夢8》に関しても同様にみられる。夢見者が小さい頃に滑り台から転落したという現実の「事実」は変わらないが、その出来事に付随する「母親はケアしてくれなくて冷たかった。そのせいで私の耳鳴りがあるのではないか」というような「意味」は、《夢8》における仔熊の転落をどのように見ていくかということを通して変化していく。すなわち、M領域はA領域の「文脈」として、その「意味」を決定しているわけである。言い換えれば、A領域における分節線の引き方を方向づけるような分節のあり方をしているのがM領域だといえる。その意味で、M領域はA領域のメタレベルに位置しているということができよう。

この二つの領域に関してもう少し詳しく検討しておこう。A領域（表層意識）の分節のあり方は、二項対立を特徴としている。もちろん、M領域に属する夢の世界においても二項対立をその基本的な構造としているが、「内容」と「配置」という語句でもってすでに述べたように、そこでは「項」やその「対立」はフレキシブルで流動的だといえる。対して、A領域における二項対立では、それぞれの「項」はリジッドで固定的な性格を示す。この特徴は、この章の冒頭に述べた、アリストテレス論理学的世界に親和的である。つまり、それは、AとAでないもの（たとえば、それをBとしよう）は異なる、という分節のあり方である（A／B）。ここでは、AおよびBは一個の独立した実体とみなされる。AはAという「同一性」をもった実体であり、Bもまた同様である。「私」という個人は、あくまで私固有の特徴をもった独立した人物であり、他者とはまったく異なっている。仏教的なタームでいえば、Aなり、Bなり、「私」なりの「項」はそれぞれ「自性」をもっているとみなされる。

これに対して、M領域（たとえば、夢の世界）は「A／B」という二項対立において、AとBとの間の「差異（／）」が中心となっている分節のあり方の位相だといえる。AとBはもちろん異なるのだが、それは、まず最初に「差異」があるからこそ、この両者（A、B）が生じてくるわけである。つまり、ここでは、AやBに「自性」はない。それらは、実体的な意味での「同一性」をもたないのである。表層意識（A領域）の分節化においては、まず、AやBという「自性」をもった実体的な「項」が存在し、それらはそれぞれ異なる「同一性」をもっているのであるから、両者の間に差異があるのは当然だとみなされる。A領域の分節のあり方は、このように、M領域からみれば転倒した（仏教的見地からは「無明」的な）分節のあり方をしていることになる。

繰り返しになるが、M領域の分節のあり方は、まず「差異」が生じ、それに応じてその差異の両側にあるもの（たとえば、AとかBとか）が析出されてくるようなあり方である。ここでは、「項」は固定されない。このような位相は、非常に流動的であり、その分節線の引き方（「差異」）が変化すれば、すぐさま、その「差異」（／）

の両側に現れる「項」（AやB）もその形態を変化させる。だからこそ、夢イメージにおいては、猫だと思っていたものが、いつのまにか人間の女性になっていたり、一人の人物なのだが、それは父親でもあり、別れた恋人でもあるようなイメージが頻繁に現われてくる。この表層意識（A）の分節化の特徴と、夢（M）のそれとの違いを比喩的に述べるならば、《夢9》にも現われた「水面」と「地上」との対比がわかりやすいだろう。A領域（日常意識）の分節の仕方は、「地上」的であり、つまりは、リジッドな二項対立を基本とし、「項」は実体化され、固定的なものとみなされる。対して、M領域（夢）は、「水面」的で、フレキシブルな差異化を特徴とし、「項」はそれ自体の「自性」をもつものではなく、あくまで、緩やかに蠢く「差異」が生じるなかで、一時的に流動的に現われてくる。ゆえに、夢においては、イメージはその「内容」も「配置」も流動的となる。

しかし、夢の流動性は上記の点にとどまらない。たとえば、夢のなかで、ある表象がある移動をなすという運動自体が、その夢のなかの表象として新たに組み入れられて、夢イメージ自体を変化させるといった流動性を示す場合もある。たとえば、本書の企画におけるAさんの《夢3》に関する筆者の見解などは、このような視点からの解釈を含んでいる。

《夢3》において、次男はヨットの上（生の世界）から水中（死の世界）に転落する。夢見者は彼を水中（死の世界）からヨットの上（生の世界）に引っ張り上げようとする。ここでは、次男は「生／死」という境界を超える運動をしている。一方、夢見者はあくまで「生」の側（ボート上）に立ち、境界を超えようとしている次男を「生」の側に引き戻そうとしている。にもかかわらず、夢見者はいつのまにか、トンネルという「境界領域」を表象する場にその足場を移しているのである。

「生／死」が「リジッドな二項対立」として厳然と区別され交わらないような差異化を形成している「現実」では、通常の葬式にみられるように、生者は「この世」という生の側に足場を固定して、死という「あの世」に移行する死者を見送ることになろう。だとすれば、夢見者がいつのまにか「生」の側を離れて「生／死」の境界を表象するトンネルのなかに移行してしまっていることとは、通常の二項対立的な「生／死」の区別とは異なる分節の仕方を夢見者が行っていることを示しており、それは彼女のある特徴（シャーマン心性）を示唆していると考えられる。しかし、このことは、すでに筆者のコメントのなかで詳しく述べたし、ここでは本題ではないので置いておこう。
注目しておきたいのは、「次男」というイメージ「内容」が、「生／死」の境界を超える運動を行なうという夢イメージの「配置」の変化と即応的に、「生／死」をまたぐ境界領域的な「トンネル」というイメージを産出し、ヨットの上（生の世界）にいた夢見者を瞬時に移行させて、そこに立たせる点である。このようなイメージの複雑な「動き」は、たぶん、箱庭においてはとても作成しにくいだろう。夢とは、夢のなかで生じるある運動（次男の生から死への移行）が、その夢自身へ効果を及ぼし、その夢自体をさらに変化させる（夢見者の立っている場所がトンネルとなる）ことを許容するような「位相」なのである。これは、第1章で比喩的に述べた速度と加速度でいえば、速度の変化である加速度（つまり、メタ速度）がさらに元のある加速をしている「速度」に効果を及ぼし、さらにそれを変化させるようなあり方である。つまり、ここでは、上位のメタレベル（加速度、夢イメージの「配置」の変化）が下位のオブジェクトレベル（速度、元の夢の構成）に降下し、新たな構造の生成を生じさせている。
実際、これも前節で示唆したように、馬や牛や蛙の寄り合いのなかに、論理階型を異にしている（つまりメタレベルの）「動物」といった異形のものさえ、場合によれば夢は平気でそこに参加させることがある。メタレベルの下降。たぶん、ユングが「超越機能」として注目したものの内実がこれである。[3]
このように、夢の位相は「A／B」という二項対立的な差異化において、その差異自身を中心とするため、AおよびBという「項」はリジッドな同一性をもたずに、多義的に揺らぎをみせるイメージとして現われることになるのだが、それだけにとどまらず、その分節線（「／」）の引き方の変化（これは、A／Bの地平にとってはメタレベルとなる）自体が、さらに元のA／Bという地平上に降下して、全体の変化を及ぼすような生成変化的な多層性、多元性をもっている。この意味では、リジッドな二項対立とリニアな思考を特徴とする表層意識（A領域）にとって、すでに夢は単なるメタレベルに位置するということにとどまらず、メタレベルが自己言及的に元の夢に繰り込まれて生成変化していくような、ある種の「高次元体」として位置づけられることになるだろう。このような夢の性質ゆえに、意識（これはリニアな、つまり一次元的な視点をその特徴とする）が行う夢の「解釈」は当然、多元的で多視点的なものとならざるをえない。

注

（1）柳梨香、学習院大学文学部心理学科 卒業論文『夢分析における分析者の臨床経験の要因について』（未公刊）、一九九九年。および、東洋英和女学院大学大学院人間科学研究科人間科学専攻VI類 修士論文『心理臨床家による夢分析の系列的理解について――初心者と経験者の比較を通して』（未公刊）、二〇〇二年。
（2）『意識と本質』井筒俊彦、岩波書店、一九八三年、二二二頁。
（3）Jung, C. G. The Transcendent Function. *Collected Works.*, Vol. 8. New York, Pantheon, 1960（松代洋一訳：「超越機能」『創造する無意識』平凡社、一九九六年）

執筆者紹介

角野　善宏（かどの　よしひろ）

1959年生まれ
1986年　愛媛大学医学部卒業
現　在　京都大学大学院教育学研究科教授，臨床心理士
著　書　『分裂病の心理療法』日本評論社　1998，『たましいの臨床学』岩波書店　2001，『描画療法から観たこころの世界』日本評論社　2004，ほか
共訳書　スーザン・バッハ『生命はその生涯を描く』誠信書房　1998，ほか

大山　泰宏（おおやま　やすひろ）

1965年生まれ
1997年　京都大学大学院教育学研究科博士課程単位取得退学
現　在　京都大学大学院教育学研究科准教授，臨床心理士
共著書　『大学教育学』京都大学高等教育研究開発推進センター　2003，『児童心理学の進歩2003年度版』金子書房　2003，『心理療法と因果的思考』岩波書店　2001，ほか

皆藤　章（かいとう　あきら）

1957年生まれ
1986年　京都大学大学院教育学研究科博士課程単位取得退学
現　在　京都大学大学院教育学研究科教授，臨床心理士
編著書　『風景構成法　その基礎と実践』誠信書房　1994，『生きる心理療法と教育　臨床教育学の視座から』誠信書房　1998，『風景構成法のときと語り』誠信書房　2004，ほか
共訳書　ストー『エッセンシャル・ユング　ユングが語るユング心理学』創元社　1997，ローゼン『うつ病を生き抜くために　夢と描画でたどる魂の癒し』人文書院　2000

河合　俊雄（かわい　としお）

1957年生まれ
1987年　京都大学大学院教育学研究科博士課程中退
現　在　京都大学こころの未来研究センター教授，臨床心理士
Ph. D（チューリッヒ大学）
著　書　『概念の心理療法』日本評論社　1998，『ユング』講談社　1998，『心理臨床の理論』岩波書店　2000，『京都「癒しの道」案内』朝日新書　2008，ほか

編著者紹介
川嵜　克哲（かわさき　よしあき）
1959年生まれ
1989年　京都大学大学院教育学研究科博士課程単位取得退学
現　在　学習院大学教授，臨床心理士
著　書　『夢の読み方　夢の文法』講談社　2000,『夢の分析　生成する〈私〉の根源』講談社　2005，ほか
共著書　『心理療法と因果的思考』講座心理療法第７巻　岩波書店　2001,『風景構成法の事例と展開　心理臨床の体験知』（共編著）誠信書房　2002,『天才柳沢教授の癒セラピィ』講談社　2002,『臨床心理査定技法２』臨床心理学全書第７巻　誠信書房　2004,『新臨床心理学入門』日本評論社　2006,『臨床心理面接研究セミナー』至文堂　2006,『箱庭療法の事例と展開』創元社　2007，ほか

セラピストは夢をどうとらえるか
——五人の夢分析家による同一事例の解釈
2007年９月25日　第１刷発行
2009年２月５日　第２刷発行

編著者　川　嵜　克　哲
発行者　柴　田　敏　樹
印刷者　田　中　雅　博

発行所　株式会社　**誠信書房**
〒112-0012　東京都文京区大塚3-20-6
電話　03（3946）5666
http://www.seishinshobo.co.jp/

創栄図書印刷　清水製本
落丁・乱丁本はお取り替えいたします
検印省略

ISBN 978-4-414-40039-7 C3011

風景構成法の事例と展開

心理臨床の体験知

ISBN978-4-414-40002-1

皆藤 章・川嵜克哲編

専門家が児童相談所の事例を二つ，精神病院の事例を一つ，家庭裁判所の事例を一つ挙げて，それに対するコメントを二人の著者が行う。従来の事例コメントの枠を超えて，臨床家としての二つの個性がぶつかり合い，「心理臨床とは何か」が熱く語られる。また，事例そのものが各領域の心理臨床家の職域に応じた特徴的なものとなっている。

目　次

A5判上製　定価(本体4200円＋税)

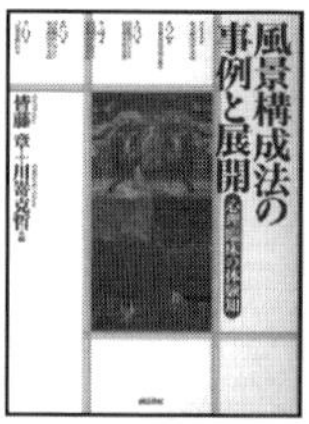

女性の夢

こころの叡知を読み解く

ISBN978-4-414-40267-4

カレン・A・シグネル著　高石恭子他訳

著者がサイコロジストとして聞き取った膨大な数の夢の中から，20 ～ 70 代の女性の印象的な夢体験を収録。それぞれの夢がもつ，かすかな声を聞き取ることで，人生の転機となる体験とし，夢の持つ意味を肯定的に捉える。

目　次

A5判上製　定価(本体3800円＋税)

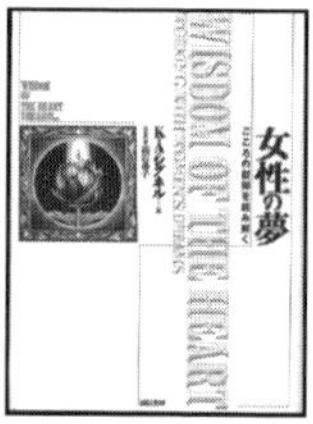

生きる心理療法と教育

臨床教育学の視座から

ISBN978-4-414-40341-1

皆藤 章著

子どもと関わる教師，親，家族が教育をめぐる現実の諸問題にいかに対処するかについて，臨床体験をふまえて提言する。子どもを治すのではなく，個々の子どもの生き方に沿って現代をいかに生きるかに共に向き合って行くことの大切さを教えてくれる。

目 次

四六判上製　定価(本体2500円＋税)

生命《いのち》はその生涯を描く

重病の子どもが描く自由画の意味

ISBN978-4-414-32208-8

S. バッハ著　老松克博・角野善宏訳

「本文編」とカラー図版 227 を納めた「図版編」の２分冊。重篤な病いをもつ子どもたちの絵に現れる特徴的な色使いや数字やモチーフ等に注目し，末期医療における絵画療法に先駆的な功績を挙げた著者の記念碑的著作。

主要目次

A4判函入　定価(本体5800円＋税)

風景構成法

ISBN978-4-414-40169-1

皆藤　章著

その基礎と実践　風景構成法は，従来医療の実際場面との関連が主であったが，本書は臨床心理学の立場からアプローチして，数量的測定的な研究によってこの技法の存在価値を明らかにした。風景構成法の考え，施行法，分析法などについて平易に述べ，初心者に対する手引きとしても役立つ。

目　次

A5判上製　定価(本体3850円＋税)

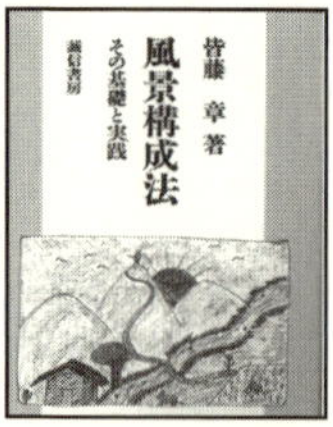

風景構成法のときと語り

ISBN978-4-414-40017-5

皆藤　章編著

本書は心理臨床の側から、風景構成法の側から「語る」という視点で、「対話」というスタイルを随所に取り入れている。臨床家が実践のトポスに身を置き風景構成法と対話する中で語りがもたらされる。科学的実証主義と臨床的真実との間で葛藤し続ける著者が、関係性に基盤をおいた心理臨床学を提示。

目　次

A5判上製　定価(本体3000円＋税)

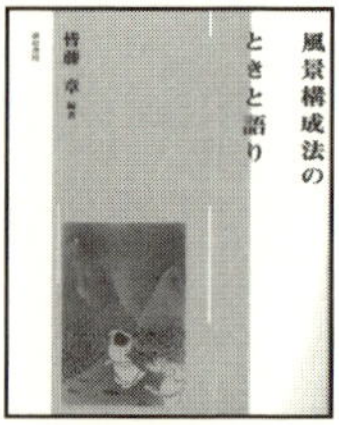